정좌수도강의

靜坐修道與長生不老, 南懷瑾 著

정좌수도 강의

2014년 7월 12일 초판 1쇄 발행
2021년 7월 27일 초판 3쇄 발행

지은이 남회근
옮긴이 신원봉

펴낸곳 부키(주)
펴낸이 박윤우
등록일 2012년 9월 27일
등록번호 제312-2012-000045호
주소 03785 서울 서대문구 신촌로 3길 15 산성빌딩 6층
전화 02)325-0846 팩스 02)3141-4066
홈페이지 www.bookie.co.kr
이메일 webmaster@bookie.co.kr
ISBN 978-89-6051-400-3 04150
        978-89-6051-039-5 (세트)

잘못된 책은 구입하신 서점에서 바꿔 드립니다.
책값은 뒤표지에 있습니다.

남회근
저작선
10

정좌수도 강의

남회근 지음 신원봉 옮김

부·키

일러두기

1. 이 책은 2013년 대만에서 나온 『靜坐修道與長生不老』(52쇄)를 원본으로 하였다.
2. 중국 고유명사 표기와 관련하여 현행 맞춤법은 신해혁명 이전은 한자 발음대로, 그 이후는 중국어 원음대로 표기하도록 규정하고 있지만, 이 책에서는 시대에 관계없이 인명과 지명을 대부분 한자음대로 표기하였다.
3. 부록 1 '정의 수련과 참선의 요점'은 원서에 실려 있는 것으로 그대로 수록하였다. 부록 2 '인시자정좌법'은 원서에 없는 내용이지만 본문에 언급되는 책으로, 티베트 밀교 계통의 수행 과정을 이해하는 데 도움이 되도록 수록하였다.

옮긴이 말

『정좌수도 강의』는 남회근 선생의 저술 중 제일 먼저 번역한 책이다. 이 책에 빠져들면서 남회근 선생의 저술을 번역할 생각을 했으니 역자로서는 의미 있는 책이다. 당시 도가 수행법에 빠져 있던 역자에게는 추상적이고 손에 잡힐 듯 말 듯 모호한 단서(丹書)의 개념을 구체적인 체험으로 풀어 내는 이 책이 대단히 매력적이었다. 하지만 책의 출간은 그리 쉽지 않았다. 가장 먼저 번역했지만 사정이 여의치 않아 원고를 십수 년 묻어 놓아야 했으며 출간한 뒤에도 다시 중단되어 한참이 지난 지금에서야 새로 내게 되었다. 다행스러운 것은 부키 출판사의 세심한 지적과 교정으로 이전보다 좀 더 나은 번역으로 세상에 선보이게 되었다는 점이다.

이 책은 사실상 저작선 두 번째 권으로 나온 『불교수행법 강의』의 전반부에 해당한다. 『불교수행법 강의』가 불교의 관점에 한정된 것이라면 이 책은 특정 종교나 수행법에 국한하지 않은 '정(定)' 공부 일반에 대한 입문서이다. 불교의 선정뿐 아니라 요가나 기공, 기타 명상법까지를 모두 포괄해 이를 정(定) 공부로 묶어 객관적으로 설명하고 있는 것이다.

이 책은 정(定) 공부를 휴식이라 본다. 휴식을 통해 우리 생명의 본래 에너지를 재충전할 수 있다는 것이 기본 관점이다. 따라서 어떤 분야의 수련이든 적어도 정공(靜功)을 통해 접근하려 한다면 저자의 치우치지 않은 견실한 관점과 체험을 반드시 한번 참고할 필요가 있다. 저자는 깊은 선(禪) 체험이 있음에도 일가(一家)의 관점보다는 다양한 이설(異說)을 수용하여 융회 관통시키고자 한다. 마음을 위주로 하는 불교적 접근 방법 외에도 몸으로 접근하는 도교나 요가 등 기타 방법의 타당성을 인정하여 심리(心理)와 생리(生理)의 두 측면에서 정좌를 설명하고 있다. 또 혹시나 개입될 수 있는 자신의 독단을 배제하기 위해 여러 수련인들을 직접 방문하여 이들의 체험을 종합하고 있는 점도 돋보인다. 그런 점에서 이 책은 앞으로 정(定) 공부를 할 사람에게 빼놓을 수 없는 참고서적 중 하나가 되리라 생각한다.

이 책의 후반에는 두 가지 내용을 덧붙였다. 부록 1 '정(定)의 수련과 참선의 요점(修定與參禪法要)'은 선정(禪定)을 전문으로 다룬 남 선생의 다른 저서 『선해여측(禪海蠡測)』의 한 장을 그대로 옮겨 놓은 것으로, 원서에 부록으로 첨부되어 있다. 부록 2는 '인시자정좌법(因是子靜坐法)'이다. 『인시자정좌법』은 이 책 본문에도 나오는데, 특히 티베트 밀교 계통의 수련법이 구체적 체험과 함께 상세히 소개되어 있다. 사실 이런 자료는 『인시자정좌법』 외에 다른 책에서는 접하기 어려운 내용이다.

요즘은 소주천, 대주천 이야기가 마치 수행의 기본 노선처럼 받아들여지고 있다. 하지만 분명한 것은 이것이 특정 유파의 지엽적인 한 주장이라는 점이다. 다시 말해 소주천, 대주천을 반드시 거치지 않아도 높은 단계의 정(定)에 들어설 수 있다는 것이다. 『인시자정좌법』에 나오는 밀종의 개정법(開頂法)만 해도 그렇다. 소주천, 대주천의 경험이 없는 사람들까지 모두 개정(開頂)에 성공하고 있다. 실제로 불교의 고승들도 소주천이나 대주천을 언급하는 경우는 거의 없다.

　이런 이야기를 하는 이유는 정(定) 공부가 기존의 성과를 바탕으로 좀 더 폭넓게 정립될 필요가 있다고 생각하기 때문이다. 이제 우리의 수행 인구도 그 저변이 넓어졌고 이미 상당한 성취를 이룬 사람도 드물지 않게 나타나고 있다. 이들의 체험과 관점이 보태진다면 더욱 풍요로운 정(定) 공부의 장(場)이 마련될 수 있으리라 생각한다. 이 책이 그 장을 여는 계기가 될 수 있었으면 한다.

2014년 6월
신원봉

차례

옮긴이말 5

머리말 11

불로장생은 정말 가능한가 17 | 정좌의 방법 21 | 정좌 시 몸과 마음의 상태 25 | 이 책은 정좌 입문서로 가장 적합하다 27 | 인시자정좌법의 장단점 29 | 인체 내의 기기란 어떤 것인가 31 | 단전, 맥, 륜이란 어떤 것인가 34 | 정좌와 기맥 36 | 유불도 삼가의 정좌 자세 38 | 칠지좌법의 자세 40 | 칠지좌법에 관한 전설 47 | 손을 포개고 다리를 트는 자세의 건강 효과 48 | 두뇌의 건강 효과 49 | 다리를 틀고 앉는 자세와 건강 50 | 정좌 시 마음의 처리 52 | 정신을 집중하고 사유를 운용하는 존상과 정사 55 | 마음을 편안히 하여 규를 지키는 방법 59 | 규를 지키는 효과 61 | 수규와 존상의 원리 64 | 수규와 연기 67 | 무엇이 기인가 69 | 정좌와 기의 존상 72 | 인체 내부의 기기와 공기의 관계 74 | 휴식으로서의 정좌와 기의 움직임 77 | 정좌를 시작할 때 나타나는 기기

의 반응 79 | 등 뒤의 반응 86 | 정좌와 후뇌의 반응 95 | 전뇌의 반응 99 | 간뇌의 반응 103 | 임맥은 어떻게 통하는가 108 | 음식을 조절하는 것과 중궁 위기의 작용 118 | 배가 나오면 도가 부족하다 120 | 사람 몸에서 양다리와 발의 중요성 122 | 기맥의 차이에 대한 논쟁 124 | 도가와 밀종의 기맥에 관한 그림 126 | 중맥에 관한 주요 논쟁 140 | 왜 기맥이 진동하는가 143 | 왜 기맥을 통하는가 147 | 정좌와 정신의 단련 150 | 정, 기, 신 삼련설 152 | 정, 기, 신 삼련설과 수련 기간에 관한 설 155 | 정을 기르는 데 대한 현대 의학과 전통 의학의 이견 157 | 진정한 의미의 정은 어떤 것인가 161 | 정좌와 연정화기의 분석 164 | 진정한 의미를 기란 어떤 것인가 170 | 호흡의 정지와 연정화기의 초보적 경지 172 | 기질의 변화와 기의 주기 175 | 마음을 편안히 하는 것이 최고의 연기 방법이다 178 | 삼화취정과 오기조원 180 | 연기와 화신 184 | 신이란 어떤 것인가 185 | 기화신의 경지 187 | 연기화신에 대한 세 가지 물음 189

부록 1 정의 수련과 참선의 요점

수행의 기초, '정' 공부 195 | 비로자나불 칠지좌법 197 | 정좌 시 주의사항 198 | 선정
의 입문법 204 | 어떻게 육근을 도구로 하는가 206 | 안색 법문 207 | 이성 법문 210 |
비식 법문 213 | 신촉 법문 215 | 의식 법문 218 | 정과 혜의 모습 221 | 무엇이 '정'인
가 222 | 참선지월 232 | 깨달음을 얻은 사람도 계속 정을 닦아야 할까 246

부록 2 인시자정좌법

머리말 253 | 정좌의 원리 255 정(靜)의 뜻 심신의 모순 | 정좌와 생리의 관계 257
신경 혈액 호흡 신진대사 | 정좌의 방법 266 정좌 전후의 조화 공부 음식의 조정
수면의 조정 몸의 조정 호흡의 조정 마음의 조정 | 지관 법문 273 | 육묘 법문 277 |
나의 경험 282 소년 시대 중년 시대 동밀의 수련 생리상의 대변화 | 만년의 시기
293 밀교 개정법의 수련 밀교 대수인의 수련 | 마무리 301

머리말

　사람은 허다한 욕구와 호기심으로 가득 찬 존재이다. 욕구 중 장생불사(長生不死)하려는 것보다 더 큰 것은 없으며, 호기심 중 천지 및 인간 생명의 근원, 세속을 초월한 우주적 능력을 장악하려는 것보다 더 큰 것은 없다. 종교나 학술, 사상 등도 이 두 가지 심리가 합쳐져서 나타난 것이다. 서방(西方)의 불국(佛國)이나 천당, 동방(東方)의 세외도원(世外桃源)이나 대라선경(大羅仙境) 등을 만든 것도 모두 인류의 세속적 물질 욕구에서 벗어나 정신적으로 승화되도록 하려는 것이다.

　이것 외에 특히 홀로 행하면서 종교 같기도 하고 아닌 것 같기도 한, 순전히 현실의 몸과 마음으로 그런 이상(理想)을 증험(證驗)하려고 하는 것이 바로 동양의 전통적인 신선(神仙) 수양법이다. 이것과 유사한 것으로는 인도의 전통적인 요가 및 불가 밀종(密宗)의 일부 법문(法門) 등이 있다. 이들은 모두 현실의 구체적 생명으로부터 정신과 육체를 단련하여 물리세계의 속박을 벗어난 영원성을 체득하려 하며, 더 나아가 우주 생명의 근원적 비밀을 밝히고자 한다. 또 각 종교의 신앙을 거부하지 않으면서도 그것에 의지하지 않고 스스로 실증하고자 한다.

　그러나 아주 오랜 세월 동안 불로장생에 관한 서적과 구전 비법이 널리 전해져 왔지만 진정한 선인(仙人)은 과연 어디에 있었던가. 오래 사는 것도 기대하기 어려운 터에 어느 한 파(派)의 근거 없는 허황된 말을 어떻게 믿을 수 있겠는가. 이러한 회의는 비단 현재뿐 아니라 옛날에도 마찬가지였던 것 같다. 그러기에 진(晉)의 혜강(嵇康)은 『양생론(養生論)』을 지어 신선은 배울 수 있으며 이론적으로 증명할 수 있다고 역설하기에 이르렀다.

혜강이 제시한 신선학(神仙學)의 주요 요지는 양생(養生)에 있었는데 이 입장은 적절하고 원만한 것이라 할 수 있다. 이 도(道)가 신을 넘어 자연과 합일되는 초신입화(超神入化)의 효능까지 갖춘 것인지에 대해서는 말하기 어렵더라도 적어도 그것이 양생(養生)에 도움이 된다는 것은 분명한 사실이다. 그뿐 아니라 신선학은 동양 의학의 이론이나 현대의 정신 치료, 물리 치료 및 심리 요법 등과도 서로 보완될 수 있는 것으로 크게 발양(發揚)할 필요가 있다.

하나의 학술이 수천 년간 전해 내려왔다면 거기에는 반드시 그 나름의 존재 이유가 있다. 옛사람들이라고 해서 어찌 모두 바보들이겠는가. 단지 지금은 가르치고 배우는 방법이 옛날과 달라 그 내용을 파악하기가 쉽지 않을 뿐이다. 더군다나 예나 지금이나 이 도(道)에 평생을 바친 사람은 극소수의 고립된 인사들뿐이었으며, 또 그것이 일반 학술처럼 실생활에서 곧바로 효력을 발휘할 수 있는 것도 아니었다. 그러나 세밀한 개인적 관찰과 체험으로 이 도(道)를 평상시 심신 수양에 주의 깊게 응용한다면 자기치료의 효과는 매우 클 것이다. "병이 급해야 의사를 찾고 죽을 때가 되어야 부처를 찾는" 태도로 이 도(道)에 임한다면 아무 소용이 없다.

만일 이 도(道)로 우주와 인간 생명의 깊은 비밀을 알고자 하거나 범인을 초월한 경지를 체득하고자 한다면 이 도의 핵심 이론이나 학설을 두루 섭렵해야 한다. 청대(淸代)의 조익(趙翼)은 시(詩)에 대해 논하면서 "어려서 논어를 배울 때는 힘들고 어려워서 그저 공부가 반에도 미치지 못했다고 생각했는데, 나이가 들어서야 노력만으로 되는 것이 아님을 알았으니 삼 할이 사람 몫이라면 칠 할은 하늘의 몫이로다"라고 했다. 시는 문예(文藝)상의 소도(小道)에 불과한데도 그 심오한 곳에 이르기가 이처럼 어려운데, 하물며 기질을 변화시키는 경우에 있어서야 어찌 한 번에 그 오묘함을 얻을 수 있겠는가.

이 책의 출판을 위해 몇 년에 걸쳐 수많은 정좌 수련자와 수도자를 탐방했다. 그 과정에서 문제가 백출하여 필자로서도 감당하기 어려운 점이 없지 않았다. 필자의 경험과 심득(心得)이 비록 얕고 거칠지만 전통적으로 은밀히 전해지던 누습(陋習)을 벗기고 단경(丹經)이나 도서(道書)의 의도적인 은폐를 타파하여 초보적이나마 마음으로 얻은 바를 있는 그대로 밝히고자 했다.

여기서 밝혀 두고 싶은 것은, 이른바 '초보적'이라는 말이 결코 겸양의 말이 아니라는 점이다. 여기서 한 단계 더 들어간 자리는 이 책으로서는 도저히 그 오묘함을 다할 수 없다. 시간과 기회가 닿는다면 다시 심리 부분, 혹은 생리와 심리가 종합된 부분에 대해 계속 연구 결과를 내놓을 것이다.

좌
정 도
수 의
강

불로장생은 정말 가능한가

여태껏 사람들이 숱하게 묻곤 했던 질문이 있다. "정말 늙지 않고 오래 오래 살 수 있을까요" 하는 것이다. 만일 종교적 자비심을 지니고 있지 않으면서 수십 년간 의사 생활을 한 사람이라면, 때때로 왜 애초에 농사짓는 법이나 배우지 않았을까 후회하면서 병에 관해 말하기조차 넌더리 칠지도 모른다. 또 고집 센 환자가 자기주장만 내세우며 처방에 따르지 않는 것을 보면 그 사람이 미워질지도 모른다.

비록 필자가 의사는 아니지만 이처럼 어리석은 질문을 대하면 그만 참지 못하고 대뜸 "당신은 이 세상에서 정말 불로장생한 사람을 본 적이 있습니까" 하고 되묻곤 한다. "어디 사는 누구는 몇 백 살을 살고 있다느니, 광성자(廣成子)[1]나 서서(徐庶)[2] 같은 사람은 아직 아미산이나 청성산에 살고 있다느니 하는 소리는 모두 다른 사람의 이야기를 들은 것일 뿐입니다. 불로장생하는 신선을 실제로 보았다고 주장할 수 있는 사람은 절대로 없

---

1 황제가 그를 찾아 법을 물었다는 전설상의 신선. 『장자(莊子)』 「재유(在宥)」 편에 그에 관한 이야기가 나온다.
2 중국 동한(東漢)에서 삼국(三國) 시기에 생존한 인물. 원래 이름은 복(福)이었으나 『삼국연의』에서 단복(單福)이라 잘못 표기했다. 서서는 협객을 자처하며 각지를 떠돌다 형주(荊州)에 이르러 제갈량, 방통과 깊이 교류했으며 유비에게 제갈량을 추천했다.

습니다"라고 말하곤 한다. 그러고 나서 바로 또 묻는다. "당신은 정좌가 곧 도를 닦는 것이라 생각합니까?" "도란 어떤 것인가요?" "어떻게 닦는 것인가요?" "왜 도를 닦거나 정좌를 하려고 합니까?" 이러한 질문에 대다수는 병 없이 오래 살기 위해, 재앙을 없애고 수명을 늘리기 위해서라고 대답한다.

이야기가 정좌(靜坐)나 수도(修道)에 이르면 대부분은 정좌의 방법, 임독이맥(任督二脈)과 기경팔맥(奇經八脈)을 통하는 법, 혹은 밀종의 삼맥칠륜(三脈七輪) 등에 대해 잘 알고 있다고 생각한다. 그러나 이들은 모두 수도나 정좌를 장생불사를 위한 것, 임맥이나 독맥 등 맥을 통하게 하려는 것으로만 여길 뿐, 정좌의 최고 원리인 그것의 철학적 이론이나 근거에 대해서는 생각이 미치지 못한다.

장생불사(長生不死)를 위해 수도한다는 것은 인간의 이기적 심리가 극도로 발휘된 표현이다. 만약 몸속의 기맥을 통하게 하는 것이 곧 도(道)라면 이 도는 결국 유물적인 것에 지나지 않을 터이다. 도란 과연 어떤 것인가? 마음인가, 아니면 물질인가? 대다수 사람들은 이 문제를 깊이 생각하려 하지 않는다.

그렇다면 인류는 근본적으로 장생불사할 가능성이 없는 것일까? 결코 그렇지 않다. 이 문제를 이해하기 위해서는 먼저 다음의 두 가지 내용을 알아야 한다.

(1) 장생(長生)이란 "병을 없애고 수명을 늘리는[祛病延年]" 것이다. 따라서 양생(養生)에 필요한 여러 지식은 자기가 살아 있는 동안 질병과 고통을 없앰으로써 더 활기 있게 생활하기 위함이다. 만약 자기뿐 아니라 남

에게 수고를 끼치지 않고 홀가분하게 죽음을 맞을 수 있다면 이는 인생에서 가장 얻기 힘든 행복일 것이다.

(2) 불사(不死)란 육체적 생명을 끝없이 유지하는 것이 아니라 정신적 생명의 영원함을 말하는 것이다. 정신적 생명이란 어떤 것일까? 이것은 본체와 작용으로 나누어 볼 수 있다. 본체는 마음과 물질을 초월해서 독립적으로 존재하는 생명의 근원이다. 작용 또는 현상은 현재 존재하는 우리의 생리적 현상과 심리적 의식 상태이다. 정신의 궁극적 상태는 어떤 것일까? 아주 복잡하고 번거로운 문제이므로 여기서는 잠시 보류해 두기로 하자. 사실 예로부터 말해 오던 수도(修道)라는 것도, 또 어떤 종교라도 궁극의 경지는 바로 이 정신의 궁극적 상태를 되찾기 위한 것이다. 문화와 언어의 차이로 인해 각기 다르게 표현되고 있을 뿐이다.

그렇다면 도란 과연 닦아서 얻을 수 있는 것일까? 병을 없애고 수명을 늘리는 불로장생의 방법이 과연 가능한가? 적어도 필자가 아는 바에 따르면 도는 닦아서 얻을 수 있고 불로장생의 기술도 가능하다. 그러나 반드시 알아야 할 것은 이들이 세속적 생활을 하면서 추구할 수 있는 것은 아니라는 사실이다. 세속적 만족을 추구하면서 동시에 불로장생의 신선이 되고자 하는 것은 헛된 바람이다.

『설부(說郛)』[3]에 다음과 같은 고사가 기록되어 있다. 어떤 이름난 고관이

---

3 원말(元末) 명초(明初)의 학자 도종의(陶宗儀, 1321~1407)가 편찬한 책. 진한(秦漢)으로부터 원나라에 이르기까지 제자백가를 포함한 각종 시문과 글을 모아 놓았다. 경서(經書)나 사서(史書)뿐 아니라 풍토와 산천초목에 이르는 온갖 것들을 모아 놓은 백과전서식 서적이다.

이백 살이 넘었는데도 아주 젊어 보인다는 수도자를 초청하여 그 비결을 물었다. 수도자가 말했다. "나는 일생 동안 여색을 가까이 하지 않았소." 그 말을 듣고는 고관이 대꾸했다. "그렇다면 오래 산들 무슨 의미가 있겠습니까. 애써 수도할 필요도 없겠소이다!" 사실 성적 욕구 외에도 현실의 욕구는 수없이 많으며 성적인 것보다 훨씬 강한 것도 허다하다. 또 하나 더 알아야 할 것은 불로장생 자체가 인생의 최대 욕구로서 수도에 가장 큰 장애가 된다는 사실이다. 사람이 살다 보면 한 분야의 전문가가 되기 위해서는 나머지 부분을 포기하지 않을 수 없을진대 하물며 보통 사람의 경지를 초월하기 위한 수도에 있어서랴. 『음부경(陰符經)』에서는 "이롭다고 생각하는 근원 하나를 끊으면 군대를 열 배로 불리는 효과가 있다〔絕利一源, 用師十倍〕"고 했다. 끊임없이 일어나는 세속적 욕구를 끊지 않고서 세상을 초월한 도를 구하는 것은 절대로 불가능하다. 적어도 내 견해는 그렇다. 이것 외에 달리 아는 바가 없다.

정좌의 방법

　정좌의 방법에 어떤 것이 있느냐는 문제에 이르면 필자가 아는 바로는 오직 한 가지, 즉 글자 그대로 정좌(靜坐)밖에 없다. 정좌의 자세는 줄잡아도 구십육 종이나 되지만 이들의 목적은 한결같이 어떻게 하면 고요한 상태에 이를 수 있는가 하는 것이다.

　그렇다면 고요한 상태가 곧바로 도인가? 아니라면 왜 유독 고요한 상태만을 구하려 하는가? 이 문제는 다음과 같은 세 가지 측면에서 접근할 수 있다.

　(1) 정(靜)과 동(動)은 정반대 개념으로서 크게 본다면 자연계의 물리적 현상에 나타나는 대립적인 두 상태를 표현한 것이요, 작게 본다면 인간 활동의 움직임과 멈춤 즉 행동과 휴식의 두 상태를 표현한 것이다. 도(道)가 곧 동정(動靜)은 아니며 동과 정은 도의 작용일 뿐이다. 도는 움직이고 멈추는 그 사이에 존재한다. 움직임과 멈춤 가운데 존재한다고 할 수 있다. 따라서 정(靜)이 곧 도라고 하는 것은 문제가 있다.

　(2) 고요한 상태를 구하는 것은 양생(養生)이나 수도에서 기본적이고도

필연적인 방법이다. 생명 활동은 모두 정(靜)의 상태에서 생장하며 이는 자연의 법칙이다. 자연계의 동물, 식물, 광물은 모두 고요한 상태에서 생명력을 확충하여 성장한다. 식물의 경우를 보더라도 한 떨기 꽃, 한 톨의 종자는 모두 고요한 상태에서 성장하며, 움직이는 상태에서는 말라죽는다. 인간의 생명도 활동하는 만큼의 휴식이 필요하다. 수면은 생명이 필요로 하는 습관화된 휴식이다. 사람의 생명은 충분한 휴식에 의해 나날이 새로운 생기를 얻는다.

그래서 노자도 "만물은 번성하지만 각기 그 근본으로 되돌아간다. 근본으로 돌아가는 것을 고요함이라 하니 이를 천명으로 돌아감이라 한다〔夫物芸芸, 各復歸其根, 歸根曰靜, 是謂復命〕", "고요함은 소란스러움의 주인이다〔靜爲躁君〕"라는 구절과 이보다 후에 등장한 도가의 『청정경(淸靜經)』의 원리, 증자가 지은 『대학』의 "머무름을 안 후에 안정이 있고, 안정된 후에 고요할 수 있으며, 고요한 후에 편안할 수 있고, 편안한 후에 사려할 수 있으며, 사려한 후에 얻을 수 있다〔知止而後有定, 定而後能靜, 靜而後能安, 安而後能慮, 慮而後能得〕"는 구절 등은 모두 자연을 관찰하여 그 법칙을 본받은 것이다. 심지어 불가의 선정(禪定, 중국 후기 불학에서는 정려靜慮라고도 옮겼음)도 여기에서 벗어나지 않는다.

(3) 정신적인 측면에서 본다면 고요함이란 선천적 지혜를 기르는 온상과 같다. 인류의 지식은 모두 후천적인 것으로 감각과 뇌를 사용하여 얻었다. 이에 비해 지혜는 고요한 상태에서 한 줄기 신령스러운 빛이 나타나면서 얻어진다. 불가에서 말하는 계정혜(戒定慧)의 삼무루학(三無漏學)[4]도 선정(禪定) 또는 정려(靜慮)가 중심이 되어 반야(般若)에 이름으로써 성취

된다.

그렇다면 어떻게 해야 고요한 상태에 이를 수 있는가? 이러한 질문은 참으로 우습기 짝이 없다. 그럼에도 사람들은 이런 문제를 제기하곤 한다. 고요함은 곧 고요함이다. 애써 고요함을 구하려 한다면 이는 고요한 데다 다른 것을 덧붙이는 격이니 도리어 마음을 고요하지 못하게 한다. 선종(禪宗)의 표현을 빌려 단도직입적으로 말할 수 있다. "지금 마음이 소란스럽다면 얼마 안 있어 절로 고요해질 것이다[君心正鬧在, 且自休去]." 고요함을 애써 얻으려 하는 것은 근본적으로 착각이다. 그렇지만 고요한 상태를 애써 구할 필요가 없다고 말하는 것 역시 미진한 설명이다.

구태여 난해한 표현을 쓸 필요 없이 다음처럼 평범하게 말할 수 있다. 일반인의 심리적, 생리적 상태는 보통 움직이는 것에 익숙해져 있다. 심리적 측면에서는 온갖 생각이나 감정이 폭포수나 강물처럼 끊임없이 이어지며, 생리적 측면에서는 혈액 순환이나 호흡, 시시각각 느껴지는 감각으로 인해 쉴 새 없이 움직이는 상태이다.

더욱이 정좌 시 몸속에 병의 기미가 잠재해 있는 상태라면 시리고 아프고 차갑고 뜨겁고 땅기고 마비되고 가려운 감각이 이전보다 더 강하게 느껴진다. 나무가 쉬려고 해도 바람이 그치지 않는 것처럼 마음은 고요해지고자 하나 번뇌는 더욱 많아진다.

처음 정좌 공부를 하는 사람은 앉아 있기는 하나 마음이 가라앉지 않고

---

4 마음을 가다듬음이 계(戒)가 되고 계로 인해 정(定)이 생기며 정으로 인해 혜(慧)가 발하는데, 이 세 가지가 빠짐 없이 고루 통달함을 삼무루학이라 한다.

심지어 정좌하기 전보다 더 소란스럽고 불안하다. 그 결과 애초에 정좌와 거리가 먼 사람이 아닌지, 혹은 무협소설에 나오는 주화입마(走火入魔)[5]에라도 빠진 것은 아닌지 두려워한다. 이러한 것은 모두 정좌의 원리를 알지 못하여 오해를 거듭함으로써 생긴 마음의 그늘이다.

---

5 인체 또는 사고(思考)가 스스로 제어할 수 없는 상태에 빠지는 것. '주화(走火)'란 정신이 너무 과도하게 집중된 것이요 '입마(入魔)'란 수행인의 의식 속에 제어할 수 없는 각종 환상이 생겨나 수행을 방해하는 것을 말한다.

정좌 시 몸과 마음의 상태

　정좌할 때의 심리적, 생리적 문제를 살펴보기로 하자. 먼저 심리적 문제부터 알아보자. 사람들은 왜 정좌를 하는가? 물론 여기에는 많은 이유가 있을 것이다. 어떤 사람은 한평생을 부처에 귀의하고 싶은 마음에서, 어떤 사람은 세속을 벗어나기 위해서라고 대답할 것이다. 그러나 이 대답은 사실 불분명하다. 정좌를 하는 이유를 간추려서 종합해 보면 앞에서 언급했듯이 "병을 없애고 수명을 늘리기 위해", "불로장생하기 위해", 이외에도 "도를 닦기 위해", "양생을 위해" 또는 "마음을 닦기 위해" 등 여러 가지가 있다. 요컨대 정좌를 하는 데에는 반드시 하나의 목적이 있다.

　그렇다면 이 목적은 누가 제시하는 것일까? 당연히 나 자신이다. 좀 더 정확히 말하면 내 마음이다. 여기서 말하는 마음이란 대략 뇌나 의식, 사상 등의 현대적 개념을 포괄한다.

　정좌를 하려고 하는 것은 내 마음이다. 정좌를 위해서는 우선 마음을 고요히 해야 한다는 것을 알면서도 고요히 앉으면 도리어 생각이 분분해지고 안정되지 못한 것은 무엇 때문일까? 우리의 마음은 나서 죽을 때까지, 아침부터 저녁까지 늘 어떤 것을 생각하는 데 익숙해져 있다. 이것은 끊임없이 이어지는 물줄기와도 같다. 일종의 생명 현상이라 할 수 있는 것으로 평상시에는 스스로 의식하지 못하는 수가 많다. 그러다가 정좌를 할 때는 어느 정도 안정이 되어 자기 내부를 조용히 들여다보니 문득 자기 마음이 대단히 산만하다는 것을 깨닫는다.

사실 이것은 정좌에서 나타나는 첫 번째 효과라 할 수 있다. 한 컵의 물에 비유할 수 있다. 물을 막 받아 놓으면 그것이 맑은지 흐린지 알지 못한다. 그러나 이 물을 오래 두거나 혹은 그 속에 청정제를 넣어 보면 물속의 찌꺼기가 가라앉는 것을 볼 수 있다. 이 침전물은 새로 생긴 것이 아니라 본래 물속에 있던 것이 가만히 두는 동안 눈에 띄게 된 것이다. 다른 비유를 들어보자. 보통 때는 방 안에 먼지가 많이 있다는 것을 모른다. 그러나 문틈으로 한 줄기 햇빛이 스며들면 문득 방 안 공기 중에 먼지가 매우 많다는 것을 깨닫는다. 그럴 경우 먼지를 없애려 하면 할수록 더 많아지니 조용히 그대로 두면 먼지는 가라앉는다.

정좌를 시작해서 어느 정도 마음이 안정되면 흔히 나타나는 현상이 졸음이다. 어떤 사람은 마음이 안정되면 자기도 모르게 잠이 들기도 한다. 이런 경우는 어떻게 해야 할까? 먼저 세심히 관찰하여 잠이 오는 이유를 알아야 한다. 육체적, 심리적 피로에서 기인한 문제라면 잠을 충분히 자고 나서 정신이 맑아진 후 다시 정좌를 해야 한다. 피로하지 않으면서도 잠이 올 때는 운동 부족으로 인한 것일 수 있으므로 가볍게 몸을 풀고 나서 다시 하는 것이 좋다. 잠이 오는 현상은 체질에 따라 다를 수 있으므로 각자 스스로를 관찰하여 잠들지 않도록 그 방법을 체득해야 한다.

이 책은 정좌 입문서로 가장 적합하다

몇 십 년 전만 하더라도 밝은 스승[明師, 이름난 스승이 아님]의 지도를 받기가 힘들어 정좌를 배우기 어려웠다. 정좌를 공부하려는 사람들은 주로 예로부터 내려오는 단서(丹書)에 의지하곤 했다. 그러나 단서는 이해하기 힘들 뿐 아니라 표현도 모호해 사람들은 의미를 충분히 알지도 못한 채 맹목적으로 수련을 해 왔다.

장삼봉(長三豊)의 『태극연단비결(太極煉丹秘訣)』, 장유교(蔣維喬)의 『인시자정좌법(因是子靜坐法)』, 일본 오카다(岡田)의 『오카다식 정좌법(岡田式靜坐法)』, 『기공비결(氣功秘訣)』 등의 수련서가 본격적으로 나오기 시작한 것은 1924년 이후에 이르러서이다. 이것은 교육의 보급과 인쇄술의 발달 등 시대적 개명에 힘입은 것이다. 제2차 세계 대전 이후에는 『소지관육묘문(小止觀六妙門)』, 『마하대지관(摩訶大止觀)』 등 불교 천태종의 지관(止觀) 수련 책들과 『원료범정좌법(袁了凡靜坐法)』 등이 유행하기도 했다.

이와 비슷한 시기에 산스크리트어로 된 밀종 수련에 관한 경전이 중국어로 번역되어 읽혔고, 기타 영어나 불어로 번역된 밀교 서적들이 소개되었다. 그 중 밀종의 황교(黃敎) 조사(祖師)인 종객파(宗喀巴, 총카파) 대사가 저술한 『보리도차제론(菩提道次第論)』 중 일부를 발췌해 간행한 『수지여수

관(修止與修觀)』은 천태종의 대소(大小) 지관법과 유사하나 이보다 더 조리 있고 이해하기 쉽게 되어 있다. 그러나 불가 계열의 정좌 즉 선정(禪定) 서적은 불교 교리를 바탕에 깔고 있기 때문에 교리를 잘 이해하지 못하면 접근하기 어렵다.

인시자정좌법의 장단점

앞에서 제시한 책 중 어느 것도 초보자의 정확한 입문서로 권장할 만한 것은 없다. 불가와 도가의 이론과 맞아떨어지는 책은 그 내용을 이해하기 어려우며, 이론과 맞지 않은 책은 많은 문제를 내포하고 있다. 이 중에 비교적 입문서로 참고할 만한 것은 장유교 선생의 『인시자정좌법』이다. 사실 많은 사람이 이 책을 그대로 따라서 정좌를 배우기 시작했고 장유교 선생처럼 몸속에서 기맥(氣脈)의 감각을 느끼려 했다. 그러나 『인시자정좌법』은 장유교 선생이 정좌 과정에서 체험한 몸으로 느낀 반응을 그대로 기록한 것일 뿐이다. 따라서 이것은 다른 사람에게 참고는 될 수 있으나 반드시 따라야 하는 절대적 원리가 아니다.

여기서 우리가 짚고 넘어가야 할 것이 있다. 바로 장유교 선생이 정좌를 시작할 무렵에는 이미 폐병이 극도로 악화되어 있었다는 점이다. 병에 걸리면 사람의 마음은 비교적 안정 상태가 된다. 정서적으로야 위축되어 있지만 사고는 도리어 맑아질 때가 많다. "병이 났을 때에야 비로소 인간 육체가 고통의 근원임을 알게 되니 건강할 때는 다른 데 정신이 팔려 잊고 산다"는 것은 인지상정이다.

장유교 선생은 몸에 중병이 있었기 때문에 휴식을 취하면서 생리 기능이 정상으로 회복될 때까지 기다릴 수밖에 없었을 것이다. 생리 기능의 본능적인 회복 작용은 도가나 불가에서 말하는 이른바 기기(氣機)⁶ 혹은 기맥(氣脈)의 발생 작용과 유사하다. 한의학에서 말하는 십이경맥의 유통도 바로 이것을 말한다. 기기(氣機)가 어느 부위에 이르면 자연히 어떤 감각이 느껴진다. 이러한 상황에서는 의식적으로 조장하려 하지 말고 그대로 내버려 두는 것이 가장 좋다. 이 방법은 거의 모든 질병에 효과가 있는데 특히 휴양이 필요한 폐병의 경우는 말할 나위 없다. 한의학이든 양의학이든 질병을 치료하는 근본적 방법은 조용히 쉬게 하는 것이다. 약물은 치료를 돕는 효과가 있을 뿐 그것 자체로 질병을 완치할 수 있는 것은 아니다. 건강을 회복하는 데 약물이 삼사십 퍼센트의 효과를 발휘한다면 육칠십 퍼센트는 휴식에서 얻는다. 외과 수술의 경우도 예외가 아니다. 특히 심리적 질병이나 정신적 문제가 있는 경우 휴식은 더 큰 역할을 한다.

이러한 원리를 이해하면 『인시자정좌법』에서 말하는 기기(氣機)의 발동이나 기맥(氣脈)의 유통도 단지 장유교 선생처럼 병든 상태에서 정좌를 시작할 때 나타난 결과이지 누구에게나 보이는 보편적 현상이 아님을 알 수 있다. 이것을 이해하지 못하고 『인시자정좌법』의 내용을 그대로 따라서 정좌를 배우고자 하면 얻는 것보다 잃는 것이 더 많다.

---

6 기(機)란 움직이는 것으로, '기기(氣機)'는 기의 움직임을 말한다. 기기에는 승(升), 강(降), 출(出), 입(入)의 네 가지 형식이 있으며 이것은 인체 생명 활동의 근본이다. 이 움직임이 끊어지는 것은 생명 활동의 중단을 의미한다.

인체 내의 기기란 어떤 것인가

동양 고대의 의약학(醫藥學)은 무술(巫術)과 같은 뿌리에서 갈라져 나온 것이다. 중국의 의학도 예외는 아니다. 약 삼천 년 전쯤 중국의 의약학은 무의(巫醫)로부터 도가의 방술(方術, 방기方技라고도 함)로 전환되었다. 대략 주(周)와 진(秦) 시대 사이의 일이다. 중국의 의학이나 도가의 방술, 인도의 요가 등에서도 인체 내부에 잠재되어 있는 무한한 기기(氣機)의 존재를 인정한다. 고대 도가의 단경(丹經)에서는 기(氣) 자를 '기(炁)' 자로 표현하고 있다. 이 글자를 분석해 보면 먼저 무(无) 자는 무(無)의 옛 글자이며 아래 네 개의 점[灬]은 화(火)가 변형된 것이다. 즉 화(火)가 없는 '무화(無火)'가 곧 기(炁)이다.

그렇다면 화(火)란 무엇인가. 음욕(淫慾)이나 정욕(情慾), 쉴 새 없이 일어났다 사라지는 생각이 모두 화(火)이다. 이러한 조화(躁火, 한의학에서는 안정되지 못한 화인 조화를 상화相火라고도 한다)만 없으면 원기(元氣)가 크게 안정되어 점차 본래의 생명력인 기기(氣機)가 발동하기 시작한다. 즉 군화(君火, 상화와 달리 안정된 화이다)가 정당한 자리에 있게 되는 것이다. 기기의 흐름은 십이시진(十二時辰, 고대의 시간 계산법으로 해와 달의 운행 규칙과 일치함)에 따라 인체 내의 기맥인 십이경맥(十二經脈)과 장부(臟腑)를 한 바퀴

돈다. 따라서 매 시진마다 기기(氣機)가 지나가는 기맥의 부위는 달라진다. 이것을 깊이 연구하여 나온 인체의 경혈(經穴) 학설을 발전시킨 것이 침술과 뜸인 침구학(鍼灸學)이다.

한의학에서 말하는 십이경맥 외에도 여기에 전혀 속하지 않는 독립된 기맥이 있다. 이것을 도가에서는 기경팔맥(奇經八脈)이라 한다. 기경(奇經)의 '기(奇)' 자는 기괴(奇怪)하다는 의미가 아니라 '독립된 줄기〔單支〕'라는 뜻으로 '특수한' 또는 '단독적'이라는 의미를 내포한다. 기경팔맥은 독(督), 임(任), 충(衝), 대(帶), 양유(陽維), 음유(陰維), 양교(陽蹻), 음교(陰蹻)로 구성된다. 독맥은 『장자(莊子)』의 「포정해우(庖丁解牛)」편에 "연독이위경(緣督以爲經)"이라는 구절에서 나오는 것으로 대략 현대 의학에서 말하는 중추 신경 계통인 척수 신경을 말한다. 임맥은 대략 현대 의학에서 말하는 자율 신경과 관련 있는 내장 기관을 말한다. 대맥은 현대 의학의 신장 신경 계통과 유사하다. 양유 및 음유는 현대 의학의 대뇌, 소뇌, 간뇌의 신경 계통과 밀접한 관련이 있다. 양교 및 음교는 현대 의학의 생식 신경과 수족(手足) 등의 신경 작용과 대략 일치한다. 현대 의학의 신경 계통과 비교할 때 가장 설명하기 어려운 것이 충맥이다. 충맥은 중추 신경과 자율 신경 사이에 존재하는 것으로 일정한 부위와 계통이 있는 것이 아니라, 생식기와 고환 사이에 있는 소신경총으로부터 시작하여 일직선으로 위장과 심장 부분을 지나 간뇌에 이르는 부위이다.

기맥은 기기가 통한 사람만이 그 상황을 체험할 수 있다. 여기서 한 가지 분명히 해 두어야 할 것은, 의학의 전문가가 아닌 필자가 현대 의학의 용어를 빌려 기경팔맥을 설명한 것은 다소 무리를 해서라도 필자의 생각을 전달하고자 하는 의도에서였다는 점이다. 따라서 필자의 설명에 반드시 구애받을 필요는 없다.

이외에도 인도의 요가에서 유래하여 불교에서 가다듬어진 밀종 계통의 수련법이 있는데, 여기서도 인체의 기맥은 매우 중시한다. 밀종 계통에서는 인체의 기맥 체계를 삼맥사륜(三脈四輪, 상세하게는 칠륜)으로 파악한다. 삼맥(三脈)이란 인체를 평면적으로 보아 좌우와 중간에 위치한 것으로, 인체의 앞뒤와 중간에 있는 도가의 임맥, 독맥, 충맥의 체계와는 다소 차이가 있다. 사륜(四輪) 또는 칠륜(七輪)은 인체의 횡단면 중 신경총이 모여 있는 주요 부위를 말하는 것으로 도가의 상단전, 중단전, 하단전과는 약간 차이가 나지만 그 효과 면에서는 대동소이하다.

단전, 맥, 륜이란 어떤 것인가

이야기가 기(氣)와 단전(丹田)에 이르면 서양 의학이나 생리 해부학을 공부하는 사람들은 인체 내에 그런 것이 어디 있느냐며 그냥 웃어넘기려 할 것이다. 인체에는 근본적으로 기나 단전 같은 것이 없다고 여기며 어리석고 미신적이거나 혹은 도가에서 만들어 낸 신비한 이야기에 지나지 않는다고 생각한다. 그러나 적어도 요가의 삼맥칠륜설에 대해서는 반대하지 않는다. 요가는 근래 구미에서도 대단히 유행하고 있기 때문이다. 중국 사람 중에도 외국에 가서 요가를 배우고 돌아와 도장을 차린 사람이 더러 있다. 유럽이나 미국에서 적지 않게 변질되어 본래의 요가와는 다소 거리가 있는 것임에도 여기서는 크게 환영 받는다. 외국에서 배워 온 것이기에 틀림없으리라고 여긴다. 자기 것은 별것 아니고 오직 외국에서 온 것만 귀하게 생각하니 얼마나 한심한 일인가. 아마도 세월이 지나면 오늘을 중국 문화사에서 처량하고 가련한 시대로 기록할 것이다.

사실 현대의 생리학이란 엄밀히 말해 신체 해부학일 뿐이다. 좀 더 심하게 표현한다면 생리학(生理學)이 아니라 사리학(死理學)이다. 현대의 인체 생리학은 죽은 시체를 해부해서 얻은 결론이다. 산 사람의 몸으로 체득한 중국 고유의 학술과는 판이한 것이다. 도가에서 말하는 삼단전(三丹田) 중

상단전은 양 눈썹 사이에서 시작해 안쪽으로 간뇌(間腦)에 이르는 부위이며, 중단전은 양 젖꼭지 사이에서 시작해 안쪽으로 허파와 심장에 이르는 부위이고, 하단전은 배꼽 아래에서 안쪽으로 양 신장 사이와 소장, 대장에 이르는 부위이다. 이외에 이른바 중궁(中宮)이라는 것은 위장과 횡격막 사이를 말한다. 이들의 작용은 모두 살아 있는 인체에서 호흡 계통과 관련되어 나타난다. 단전이란 도가 수련에서 필요한 관념상의 것이지 그 속에 어떤 구체적인 형태가 있는 한 알의 단약(丹藥)이 만들어지는 것은 아니다. 만약 이런 것이 생겼다면 그것은 장암이나 폐암, 간암 등일 것이다. 정좌 수련을 하는 사람은 절대 내단(內丹)이 입자 형태로 이루어져 있다는 미신에 현혹되어서는 안 된다.

서양 과학의 세례를 받은 요가 전문가들은 통상 맥(脈)과 륜(輪)을 생리학에서 말하는 신경총과 같은 것이라 본다. 그래서 간뇌에서 일직선으로 회음에 이르는 부위를 신경 계통에 따라 이름 붙이고 있다. 맥과 륜이 과연 신경총과 같은 것인지는 실로 대답하기 어렵다. 그렇지만 맥과 륜이 신경총과 밀접한 관련이 있는 것은 사실이다.

정좌와 기맥

정좌를 하면 잡생각이 적어져 마음이 안정되기 때문에 혈액 순환이 완만해지고 그 결과 심장의 부담이 줄어든다. 이와 함께 신체를 똑바른 상태로 놓아두기 때문에 몸을 움직이는 데 따른 체력 소모가 생기지 않는다. 그 결과 뇌하수체의 내분비가 신체 각 부위에 골고루 분비되어 사지와 신체 내부가 점점 충만해지는 듯한 감각을 느낀다. 이러한 감각이 생긴 후 가장 민감하게 느껴지는 것은 통상 중추 신경과 등뼈의 끄트머리, 즉 신장 부위가 팽창하는 듯한 자극이다. 이 상태가 점차 진행되면 마치 어떤 물질이 생겨 요동치는 듯한 느낌이 기기와 혈맥의 흐름을 따라 나타난다. 이러한 현상은 일반인이 정좌를 하는 과정에서 흔히 느끼는 것으로 매우 정상적이다. 그러나 신체에 이상이 있을 때는 이것과는 다른 일종의 병적 증세가 나타나기도 한다. 신체가 유달리 건강한 사람의 경우도 비정상적 현상이 나타나는데 여기에 대해서는 따로 설명하기로 한다. 신체의 상태는 사람마다 다르기 때문에 그 반응도 천차만별이다. 따라서 어느 한 상태만을 가지고 모든 경우를 설명하려는 것은 각주구검(刻舟求劍)의 어리석음을 범할 수 있다.

기맥에 관해 자세히 설명하자면 한이 없으므로 뒤에서 천천히 설명하기로 하자. 여기서 말하고자 하는 것은 정좌를 할 때 어떻게 하면 고요한 상태에 이를 수 있는가 하는 방법이다. 이것은 특히 주의를 기울여야 한다. 이해의 편의를 위해 우선 심리 작용과 생리 작용을 지각과 감각 두 부분으로 종합해 설명해 보자. 이른바 지각은 심리상의 사고나 생각 등을 포괄하는 것이며, 감각은 신체상으로 느끼는 기기(氣機)의 감각 등을 말한다. 요컨대 이들은 곧 마음의 동향이라 할 수 있다. 정좌를 시작하여 몸속에서 기기(氣機)의 움직임을 느끼기 시작할 때 가장 범하기 쉬운 실수는 자기도 모르는 사이에 거기에 마음이 끌려 점점 더 주의를 집중하는 것이다. 이렇게 되면 기기에 혼란이 일어나 환상이나 연상 등 비정상적인 심리가 나타나기 십상이다. 이 중 그래도 좀 나은 것은 자기 몸이 조금 좋아진 것을 가지고 기맥이 이미 통하였다고 기뻐하는 것이다. 그러나 사실 기맥이 통하는 현상은 이와는 전혀 다르다. 이보다 나쁜 것은 기기의 감각이 느껴질 때 과도하게 주의를 집중하여 여기에 의식적인 환상 등 심리 작용과 결합되는 경우이다. 이렇게 되면 도리어 신경을 지나치게 긴장시켜 흔히 말하는 주화입마의 상태에 빠진다. 이것은 정좌로 인해 '마(魔)'가 붙은 것이 아니라 정좌의 궁극적 이치를 알지 못해 변형된 심리가 정좌(靜坐)의 고요한 경계를 침해한 까닭이다!

유불도 삼가의 정좌 자세

　유불도 삼가(三家)의 정좌 자세로 예로부터 전해 내려오는 것은 대략 구십육 종이다. 물론 이 중에는 누워서 자는 자세까지 포함되어 있다. 일반적으로 하는 자세는 불교의 각 종파에서 선정(禪定)을 닦을 때 취하는 '칠지좌법(七支坐法)'이다. 이를 간단히 '가부좌'라고도 한다.

　송(宋) 이후의 유학은 이학(理學)으로 전개되는데 정명도(程明道)는 불가와 도가의 정좌 수련 심법(心法)을 바꾸고 여기에 선종의 선정 수련법을 계승하여 『정성서(定性書)』[7]라는 책을 저술했다. 이 책에는 '고요함(靜)' 속에서 성리(性理)의 단서가 처음 자란다고 했다.

　정명도의 동생인 정이천(程伊川)은 여기에 다시 주경설(主敬說)[8]을 더함으로써 이후부터 유가에서도 정좌를 주장하게 되었다. 그러나 유가의 정좌 자세는 통상 정금위좌(正襟危坐, 44쪽 그림 참조)라고 하여 "용모를 단정히 하여 똑바로 앉는 자세"였다.

　이에 비해 도가에서는 때로는 불가의 칠지좌법이나 누운 자세를 사용하

---

7 『정성서』는 원래 장횡거(張橫渠)가 제기한 질문인 "어떻게 해야 성(性)을 안정시킬 수 있는가"에 대한 정명도의 회신이다. 이것이 후에 정명도 철학의 가장 중요한 대표작이 되었다.

기도 하고, 때로는 여기에 다양한 자세를 추가해 생리적 효과와 함께 연기(煉氣), 수맥(修脈)의 효과를 결합하고자 했다. 대략적으로 말하면 유불도 삼가의 정좌 자세는 여기에서 벗어나지 않는다.

---

8 유가에서 말하는 중요한 덕목의 하나. 특히 정주학파(程朱學派)의 정신 수양 방법으로 중시된다. 정명도는 처음 성(誠)과 경(敬) 두 자로써 정신 함양의 길로 삼았으나 정이천은 오로지 경(敬)을 역설하여 도(道)에 통하는 데에는 경 외에는 없다고 했다.

칠지좌법의 자세

칠지좌법이란 다음과 같은 지체(肢體)의 일곱 가지 요점을 말한다.

(1) 결가부좌를 한다. 결가부좌(양다리를 모두 두 넓적다리 위로 올리는 것)가 불가능하면 한쪽 발만 올려놓는 반가부좌도 가능하다. 이 경우 왼발을 오른 다리 윗부분에 올려 두는 것을 여의좌(如意坐), 오른발을 왼 다리 윗부분에 올려 두는 것을 금강좌(金剛坐)라 한다. 한쪽 발을 올려 두는 것도 안 될 때는 그냥 양다리를 교차해 앉아도 무방하다.

(2) 등을 곧게 편다. 등뼈의 마디마디를 마치 주산 알이 포개진 것처럼 곧게 편다. 그러나 신체가 쇠약하거나 병이 있을 때는 무리하게 펴려고 해서는 안 된다.

(3) 좌우 두 손을 둥글게 포개어 단전 아래에 있는 사타구니 부분에 자연스럽게 놓는다. 두 손바닥은 위로 향하며 오른손을 왼손 위로 포갠다. 이때 두 엄지손가락은 자연스럽게 붙인다. 불교에서는 이것을 '수인(手印)'이라고 한다. 이 자세를 삼매인(三昧印)이라고도 하는데, 안정된 인(印)이라는 의미이다.

(4) 양 어깨를 약간 펴고 좌우가 고르게 한다. 어깨를 움츠려 등이 구부

러진 상태가 되어서는 안 된다.

(5) 머리를 똑바로 세우고 후뇌가 약간 뒤쪽으로 향하게 한다. 턱은 약간 끌어당겨(머리를 수그리는 것이 아님) 목 좌우에 있는 대동맥이 살짝 눌리는 듯한 상태가 좋다.

(6) 두 눈은 감은 듯 뜬 듯, 마치 반은 감고 반은 뜬 듯이 한다. 눈은 앞을 향해 있으나 눈앞의 사물은 보는 듯 마는 듯 한다. 눈은 앞쪽 2~3미터 전방의 한 점에 고정시킨다. 평소에 눈을 많이 사용하는 사람이라면 정좌를 할 때에는 감는 것도 좋다.

(7) 혀끝은 가볍게 입천장 위로 붙인다(46쪽 그림 참조). 이것은 치아가 채 나지 않은 어린아이가 단잠을 잘 때의 상태와 비슷하다.

이 밖에 주의할 사항은 다음과 같다.

(1) 정좌를 할 때 뇌 신경뿐 아니라 전신의 신경과 근육도 이완되어야 하며 절대로 긴장하면 안 된다. 가장 좋은 방법은 얼굴에 약간 미소를 띠는 것이다. 웃을 때는 저절로 전신의 신경이 이완되기 때문이다.

(2) 처음 정좌를 배우는 사람이라면 음식을 먹고 난 뒤 바로 정좌를 해서는 안 된다. 소화가 되지 않기 때문이다. 또 너무 배가 고플 때 정좌를 해서도 안 된다. 마음이 분산되기 때문이다.

(3) 정좌를 할 때에는 반드시 공기가 잘 통하도록 한다. 그러나 바람이 직접 몸에 닿도록 해서는 안 된다.

(4) 정좌를 할 때에는 빛이 너무 밝아서도 안 되고 너무 어두워서도 안 된다. 빛이 너무 어두우면 혼침(昏沈)에 떨어지기 쉽고 너무 밝으면

긴장되기 쉽다.

(5) 날씨가 추울 때에는 양 무릎이나 후뇌를 덮거나 싸서 따뜻하게 해야
한다. 설사 더운 날씨에 정좌를 하더라도 양 무릎을 그대로 내놓아
서는 안 된다.

(6) 처음 정좌를 할 때에는 너무 오래 앉아 있으려 애쓸 필요가 없다. 짧
은 시간 여러 번 하는 것이 원칙이다.

(7) 처음 정좌를 하는 경우라면 대부분 결가부좌가 잘 되지 않으므로 반
가부좌를 하는 것이 좋다. 이 경우는 반드시 엉덩이 부분에 방석이
나 담요 같은 것을 깔아 약간 높여 주도록 한다. 이 높이는 각자의
신체 상황에 따라 다르며 몸이 편안하도록 하는 것이 목적이다. 너
무 높거나 낮으면 몸이 긴장된다. 방석의 푹신하고 딱딱한 정도도
적당한 것이 좋다. 너무 푹신하거나 딱딱하면 몸이 편안하지 못해
정좌에 영향을 미친다.

● 결가부좌 정면

● 결가부좌 측면

결가부좌 설명

(1) 양다리를 튼 결가부좌가 가장 전형적인 칠지좌법이다.

(2) 가부좌를 할 때에도 방석을 깔아야 한다. 방석은 기맥이 완전히 통할 때까지 깔아야 한다.

(3) 처음 정좌를 할 때에는 대부분 결가부좌가 제대로 되지 않는다. 그럴 경우 상황에 따라 이후 그림에 나오는 기타 자세를 취해도 무방하다.

● 금강좌 정면(오른 다리를 왼 다리 위로)　　● 여의좌 측면(왼 다리를 오른 다리 위로)

금강좌, 여의좌 설명

(1) 방석의 두께는 2~3촌(6~9센티미터) 정도가 적합하며 사람에 따라 적당히 조절할 수 있다.

(2) 처음 정좌를 할 때 양다리를 트는 결가부좌가 어려우면 한쪽 다리만 올려놓아도 좋다. 각자의 생리 상태에 따라 금강좌 또는 여의좌를 택할 수 있다.

(3) 한쪽 다리를 올리는 것도 어렵거나 혹은 이 자세에서 다리가 저린 경우는 다음에 나오는 자세 중 임의로 하나를 택하여 정좌를 계속할 수 있다.

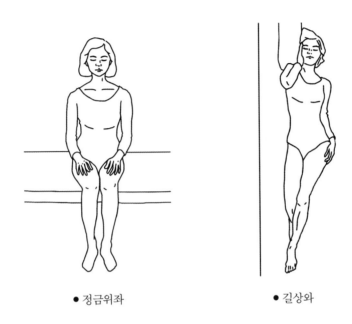

● 정금위좌   ● 길상와

정금위좌, 길상와 설명

(1) 정금위좌(正襟危坐)는 예로부터 유가에서 널리 해 오던 자세이다.
(2) 길상와(吉祥臥)는 불가의 수면 자세이다. 임산부의 경우 다리를 틀고 앉는 자세로 인해 복부에 압박감이 느껴지면 이 자세를 취해도 좋다. 또는 상태에 따라 다른 자세를 취해도 무방하다.

● 사자좌(獅子坐)

● 육조좌(六竈坐)

● 선인좌(仙人坐)

● 보살좌(菩薩坐)

● 과학좌(跨鶴坐) 1

● 과학좌(跨鶴坐) 2

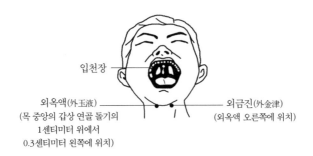

입천장

외옥액(外玉液) ───
(목 중앙의 갑상 연골 돌기의
1센티미터 위에서
0.3센티미터 왼쪽에 위치)

외금진(外金津)
(외옥액 오른쪽에 위치)

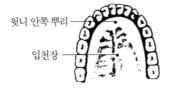

윗니 안쪽 뿌리 ───

입천장 ───

● 혀의 위치

칠지좌법에 관한 전설

칠지좌법에 대한 불경(佛經)의 기록은 다음과 같다.

칠지좌법은 이미 오래전에 실전되었는데, 그 후 오백 나한들이 오랫동안 몸과 마음을 닦았으나 도무지 입정(入定)에 들 수 없었다. 비록 아득한 옛날부터 입정에 드는 정좌 자세가 있었다는 것은 알았으나 이미 실전된 뒤라 그 요령을 알 수 없었던 것이다. 그러던 어느 날 나한들은 눈 덮인 산 속에서 원숭이 한 무리가 바로 그 자세로 좌선하고 있는 것을 발견하고는 따라하기 시작해 마침내 아라한의 성취를 얻을 수 있었다.

이 신화 같은 전설을 실제로 고증해 볼 도리는 없지만 요컨대 이 자세가 생명의 자연법칙에 합치한다는 것은 의심할 수 없다. 이 자세는 태아가 모태에 있는 자세와 매우 흡사하여 고요하고도 편안하다.

손을 포개고 다리를 트는 자세의 건강 효과

인체의 신경 계통은 대체로 척추를 중심으로 하여 좌우로 교차해 분포되어 있으며, 이를 지배하는 의식에 따라 발산되어 지체(肢體)의 감각 기관에 이르러 동작으로 나타난다. 마치 나무의 가지와 같아 그 중심 줄기로부터 사방으로 퍼져 마침내 가지와 이파리에 이르니 말라 떨어지는 것도 자연히 이파리부터이다. 칠지좌법에서 손을 포개고 다리를 트는 것은 좌우 기혈을 교차시켜 바깥으로 발산되는 에너지를 원래의 곳으로 되돌리기 위함이다. 즉 이 자세를 취함으로써 좌측 양(陽)과 우측 음(陰)의 전기 에너지를 상호 교류시켜 외부로 발산하는 작용을 감소시키며, 그 결과 인체의 원래 에너지를 회복시키는 것이다.

칠지의 자세는 양다리를 틀고 양손을 포갬으로써 사지의 활동을 정지시켜 심장의 부담을 덜게 하기도 한다. 따라서 이러한 정지 시간이 길어질수록 심장의 기능을 회복하는 작용은 더욱 증대된다.

두뇌의 건강 효과

칠지좌법에서는 반드시 머리를 곧게 세워야 하기 때문에 대뇌가 약간 뒤로 위치하게 되고, 따라서 뇌하수체가 대뇌의 압박을 덜 받아 정상적으로 회복된다. 그 결과 뇌하수체의 내분비 작용이 점차 균형을 유지하여 임파선과 갑상선, 부신(副腎)에까지도 영향을 미쳐 건강을 회복한다.

또 아래턱을 약간 끌어당김으로써 목 좌우에 있는 대동맥의 혈액 흐름을 느리게 하여 뇌 신경의 긴장과 생각을 줄이고 혈압이 정상적으로 회복되도록 한다.

이외에도 간뇌와 눈, 귀, 코, 입 등에도 영향을 미치지만 그 구체적 효과는 생략한다.

다리를 틀고 앉는 자세와 건강

어떤 사람들은 다리를 틀고 앉는 자세가 단지 건강에 바람직하지 않을 뿐 아니라 심지어 혈관을 누름으로써 질병까지 일으킬 수 있다며 회의한다. 정좌를 오래 하면 다리가 저린 것도 바로 이 때문이라는 것이다. 그러나 이것은 오해이다. 사실 인체의 건강은 다리 및 발과 더할 수 없이 밀접한 관계가 있다. 고대 도가의 의학 이론에서는 "정이 발바닥에서 생긴다〔精從足底生〕"고 했는데, 이것은 변할 수 없는 지극한 이치였다. 사람의 건강과 장수는 두 다리 및 양발과 절대적인 관계가 있다. 갓난아이와 어린아이들은 모두 두 다리를 중심으로 활동한다. 그러나 일단 중년을 지나면 허리 아랫부분과 다리 힘이 점차 떨어져 앉아 있기를 좋아한다. 사람이 늙어가는 것도 대부분 다리에서 시작해 차츰 몸체와 머리에 이르게 된다.

다리를 틀고 정좌를 할 때 다리가 저린 것은 결코 다리 신경과 혈맥이 눌려서 그런 것이 아니라 그 사람의 건강에 잠재적인 문제가 있어서이다. 다리를 풀고 나서 저린 증상이 가시면서 이전에 경험하지 못했던 상쾌한 감각을 느끼는 것도 바로 이 때문이다. 만약 오랫동안 다리를 틀고 있을 수 있다면 앉아서도 다리의 기혈이 유통될 뿐 아니라 위로는 허리와 등 그리고 전신에 이르기까지 비할 데 없는 상쾌한 감각이 느껴지면서 도리어 다리를 풀고 싶은 생각이 사라질 것이다.

　다음으로 우리가 알아 두어야 할 것은 인체는 식물과도 흡사하다는 점이다. 나무의 경우는 뿌리를 땅속에 단단히 박고 햇빛, 공기, 수분 및 땅속의 영양을 흡수해야만 비로소 무성하게 성장할 수 있다. 사람은 어떨까? 나무와는 정반대이다. 사람의 뿌리는 머리이며 사람이 뿌리를 박는 곳은 허공이다. 사람의 두 다리는 마치 인삼의 갈라진 줄기와도 같다. 따라서 두 다리를 틀고 앉는 것은 말하자면 인삼이나 소나무 가지가 서로 뒤엉킨 것과도 같다. 이렇게 뒤엉켜서 생명력이 바깥으로 분산되지 않고 원래의 곳으로 되돌아와 근본을 배양함으로써 본체를 더욱 강건하게 하는 것이다.

　다리를 틀고 앉는 것은 비단 건강에 장애가 되지 않을 뿐 아니라 적절히 연습하면 도리어 건강과 장수에 절대적으로 유리한 것으로 결코 해가 없다.

정좌 시 마음의 처리

　정좌는 어렵지 않지만 어떻게 마음을 처리할 것인가 하는 문제는 쉽지 않다. 일반적으로 정좌를 배우는 사람의 칠십 퍼센트 정도는 건강과 장수를 염두에 두는 것 같다. 나머지 이십 퍼센트 정도는 호기심 내지 어떤 신비한 것에 마음을 두는 것 같다. 예를 들면 빛을 내뿜는다든지 하는 신통의 경지나 예지(預知) 등의 경계이다. 나머지 십 퍼센트 정도는 도(道)를 구하는 데 관심을 갖는 것 같다. 그러나 과연 도(道)가 무엇이고 도를 닦는 바른 방법이 어떤 것인지를 제대로 이해하는 사람은 만에 하나도 없는 것 같다.

　어떻게 마음을 처리할 것인가 하는 문제를 이해하기 위해서는 먼저 정좌의 목적이 어디에 있는지를 알아야 한다. 그래야만 비로소 어떻게 시작할 것인지 그리고 어떻게 마음을 처리할 것인지를 실제적으로 검토할 수 있다. 현재 일반적으로 유행하고 있는 정좌 시 마음의 처리 방법은, 이를 동양에 국한시켜 말한다면 대략 유불도 삼가의 전통적 방법으로 종합해 볼 수 있다. 이 밖에도 요가의 방법이나 구미에서 유행하는 최면술, 그리고 기타 종교에서 행하는 기도, 재계(齋戒), 피정(避靜) 등도 일종의 마음을 처리하는 방법이다. 마음을 처리하는 방법 중 가장 유행하는 것은 대체로 불가와 도가의 방법이다. 이외에도 허다한 것이 있는데, 이들은 모두 불가 또는 도가의 정통적인 방법이 아님에도 오랜 세월이 지나면서 마치 정통인 것처럼 인식되어 왔다. 그러나 이들을 이론적으로 따져서 엄밀히 구별할 필요는 없을 것 같다.

불가의 방법 중 현재 가장 유행하고 있는 것이 염불, 지관(止觀), 관심(觀心), 참선(參禪) 등이다. 밀종을 독실히 믿는 사람은 주문이나 관상(觀想)이 바른 방법이라 생각한다. 사람들은 대부분 이 중 하나만을 고집하면서 다른 것을 경시하곤 한다. 그러나 티베트에서 들어온 밀종을 부분적으로 배운 자들 이외에는 모두가 마음 닦는 것을 중시해 그것을 기초로 삼으며, 신체의 생리적 변화에 대해서는 그다지 관심을 두지 않는다. 심지어 생리적 변화에 치중하는 것은 외도와 같은 부류라 여기기도 한다.

이와는 달리 도가에서는 신체의 생리적 변화를 극히 중시한다. 심지어 정좌 수련을 통해 예정된 효과, 즉 임독이맥과 기경팔맥을 통하여 건강을 회복하고 수명을 늘리는 것이 도(道)의 진정한 효과라 생각한다. 불가에서와 같이 단지 마음 닦는 것만을 중시할 뿐 생리의 오묘함을 모르는 것은 완전한 도가 아니라는 것이다. 따라서 도가 계통의 사람은 성(性)만 닦고 명(命)을 닦지 않는 것을 불완전한 것이라 본다. 그래서 도가에서는 성명쌍수(性命雙修)를 주장한다. 이렇게 해야만 비로소 올바른 도에 이를 수 있다는 것이다. 도가에서는 이렇게 천명한다. "명만을 닦고 성을 닦지 않는 것은 수행의 제일 큰 병폐요, 성만을 닦고 단을 닦지 않으면 만겁을 애써도 결코 성인의 경지에 이를 수 없다[只修命不修性, 此是修行第一病, 只修祖性不修丹, 萬劫陰靈難入聖]." 더 나아가 『역경(易經)』의 관념과 『중용(中庸)』의 요지를 인용하여 "이치를 궁구하고 성을 다함으로써 명에 이른다[窮理

眞性以至於命]"는 것을 최고의 원칙으로 삼기도 한다.

사실 불가나 도가뿐 아니라 기타의 소위 좌도방문(左道旁門)이라 하더라도 정좌를 빼고서는 말할 것이 없다. 만약 정좌 외에 다른 법문(法門)이 있다고 주장한다면 한 번 물어보자. 생리적인 신체와 심리적인 지각이나 감정 외에, 또 몸과 마음을 떠나 수행할 수 있는 어떤 방법이 있는가. 만약 있다고 한다면 물질 과학적 연구이거나 의약 혹은 약물화학이나 사물의 질료적 측면에 대한 연구일 것이다. 즉 의약에 대한 연구이거나 약물이 생리적 측면에 미치는 화학적 반응 등에 관한 연구이다. 이것은 생명 작용을 출발점으로 하는 수련과는 그 방향이 판이하게 다르다. 즉 자신의 생명 작용 속에 내재한 능력을 바탕으로 형이상적 도를 체득해 가는 것이 아니라 외부 물질을 대상으로 실험을 통해 우주의 물리적 신비를 이해해 가는 방법이다.

정신을 집중하고 사유를 운용하는 존상과 정사

　'존상(存想)'은 존신(存神)이라고도 하는데, 고대 도가에서 사용하던 용어이다. 진(秦)·한(漢) 이후 위(魏)·진(晉)에 이르러 도가의 방술(方術)이 특히 유행했는데, 이들은 모두 존상을 위주로 한 것이다. 『황정내외경경(黃庭內外景經)』과 같은 도가의 오래된 단경(丹經)도 존상 내지는 존신의 방법을 위주로 한 것이다. 그뿐 아니라 한대(漢代)의 장도릉(張道陵, 천사도天師道의 창시자)이나 북위(北魏)의 구겸지(寇謙之, 천사도의 또 다른 중요 인물) 그리고 남조(南朝)의 저명한 선인(仙人) 도홍경(陶弘景)의 저서인 『진고(眞誥)』도 모두 존상 및 존신의 방법을 위주로 한다. 이외에 불가 밀종의 관상(觀想) 및 기타 종교의 기도나 예배 등도 모두 존상을 수도의 방법으로 삼고 있다.

　'정사(精思)' 또한 고대 도가에서 사용하던 용어이다. 그러나 엄격히 말하면 정사는 존상 또는 존신과는 전혀 다른 데가 있다. 존상은 정신을 단련하는 법문인 데 비해 정사는 사유를 운용하여 최고의 지혜를 성취하는 것이다. 흔히 "정사로써 신의 경지에 이른다〔精思入神〕"고 하는데, 이 말은 『역경』「계사전(繫辭傳)」의 "사고를 정치하게 하여 신의 경지에 이른다〔精義入神〕"는 의미와 완전히 동일하다. 수(隋)·당(唐) 이후 불가는 선종(禪

宗)을 창건하였고 선종은 송(宋)·원(元) 이후 참선과 화두 참구를 강조하는데, 이것 역시 정사입신(精思入神)의 또 다른 줄기이다. 이후 송의 이학가(理學家) 정명도는 "도는 천지의 형태를 갖춘 것 너머로 통하고, 생각은 바람과 구름의 변화 속으로 들어간다[道通天地有形外, 思入風雲變態中]"는 시를 읊고 있는데, 이것 역시 정사입신에 기초한 것으로 환상적인 이학(理學)의 경지를 다소 과장해 표현한 것이다.

그러나 존상과 정사는 위진남북조 이후 도가의 연기(煉炁) 수련법이 아니며, 명(明)·청(淸) 이래 도가의 수규(守窺) 수행법도 아니요 연정화기(煉精化炁)⁹·연기화신(煉炁化神)¹⁰·연신환허(煉神還虛)¹¹의 수행법은 더더욱 아니다. 이러한 도가의 방술은 엄격히 말하면 그 범위와 방법을 서로 달리하는 것으로 한데 묶어 이야기하기 어렵다. 애석한 것은 예로부터 도가의 신선술이나 단법(丹法)과 같은 방술을 배우는 사람은 단지 자신이 신선이 되는 것만을 구하여, 밝은 스승의 지도 아래 오랜 세월 전해지지 않은 비결을 전수받아야만 그 자리에서 신선이 되거나[立地成仙], 밝은 대낮에 하늘로 승천[白日飛昇]할 수 있다고 생각한 점이다.

---

9 연정화기는 내단(內丹) 전문 용어로, 기초를 다지는 백일축기(百日築基) 이후에 이어지는 제1단계 공부. 내단술에서는 단(丹)을 만들어 내는 과정에서 인간의 정(精), 기(氣), 신(神) 중 정을 기초로 삼는다. 하지만 원정(元精)은 모름지기 원기(元氣)와 함께 단련해야 가볍고 깨끗한 정기(精氣)의 결합물이 생겨 하거(河車)를 따라 순환할 수 있으며, 또 단(丹)의 태(胎)를 이룰 수 있다.

10 연기화신을 달리 중관(中關), 시월관(十月關) 또는 대주천공(大周天功)이라 부름. 연정화기의 단계와는 달리 이 단계 수련의 목적은 신(神)과 기(炁)를 함께 단련해 순양(純陽)의 신(神)으로 되돌아가는 것으로, 성태(成胎)를 이루는 단계이다. 중단전과 하단전 사이에 성태가 이루어지면 이후 이를 다시 응집시켜 대단(大丹)을 기른다.

11 연신환허는 달리 상관(上關) 구년관(九年關)이라고도 부름. 내단 수련의 고급 단계로 육체적 수련으로부터 정신적 수련으로 전환하는 단계이다. 불교에서 달마가 구 년간 면벽 수련을 하는 단계에 해당한다.

그 결과 학문적 이치를 소홀히 하고 원리나 이론적 측면을 경시함으로써 도가의 방술이 진신(縉紳)[12] 선생 등 지식인인 사대부 계층에 유포되기 어려웠으며, 조리(條理)와 원칙 및 방법을 갖춘 체계적인 신선(神仙) 또는 단도(丹道)의 과학으로 발전할 수 없었다. 이로 인해 선인(仙人)이 되고자 해도 뜻을 이루지 못하는 것은 물론 헛된 환상에 사로잡혀 노력을 허비하는 폐단을 자초하게 된다.

존상의 방법은 비록 오래된 것이기는 하나 현재 서양에서 유행하는 신비학과 매우 흡사하다. 서양의 신비학은 그 연원을 대서양이나 이집트의 상고 문화에서 찾고 있고, 동양의 도가에서는 존상 또는 존신이 까마득한 옛적 어느 신선으로부터 유래되었다고 여긴다. 이들의 근원을 따져 보면 같은 데서 나온 것이 아닐까 하는 생각이 든다. 여기에 대해서는 학술적으로 그 유래를 따져 보아야 할 것이므로 상세한 언급을 피한다.

정좌와 수도의 관계를 말하면서 존상을 언급하는 것은 어쩌면 너무 어렵고도 막연한 이야기인지 모른다. 가능한 빠르고 실질적인 효과를 바라는 현대인들에게는 이런 것들이 쉽게 수용될 것 같지 않으므로 여기서는 이 정도에서 생략하기로 한다.

존신(存神)의 작용 또한 마찬가지이다. 존신은 원시적인 종교 정신을 짙게 띠고 있다. 그 이론에는 신비학과 마찬가지로 다방면에 걸친 지극히 높고 깊은 오묘한 이치가 내포되어 있다. 종교 정신이 극도로 쇠퇴한 오늘날

---

12 진신(縉紳)의 진(縉)은 진(搢)으로도 쓰이는데 그 의미는 '꽂다[搢]'는 뜻이고 신(紳)은 의복 바깥에 차는 큰 허리띠이다. 따라서 진신은 허리띠에 홀(笏)을 꽂는 것이다. 홀은 고대 관료들이 사용했던 일종의 수첩 같은 것인데, 홀을 꽂고 조회에 참석할 수 있는 자는 사대부 계층이었으므로 후에 사대부 계층을 지칭하는 용어로 사용되었다.

이런 이야기를 불쑥 끄집어내는 것이 다소 무리하다고 생각하여 역시 덮어 두기로 한다. 존상 또는 존신의 방법은 밀종에서 가장 정밀하게 체계화되어 있으므로 밀종의 수련법을 설명할 때 덧붙여 설명하기로 한다.

마음을 편안히 하여 규를 지키는 방법

　여기서 말하고자 하는 것은 수규(守竅)와 정사(精思)에 관한 것이다. 정좌를 배우는 사람이 가장 쉽고 보편적으로 접근할 수 있는 것이 '수규(守竅)' 즉 규(竅)를 지키는 방법이다. 엄격히 말하면 규를 지키는 것은 생리적 측면에 중점을 둔 것이다. 따라서 정좌를 배우고자 하는 사람이 수규의 방법으로 입문하고자 하는 것은 원칙적으로 실제 신체를 도(道)가 존재하는 장소라 전제하는 것을 의미한다. 그러기에 규(竅)의 오묘함을 파악할 수만 있다면, 그래서 그 규를 통할 수만 있다면 곧 도(道)를 얻거나 적어도 불로장생할 수 있다고 생각하는 것이다. 그러나 사실 지키는 대상은 규(竅)이지만 지키는 주체는 '마음'이다. 그러므로 수규의 근본은 마음의 작용이다.

　그렇다면 어디에 있는 것이 진정한 규인가? 반드시 규를 지켜야 할 사람은 어떤 사람이며, 지킬 필요가 없는 사람은 어떤 사람인가? 어떤 것이 반드시 지켜야 할 규이며, 반드시 지키지 않아도 좋은 규는 어떤 것인가? 이런 것들도 매우 중요한 문제이다.

　어떤 사람은 말하기를 "하나의 규만 통하면 모든 규가 통한다〔一竅通而百竅通〕"고 한다. 하나의 규만 지켜 통할 수 있으면 곧 도를 얻을 수 있다는 것이다. 인체에는 모두 아홉 개나 되는 '규(竅, 구멍)'가 있다. 두 눈, 두 콧구멍, 두 귀, 여기에다 입까지 해서 일곱 개가 있고, 다시 대소변의 두 구멍을 합치면 아홉 개가 된다. 그렇다면 이 아홉 개 중 하나만 통하면 과연 나머지가 모두 통할 수 있을까? 설사 머리에 있는 일곱 개 규가 모두 통하더라도 변비나 요도 질환이 생기면 아래 두 규는 막힐 수밖에 없다. 그렇다면 "하나의 규만 통하면 모든 규가 통한다"는 말은 도대체 무슨 의미일까? 만약 인체의 아홉 개 구멍이 여기서 말하는 규와 다르다고 한다면 우리는 인체에 있는 백여덟 개 혈도(穴道)를 다른 규로서 생각해 볼 수 있다. 그러나 이들 중 어떤 것을 지키더라도 그것은 혈도의 범위를 벗어날 수 없다. 예를 들어 하나의 혈도가 막혔음에도 나머지 혈도가 여전히 유통되고 있거나, 다른 혈도들이 막혔음에도 어떤 주요 혈도가 유통되고 있다면 어떻게 "하나의 규만 통하면 모든 규가 통한다"고 할 수 있겠는가? 만약 여기서 말하는 규가 혈도가 아니라 구체적인 형체도 위치도 없는 도(道)의 규라 말한다면, 이것은 이미 심리적 영역에 속하는 것으로 생리적으로 존재하는 현실적 규가 아니다. 말하자면 이것은 존상(存想)의 영역에 속하는 것이다.

그럼에도 정좌를 배우려는 일반인들은 하나같이 수규로부터 시작하려 한다. 이들이 생각하는 규는 대체로 중추 신경과 연관된 인체의 상중하 세 부분 즉 상단전, 중단전, 하단전이다. 사실 단전이라는 개념은 송(宋)·명(明) 이후의 도가에서 비로소 유행하기 시작한 것이다.(삼단전의 이치는 이미 앞에서 언급한 바 있으므로 여기서는 부연 설명하지 않겠다.)

규를 지키는 효과

일반적으로 정좌를 배우는 사람은 대체로 하단전의 하나의 규(竅)만 중시하여 이를 지키는 것을 위주로 한다. 이른바 "기를 단전으로 내린다〔氣沈丹田〕", "신을 단전에 갈무리한다〔藏神於丹田〕", "의식으로 단전을 지킨다〔意守丹田〕"는 말은 모두 이것을 말한다. 어떤 사람은 단지 하단전을 지키기만 하면 "정이 갈무리되어 기가 안정된다〔藏精固氣〕"거나 "정이 기로 바뀐다〔煉精化炁〕"고 생각한다.

사실 한의학의 침이나 뜸, 혈도(穴道)에 관련된 이론에 따르면 하단전은 앞부분에는 기해혈(氣海穴)이 있고 뒷부분에는 명문혈(命門穴)이 있다. 현대 의학의 생리학에서 보면 콩팥 위 내분비샘인 부신(副腎)이 위치하고 있는 중요 부위로, 이 위치가 생명 활동의 핵심적인 곳이라는 데에는 틀림이 없다.

그러나 남녀노소나 병의 유무를 막론하고 또 부신(副腎)의 건강 상태를 고려하지 않고 모두 하단전을 지킬 수 있는 것일까? 이것은 매우 중요한 문제로서 만약 밝은 스승〔明師, 경험과 지혜를 갖추고 어느 정도 성취를 얻은 사람〕의 지도가 없다면 때론 적지 않은 화를 초래할 수도 있다. 예를 들면 신장이 쇠약한 사람이나 유정(遺精) 혹은 수음(手淫)이 체질화된 사람, 또는 신장과 관련된 질병(예를 들면 양물 위축, 조루 등)이 있는 사람이 하단전을 애써 지킨다면 질병이 점차 악화되어 심각한 상태에 이를 것이다. 물론 그 중에는 예외도 몇몇 있을 수 있다. 그러나 그것은 다른 생리적 원인들이 우연히 결합되어 나타난 것이지 누구나 기대할 수 있는 당연한 효과는 아니다. 만약 여자의 경우 오직 하단전만을 지키게 하면 폐해는 더 심각해진다. 혈붕(血崩) 등의 증세가 나타날 뿐 아니라 심지어 성적으로 비정상적인 심리가 유발될 수도 있다.

상규(上竅, 양미간 사이 혹은 정수리)만을 지킬 때에도 나이나 생리, 질병의 유무 등을 특별히 고려해야 한다. 만약 무턱대고 상규를 지킬 경우 고혈압, 정신 착란 등 심각한 증세가 나타날 수 있다. 어떤 사람이 오랫동안 규를 지켜 얼굴의 혈색이 좋아지는 효과가 조금 나타나면 자기뿐 아니라 다른 사람도 그가 도를 얻어 상당한 경지에 들었다고 생각한다. 그러나 사실 나이 든 사람에게 이러한 현상이 나타나면 반드시 뇌일혈 등의 증세가 아닌지 확인해 보아야 한다. 혹은 이전에 성병에 걸렸던 사람의 경우도 비슷한 현상이 나타날 수 있다. 치료를 철저히 하지 못해 체내에 균이 잠복해 있다가 상규(上竅)를 지킴으로써 잠복해 있던 균이 뇌로 올라가 발병하는 경우이다. 이러한 경우라면 감당키 어려운 결과를 초래하므로 특별히 주의해야 한다.

요컨대 정좌의 방법이나 불로장생의 방술은 예로부터 지금까지 시종 정신적 자연 치료, 생리적 자연 치료, 물리적 자연 치료 이론과 밀접한 관련이 있다. 좀 더 강조해 말한다면 이것은 의학 중의 의학이라 할 수 있다. 정신의 신비한 역량과 우주의 신비한 역량을 이용한 의학인 것이다. 만약 이러한 원리를 이해하지 못하고서 함부로 자기 마음대로 생각해 잘못 수

련해 간다면 차라리 자기 수명대로 자연스럽게 살다가 가는 것보다 못하
다. 약을 먹고 신선이 되려다 도리어 피해를 입는 경우와 다를 바 없으니
스스로 이런 비참한 결과를 초래할 필요가 있겠는가.

수규와 존상의 원리

　이야기가 존상과 수규에 이르렀으니 편의상 먼저 단전에 수규하는 방법부터 살펴보기로 한다. 필자가 말하고자 하는 것은 단전에 수규해서는 안 된다는 것이 아니요, 수규라는 방법 자체가 틀렸다는 것도 아니다. 앞에서 말한 내용을 읽고 막연히 두려움을 느낄 사람도 있을 것이나 그럴 필요는 없다. 수규는 수규 나름의 필요성이 있고 단전은 단전 나름의 작용이 있다. 다만 이들 원리를 알지 못하고서 함부로 지켜서는 안 된다는 뜻이다. 사실 수규의 방법은 존상이 탈바꿈한 것이다. 존상이란 곧 정신 통일로서 심리나 의지를 흐트러짐 없이 완전히 집중하는 한 방법이다. 앞에서 이미 지키는 대상은 규(竅)이지만 지키는 주체는 마음이라 말한 바 있다. 즉 심리나 의지를 집중하여 최후로 정신 통일에 이르는 경지를 밝힌 것이다. 이처럼 인체의 생리적 부위를 이용해 초보자가 쉽게 접근해 들어가도록 한 데에는 다음과 같은 두 가지 이유가 있다.

　첫째, 사람은 누구나 자기 몸에 대해 깊은 애착을 갖고 있다. 아무리 보잘것없거나 또는 감당하기 어려울지라도 그것이 곧 자기 자신이며, 몸에서 일어나는 모든 것은 곧 자기에게 속하는 것이라 굳게 믿고 있다. 바로 이 때문에 육체를 수련하여 불로장생에 이르는 것을 표방함으로써 사람들이 기꺼이 배울 수 있도록 한 것이다.

둘째, 생리와 심리의 작용은 확실히 둘이면서 하나요, 하나이면서 둘인 동전의 양면과 같은 성격이 있다. 생리는 심리에 영향을 미치고 심리는 생리에 영향을 미친다. 이처럼 생리와 심리가 상호 밀접히 결합됨으로써 정신의 신묘함이 발생한다. 마음과 몸의 관계를 이용하여 정신의 신묘함에 이를 수 있도록 한 도가의 수련법은 바로 이러한 이치에 근거하고 있다. 수규의 초점은 '수(守)' 즉 '지키는' 데 있다. 지킨다는 것은 반드시 정신과 의지를 집중해야만 가능하다. 정신과 의지를 진정으로 집중하였다면 이미 '수(守)'는 그 목적을 달성한 것이다. 비유컨대 눈앞에 커다란 황금 덩어리가 있다면 여러분은 그것을 전심전력으로 지킬 것이다. 혹시 없어질세라 침식을 전폐할지도 모른다. 심지어 자기가 전력을 다해 그것을 지키고 있다는 사실 자체도 잊을 것이다. 이것이 수규의 상태를 가장 잘 설명할 수 있는 예이다.

그러나 정좌나 수도를 하는 사람이 정말로 수규 공부를 제대로 할 수 있을까? 솔직히 말한다면 열에 하나도 어려울 것이다. 신체의 감각으로 어느 한 부위를 지키고 있다고 느낄 뿐 생각과 의지도 동시에 여기에 집중한다는 것은 거의 불가능하다. 일정한 부위를 지키고 있다는 느낌은 생리적인 감각일 뿐 심리적으로는 온갖 생각이 오가면서 도무지 한군데로 집중할 수 없다.

그렇다면 왜 이렇게 집중이 되지 않는 것일까? 생각과 의지라는 것은 매우 신묘한 것이어서 집중하려고 하면 할수록 더욱 산만해지기 때문이다. 필자는 늘 이것을 역학(力學)의 원리에 비유하곤 한다. 예를 들어 어떤 시점에서 구심력이 극대화되면 구심력 속에서 원심력 또한 극대화된다. 반대로 원심력이 극대화되면 구심력 또한 극대화된다. 마치 힘껏 주먹을 쥐어 그 힘이 극에 이르면 손의 신경 반응은 반대로 저절로 무디어지는 것과 같다. 도가에서는 이러한 인간의 정신 작용을 수은(홍汞)에 비유한다. 수은은 사방으로 흩어져 달아나려 하는 성질이 있기 때문이다. 사방으로 흩어져서 아무 데나 구멍만 있으면 흘러 들어간다.

따라서 수규 또는 존상으로써 정신을 집중하여 전일(專一)하게 하는 것은 결코 수월한 일이 아니다. 또 정신을 전일하게 집중하지 않은 채 기맥을 통하여 심신의 예정된 효과를 거두고자 하는 것은 불가능하다. 이 과정에서 과연 어떻게 마음을 전일하게 할 수 있느냐에 대해서는 결코 짧은 말로 다할 수 없다. 그렇지만 정신을 전일하게 집중시키지 않고서 기맥을 통할 수 있다고 생각하는 것은 절대로 불가능한 착각이다. 어떤 사람은 환상이나 망상 또는 생리적인 특수 감각을 기맥이 통한 징후라 생각하기도 하나 이것은 진정으로 통한 것이 아니다. 기맥이 통하는 현상은 한 걸음 한 걸음 미세하게 나타난다. 필자 같은 평범한 사람의 눈으로 볼 때에는 진정으로 기맥을 통한 경지에 이른 사람은 거의 한 사람도 없는 것 같다.

수규와 연기

　도가의 수련 방법 중 수규(守竅)와 연기(煉氣)는 동일한 것이 아니다. 수규는 의식 즉 마음의 작용을 이용하는 것이며, 연기는 호흡 단련에 주의를 집중하는 것이다. 그러나 이들이 비록 차이가 있더라도 모두 존상과 밀접한 관련이 있다. 일반적으로 수도나 정좌를 하는 사람들은 수규로부터 시작하든 연기로부터 시작하든 모두 기(氣)와 정좌, 기와 도, 기와 불로장생 간에는 절대적인 관련이 있다고 생각한다. 특히 기공(氣功)이나 요가를 전문적으로 수련하는 사람들은 기를 더욱 중시한다.

　청나라 말에서부터 현대에 이르는 대략 육십여 년 사이에 내가(內家) 태극권이 보편화되면서 이른바 "기를 단전으로 내린다[氣沈丹田]"는 태극권의 원칙이 일상용어로 정착했다. 이로 인해 정좌를 배우는 사람들은 일단 자리를 잡고 앉기만 하면 탁한 기운을 내뱉고 맑은 기운을 들이쉬어 그 기운을 단전에 모으려 한다. 기를 단전에 가라앉혀야 도(道)에 들어갈 수 있다고 생각하는 것이다.

　이외에도 각종 기공이나 도술을 수련하는 많은 사람들이 필자를 찾아와 흔히 하는 질문이, 어떻게 해야 기를 단전에 머물게 할 수 있느냐는 것이다. 어떤 사람은 기를 특정한 한 부위에 머물게 하려면 어떻게 해야 하는

지 묻기도 한다. 매우 재미있는 문제이지만 필자의 대답은 통상 이렇다.

"예를 들어 여기 텅 빈 가죽부대 혹은 공이 하나 있다고 합시다. 만약 당신이 바람을 집어넣는다면 그 바람을 어느 한 부위에 집중시킬 수 있겠습니까?" 이렇게 물으면 누구든 그건 불가능하다고 대답한다. 사람의 몸도 비록 그 속에 오장육부와 수많은 뼈가 있지만 기(氣)의 관점에서 보면 텅 빈 가죽부대나 공과 같다. 기가 몸속을 흐를 때는 어느 한 곳에서도 막힘 없이 자유자재로 흐르며, 어느 한 곳에도 머물러 있지 않는다. 기가 체내 한 곳에 머물러 있다면 생리 기능에 장애가 생긴 중환자일 경우이다. 정상적인 사람이라면 절대로 불가능하다.

수규 혹은 연기를 전문으로 수련하는 사람이라면 혹 기를 한 곳에 머무르게 하는 것이 가능하다고 주장할지 모른다. 그러나 필자가 말할 수 있는 것은 그런 현상이 실제 일어나는 것이 아니라 자기의식이 만들어 낸 착각일 뿐이라는 점이다. 실제 감각으로 느끼고 또 눈으로 확인할 수 있다고 주장할지 모르나 그것은 단지 신경 또는 혈관의 충혈 작용일 뿐이며, 실제로 기가 한 곳에 머무는 것은 아니다. 의식을 신체의 한 부위에 집중시켰기 때문에 신경이나 근육, 혈액 등이 반응한 것이지 기가 의식을 따라 한 곳에 집중된 것도 아니요, 기가 분리되어 특정 부위에 머문 것도 아니다.

그렇다면 도가의 연정화기, 연기화신, 연신환허의 설은 완전히 허무맹랑한 이야기일까? 그렇지 않다. 결코 그렇지 않다! 이것은 실제로 일어나는 현상이다. 단지 그 의미를 정확히 이해했느냐 그렇지 못했느냐, 혹은 기가 무엇인지 실제로 체험해 보았느냐 그렇지 못했느냐 하는 문제일 뿐이다. 어쨌든 이 문제는 대단히 중요하다.

무엇이 기인가

기(氣)란 무엇인가? 이것은 확실히 문제가 된다. 도가에서는 기(氣)라는 글자를 대략 세 가지 형태로 표현한다. 이는 기에 대한 세 가지 해석을 의미한다.

(1) 기(炁) 자로 표현

이것은 고문(古文)에 나오는 기(氣) 자이다. 윗부분의 '무(无)' 자는 무(無)의 옛 글자이며 아랫부분의 '화(灬)' 자는 화(火)가 변형된 것이다. 고대 도가의 단경(丹經)이나 도서(道書)에서는 기(氣) 자를 통상 이 형태로 표현했다. 그 의미는 글자 그대로 '화(火)가 없다'는 것이다.

그렇다면 어떻게 해야 화(火)가 없을 수 있는가? 도가의 학술 및 사상은 모두 고대의 술수(術數)와 밀접히 연관되어 있다는 점을 반드시 알아야 한다. 오행(五行), 천간(天干), 지지(地支) 등과도 관련 있음은 물론이다. 오행설에서는 심(心)이 화(火)에 속한다. 그러므로 화(火)가 없는 것을 일러 기(炁)라 했다. 마음이 청정한 상태에 머물고 아무 생각이 일지 않는 경지야말로 진정으로 기(炁)가 엉기는 경계인 것이다.

(2) 기(气) 자로 표현

이것 역시 고문에 나오는 기(氣) 자이다. 주문(籕文)[13]이나 전서(篆書)에
서는 대부분 이 글자를 사용했다. 이 기(气) 자는 바로 자연계의 대기를 강
조해서 표현한 것이다.

(3) 기(氣) 자로 표현

후대에 이르러 통용된 대표적 형태이다. 고대 도가나 전통 의학의 관점
에서 본다면 이 형태는 사람들이 쌀을 주식으로 하면서 사용한 것으로, 생
명 활동을 유지하기 위한 호흡을 의미한다.

당(唐)·송(宋) 이전의 도가 수련법은 주로 복기(服氣)를 위주로 한 것이
었다. 이것은 마음을 집중시킨 상태에서 호흡을 이용하여 몸을 굴신(屈伸)
하고 기복(起伏)시킴으로써 "천지의 정신과 서로 왕래하기〔與天地精神相往
來〕" 위한 방법이었다. 이것은 고대 인도의 요가 중 수기(修氣)의 방법과도
유사한 것으로, 여기서부터 후세의 각종 기공 수련법이 분화되어 나왔다.
이러한 연기(煉氣)의 방법은 그 최후 목적이 호흡에 의지하여 신체 속에
잠재해 있는 진기(眞氣)를 끌어내는 것이었다. 이것이 바로 기공 혹은 육
체적 수련을 위주로 하는 요가의 성과이다. 그러나 계속 호흡이나 기의 작
용 정도에만 머무른다면 기공 또는 요가의 최고 성취는 이룰 수 없다.

그렇다면 진기(眞氣)란 무엇일까? 진기란 무어라 꼭 집어 말하기 어려운
것을 가리킨다. 요가에서는 이것을 '영능(靈能, 영험한 에너지)' 또는 '영사
(靈蛇, 영험한 뱀)'[14]라고도 하며, 티베트의 밀종에서는 이를 '영력(靈力, 영
험한 힘)' 또는 '영열(靈熱, 영험한 열기)'이라고도 한다. 요약하면 이는 불가

유식종(唯識宗)에서 말하는 난(暖), 수(壽), 식(識)을 종합해 일으키는 업식(業識)의 작용과도 같다. 이해의 편의를 위해 현대어로 표현해 본다면 생명의 '본래 에너지[本能]'라 할 수 있다. 그러나 이것은 물리학의 에너지 개념과도 다르며 생리학의 본능 개념과도 다르다. 어떤 사람은 이것을 물리학에서 사용하는 전기 에너지 혹은 전기와 같은 것이라 생각하기도 하나, 이러한 해석은 모두 관념상의 잘못으로 함부로 사용해서는 안 된다. 전기는 궁극적으로 물리적 작용이 아니기 때문이다. 그러나 이렇게 설명해 나가다 보면 어쩔 수 없이 과학과 철학의 영역으로 깊숙이 들어가게 되므로 여기서는 잠시 보류한다.

---

13 십체의 하나. 중국 주나라 선왕(宣王) 때 태사(太史)였던 주(籒)가 창작한 한자의 자체이다. 소전(小篆)의 전신으로 대전(大篆)이라고도 한다.

14 이를 쿤달리니(kundalini)라고도 함. 사람은 중맥(中脈) 아랫부분인 엉덩이뼈 속에 태어나면서부터 잠재된 에너지를 갖고 있는데, 적당한 조건이 갖추어지면 이 에너지가 깨어나 중맥을 따라 위로 오르기 시작한다. 이것이 정수리에 이르러 제7 차크라(chakra)가 열리면 마침내 우주의 에너지와 소통하기 시작하면서 깨달음이 열린다.

정좌와 기의 존상

이렇게 설명해 나가다 보니 정좌와 기(氣)가 마치 아무런 관계도 없는 것처럼 받아들여질지도 모르겠다. 그러나 그렇지는 않다. 중국 문화에서 정좌라는 말은 일종의 통칭일 뿐이다. 예를 들어 불가의 선정(禪定), 지관(止觀), 사유수(四維修) 및 요가나 최면술, 또는 도가의 태식(胎息), 응신(凝神) 등 움직임을 갈무리하여 고요함을 회복하는 자세와 작용을 모두 정좌라 부른다.

앞에서도 언급했듯이 어떤 방법으로 정좌를 수련하든 모두 자기 몸과 마음을 근거로 해서만 가능하다. 방법상 차이가 있다는 것은 심리적 영향으로 인해 받아들이는 느낌에 차이가 있다는 것일 뿐 실제 신체에 발생하는 작용은 모두 같다. 비유컨대 소나무를 키우면서 그 형태는 인공적으로 다양하게 변형시킬 수 있지만 소나무 본래의 생명 조직, 종자가 발아되어 줄기와 잎이 생겨나는 성장 작용 등은 전혀 차이가 없다.

이 때문에 정좌를 시작해 상당한 시간의 화후(火候)[15]에 이르면 자연히

---

15 화후란 원래 요리할 때 재료를 보아 가며 불을 조절하는 것을 말함. 내단법에서는 수련의 선후와 완급 그리고 진퇴를 잘 알아 그에 맞추어 나가는 것을 비유적으로 표현한 말이다.

생리적 기기에 변화가 일어난다. 이러한 변화는 사람에 따라 다르며 그 정도나 현상도 각기 다르다. 이것은 연령의 차이, 성별의 차이, 건강의 차이, 질병 유무의 차이에서 비롯된다. 이러한 다양한 차이는 다시 각자의 느낌의 차이로 나타나며, 이로 인해 제각기 상이한 심리적 상상을 하지만 결국에는 여전히 존상의 작용을 벗어날 수 없다. 만약 도서나 단경을 읽어 본적이 있는 사람이라면 기경팔맥(奇經八脈), 대주천(大周天), 소주천(小周天), 감리(坎離), 연홍(鉛汞), 용호(龍虎), 음양 등 많은 술어에 대해 이미 고정관념을 갖게 되어 기기가 발동할 때 저절로 이러한 관념과 뒤섞여 신기한 느낌과 다양한 경계를 만들게 된다. 특이한 감각을 느끼며 다양한 경계를 스스로 만들어 내게 된다는 것이다.

어떠한 방법으로 정좌를 시작하든 결국 몸(생리)과 마음(심리)의 상호관계에서 벗어날 수 없다. 더욱이 기기의 작용을 중시하든 무시하든 간에 정좌를 하는 과정에서 기맥의 변화는 일정한 법칙에 따라 필연적으로 나타나며 또 느껴지게 마련이다. 이 원리는 앞에서도 대략 언급한 바 있지만 여기서는 정좌 중 기기에 의해 유발되는 구체적인 기맥의 변화 형태에 대해 상세히 설명해 보고자 한다. 여기서 설명하는 정좌란 당연히 불가와 도가뿐 아니라 기타 여러 가지 방법의 내용과 작용까지를 총괄하는 것이며, 결코 어떤 특정한 방법에 국한된 것이 아니다.

인체 내부의 기기와 공기의 관계

　일반적으로 정좌나 수도를 하는 사람들은 흔히 호흡의 기와 공기의 기를 같은 것으로 생각한다. 이 때문에 공기가 바로 인체 내부에서 발생하는 기기(氣機)의 중심이라 생각한다. 사실 호흡과 공기의 관계는 인체의 호흡 기관인 폐의 조절 작용에만 국한된다. 정좌 수련의 측면에서 말한다면 공기는 단지 횡격막 이상에서 일어나는 작용에 불과하며 인체 내부의 기기와는 결코 혼동될 수 없는 것이다. 호흡 기관을 통해 공기를 흡수하는 것은 인간이든 동물이든 차이가 없지만, 인간의 경우는 화(火)가 필요한 경우 화(火)를 발생시킬 수 있는 연료를 이용하여 선천적 에너지를 끌어낼 수 있다. 인체에 내재되어 있는 기기는 생명 자체에 원래 구비되어 있는 것으로 아무리 사용해도 다함이 없는 무진장한 것이다. 그러나 합리적인 수련을 거치지 않으면 이 잠재적인 생명 에너지는 육체가 늙어 감에 따라 사라져 다시는 그 작용을 발휘할 수 없다.

　소승 불교의 선관(禪觀) 수련법에서는 호흡의 기와 인체 내부에 잠재된 기기에 대해 다음과 같이 세 단계로 나누어 파악하고 있는데, 이 분류는 비교적 정확한 것이라 할 수 있다.

(1) 풍(風)

이것은 통상 공기와 호흡 기관 사이의 작용을 가리키는 것이다. 달리 말해 일반인은 호흡 기관으로 공기를 흡수해 생명을 유지하는데, 이 상태가 '풍(風)'이다.

(2) 기(氣)

보통 사람도 정좌 수련을 거치면 호흡이 비교적 고요하고 완만해진다. '기(氣)'란 이 상태를 가리킨다.

(3) 식(息)

고도의 정좌 수련을 거치면 호흡은 지극히 미세해져 마치 멈춘 것처럼 된다. 이때 호흡 기관의 수축과 확장 작용은 정지되며(그러나 기타의 신체 각 부분에서의 호흡까지 완전히 정지된 것은 아니다), 아랫배의 하단전 부위에서 호흡 기관의 왕복 작용과는 상관없이 일종의 열리고 닫히는 작용이 발생한다. 이것이 '식(息)'이다. 후에 도가의 단도파(丹道派)에서는 이것을 '태식(胎息)'이라 명명했다. 심지어 어떤 단도 수련법에서는 "마음과 호흡이 서로 의지하는[心息相依]"것을 최고의 단법(丹法)이라 주장하기도 했다. 사실 이러한 설법은 수(隋)·당(唐) 이후 천태종의 지관(止觀) 수련법이 소승의 선관(禪觀) 수련법을 채택해 보급하면서 점차 변화하고 융합되어 나타난 것이다. 수·당 이전의 도가 수련법에는 비록 연기(煉氣)가 중시되긴 했지만 심식상의(心息相依)나 태식(胎息)에 관한 이론은 존재하지 않았다. 비록 위·진 시대의 것이라 주장하는 단경(丹經)에서 이와 유사한 내용이 나오고 있으나 후세에 첨가하거나 가탁된 것으로 믿을 만한 것이 못 된다.

필자가 말하고자 하는 것은 불가 쪽에 서서 도가를 평가절하하자는 것이 결코 아니다. 단지 인류 문화의 발전 과정을 한번 있는 그대로 서술해 보자는 것이다. 이것은 특정 문파의 견해와도 무관하며 또 엄밀한 고증을 거친 것도 아니다. 사실 불가와 도가의 수련 방법에 엄밀한 고증을 시도한다는 것은 각주구검(刻舟求劍)의 우를 범할 소지가 다분해 현재로서는 시도하기조차 어려운 감이 있다.

휴식으로서의 정좌와 기의 움직임

노자가 말하였다. "만물은 번성하지만 각기 그 근본으로 되돌아간다. 근본으로 돌아가는 것을 고요함이라 하니 이를 천명으로 돌아감이라 한다〔夫物芸芸, 各復歸其根. 歸根曰靜, 是謂復命〕", "하늘과 땅 사이는 마치 풀무와도 같도다〔天地之間, 其猶橐籥乎!〕", "오로지 기를 부드럽게 하면 능히 어린아이와 같이 될 수 있도다〔專氣致柔, 能嬰兒乎!〕"

노자의 이러한 수양 방법에 관한 이론은 완전히 상고 문화의 전통을 이어받은 것으로, 자연을 관찰하여 정립된 이론이다. 자연계의 모든 생명 현상은 확실히 고요한 상태에서 자라난다. 특히 식물계에서는 이러한 현상이 뚜렷하다. 사람은 비록 식물과는 다르지만 갓난애와 어린아이, 소년과 장년의 시기를 비교해 보아도 나이가 어릴수록 고요한 상태에 있는 때가 더 많으며 생명의 성장력 또한 더 강하다는 것을 알 수 있다. 일반인의 경우 피로해지면 휴식이 필요한데, 휴식 중 가장 좋은 것은 수면이다. 잠을 충분히 자고 나면 다시 생기를 회복하게 된다. 비록 정좌와는 그 작용이 다르긴 해도 수면은 확실히 보통 사람의 생명 과정에서 자연스럽게 나타나는 일종의 고요한 상태임이 틀림없다.

정좌에 대해 설명하자면 그야말로 우습기 짝이 없는 일이 많다. 동시에 인류가 얼마나 어리석은지를 폭로하는 것이기도 하다. 사람의 생명 활동에 휴식이 필요하다는 것은 아무도 부인할 수 없는 사실이다. 그러나 일단 앉은 자세에서 연습 삼아 휴식이라도 취하려 하면 별것도 아닌 일에 호들갑스러운 견해가 뒤따른다. 이른바 도를 닦는다느니, 정좌에 들었다느니, 낙심해 염세적으로 변했다느니, 주화입마에 들었다느니 하는 것이다. 이들은 언뜻 보기엔 그럴듯하지만 잘못된 것이다. 실제로 수면은 누운 상태에서 취하는 휴식이요 정좌는 앉은 자세에서 취하는 휴식으로, 휴식이라는 점에서 이 둘은 전혀 차이가 없다. 정좌에 이러한 허다한 명사와 관념이 덧붙게 된 것은 전해져 오던 것들이 그 알맹이를 잃어버렸거나 와전됨으로써 생긴 것이다. 이들 잡다한 명사나 관념은 모두 사실이 아니라 전해들은 것이거나 와전된 자질구레한 지식으로, 모르는 사이에 심리적 호기심이나 두려움이 덧붙여져 생겨난 것이다. 이것이 정좌의 본래 취지와 무슨 관계가 있겠는가.

정좌를 시작할 때 나타나는 기기의 반응

이제 정좌와 기기의 관계 그리고 그 작용을 상세히 살펴볼 차례가 되었다. 그러나 먼저 한 가지 알아 두어야 할 점은 여기서 설명하는 것은 이미 성생활을 경험한 성인 이후(노년 포함)에 한한다는 사실이다. 아직 성인이 되지 못한 동신(童身)의 경우는 이와는 다르다.

제1반응 다리의 마비 현상

정좌를 시작하면서 앞에서 말한 각종 그릇된 선입관이 없거나 혹은 그릇된 선입관을 없애 버릴 수 있다면, 이런 사람이 느끼는 가장 큰 어려움은 심리적으로 평정을 유지하기 어려운 점과 생리적으로 느껴지는 각종 이상한 감각일 것이다. 마음의 고요함과 산란함에 대해서는 나중에 정좌와 심리의 관계를 논하는 곳에서 다시 설명하기로 하고 여기서는 생리적인 기기의 반응에 대해서만 언급하기로 한다. 생리적 반응 중에서 정좌를 시작한 사람 중 십중팔구가 곧 느끼는 것이 우선 압박감, 즉 다리의 마비 현상이다. 이 현상은 전신이 저리거나 심지어 심리적 불안감마저 생기게 한다. 이렇게 되면 대부분의 사람들은 다리의 혈관이 압박을 받아 생긴 현

상이라 여긴다. 이것이 우리의 일반적인 상식이기도 하다. 그래서 정좌 수
련을 해 보지 않은 사람들은 양다리를 틀고 앉은 상태에서 만약 수시로 다
리를 교대하지 않으면 얼마 지나지 않아 다리가 저릴 것이라 생각한다.

그러나 실제 경험에 따르면 다리가 저린 현상은 결코 혈관이 압박을 받
아 생긴 것이 아니라 기기가 일어나면서 나타나는 반응임을 알 수 있다.
기기가 근육과 혈관 사이로 원활히 통하지 못함으로써 저리거나 마비되는
현상이 나타나는 것이다. 달리 말하면 다리가 저린 현상은 생리적으로 음
교(陰蹻)와 양교(陽蹻)의 기맥에 이미 후천적인 장애가 생겼다는 것을 의
미한다. 이것은 다리가 저려 도저히 참을 수 없을 때 다리를 약간 풀어놓
기만 해도 잠시 후 마비 현상이 사라지며 매우 편안한 느낌이 드는 것을
보면 알 수 있다.

사실 정좌를 시작해 일정한 단계에 이르면 가부좌를 하든 하지 않든 이
러한 편안한 감각이 지속된다. 이때가 되면 아무리 오래 가부좌를 하고 앉
아 있어도 다리가 저리지 않으며 도리어 오래 앉아 있을수록 편안하고 시
원해진다.

제2반응 생식기의 팽창과 기타 현상

정좌 시 생식 기능에 대한 반응을 살펴보기 위해서는 편의상 이를 신장
기능과 생식 기능으로 나누어 살펴볼 필요가 있다. 성인의 경우 정좌를 시
작하면서 맨 처음 반응을 느끼는 곳이 대부분 신장 부위(허리 부분 포함)이
기 때문이다. 이 상태에서 수련을 거듭하면 비로소 생식기에까지 반응을
느낄 수 있다. 소년의 경우라면 대부분 정좌를 시작한 후 첫 반응이 바로

생식기로부터 나타난다.

(1) 신장 부위의 반응

정좌를 할 때나 혹은 정좌 후 허리 뒷부분이 땅기거나 아프거나 시큰거리거나 마비되는 듯한 감각을 느낀다. 만약 신장이 약하거나 양물 위축, 조루, 유정(遺精) 등의 질병이 있는 경우엔 정좌로 인해 유정이나 조루 현상이 더 심해질 수도 있다. 이에 적절히 대처하지 않으면 심한 경우 대낮에도 유정을 하거나 대소변을 볼 때뿐 아니라 정좌를 할 때에도 유정을 하는 심각한 상태에까지 이를 수 있다.

이러한 현상의 원인으로 한방에서는 신장 쇠약을 들고 있고, 현대 의학에서는 신장 혹은 부신(副腎), 성선(性腺), 뇌하수선(腦下垂腺) 및 신경 쇠약 현상으로 본다. 여성의 경우 평소 신장이 약하다면 허리 부위에 심한 통증이 느껴질 뿐 아니라 심지어 백대하(白帶下) 등의 현상까지 나타난다. 사실 이러한 부작용은 정좌로 인한 것이 아니다. 정좌를 한 결과 신체 내부에 잠재되어 있던 기기가 발생하여 신장 및 허리 부위를 막 통과하려 할 때 이 부위에 오래전부터 있던 숙질(宿疾)로 인해 기기가 막힘으로써 일어난 현상이다.

이러한 원리를 알고서 밝은 스승의 지도를 받아 대처해 나간다면 기기가 일단 이 부위를 통과하고 난 뒤에는 숙질이 완전히 사라져 건강을 회복하게 된다. 만약 밝은 스승의 지도를 받을 수 없어 대처하기 곤란할 때에는 잠시 정좌를 중지하고 나서 건강이 회복되면 다시 시작하는 것이 좋다. 그리고 나서도 부작용이 생기면 다시 정좌하는 것을 쉬어야 한다. 이렇게 계속 반복하다 보면 저절로 건강을 회복하게 된다.

부작용에 대처하는 방법은 매우 다양하다. 사람에 따라 다르며 병에 따라서도 달라진다. 어떤 사람은 다양한 자세의 신체 운동을 활용하기도 하고 여기에다 의학적 치료도 병행하는 등 그 방법이 매우 복잡하므로 여기서는 이 정도에서 그칠 수밖에 없다.

그러나 이 단계에서 반드시 지켜야 할 원칙은 절대로 성행위를 해서는 안 된다는 것이다. 비단 성행위뿐 아니라 성에 대한 생각조차 해서도 안 된다. 이것이 더 없이 중요한 약이자 건강 회복을 앞당길 수 있는 길이다. 건강을 회복해 가는 과정에서 나타나는 변화와 반응은 나이나 체력 등에 따라 동일하지 않으므로 일일이 설명하기 어렵다. 이는 뭔가를 비밀로 하고자 하는 것이 결코 아니다.

(2) 생식 기능의 반응

정좌를 할 때나 정좌 직후 생식기가 갑자기 발기하여 심한 경우 이 상태가 지속될 수 있다. 동시에 고환 부분에서는 신경이 미세하게 요동을 치며 요도 및 회음부에서도 가벼운 진동이 발생한다. 여자의 경우는 자궁이 진동하거나 수축하며 양쪽 유방이 팽창한다. 이른바 도가의 단도학파 계열에서 말하는 일양(一陽)의 발생이다. 도가에서는 이 과정을 채약귀로(採藥歸爐)[16]라 하는데, 의식적인 호흡으로써 기운을 움직이는 하거(河車)[17]의 기초로 삼는다.

---

16 '채약(採藥)'의 약(藥)이란 정(精)으로 고요해진 후에 생겨난 원정(元精)을 가리키며, '귀로(歸爐)'란 채취한 원정을 하단전으로 보내는 것을 말한다. 원정이 생기면 생식기가 팽창하는데 이때 마음을 고요히 안정시키고 의식을 단전에 집중하면 원정이 단전으로 돌아가면서 생식기가 줄어든다. 이 과정을 일러 채약귀로라 한다.

도가의 주장이 과연 타당한 것인지에 대해서는 뒤에 다시 언급할 기회가 있으므로 여기서는 생략하기로 한다. 정좌 과정 중에 이러한 현상이 일어나고도 만약 성적 충동에 휩싸이지만 않는다면 지극히 바람직한 현상이라 할 수 있다. 이것은 뇌하수선(腦下垂腺), 부신(副腎), 성선(性腺) 등의 활동이 왕성해진 증거로서 건강에 절대적으로 유익하다. 그러나 이러한 현상이 일어나면 나이나 성별의 차이를 막론하고 십중팔구 성적 충동을 느끼게 된다. 충동을 느끼면 머리가 혼미해지거나 뇌가 팽창하는 듯하며 심지어 마음속에 번민이 생기고 정서적으로도 불안해지는데, 이러한 상황을 떨쳐 버리기는 대단히 어렵다.

이때 참지 못하고 성행위를 하면 여태껏 쌓은 공이 수포로 돌아갈 뿐 아니라 평소의 성행위나 수음보다 훨씬 더 큰 손실을 입는다. 성적 충동이 일지 않거나 또 성행위로 파괴되지 않는다면 바로 노자가 말한 어린아이의 상태이다. 즉 "아직 남녀 교합을 알지 못하나 발기하니 정의 지극함이다[未知牝牡之合而朘作, 精之至也]"라는 것이다. 이로부터 생명의 잠재력이 드러나 생기가 자라게 된다.

그러나 정좌를 하는 사람들이 대부분 여기에서 멈추고 말 정도로 통과하기 지극히 힘든 관문이기도 하다. 그뿐 아니라 이에 대처하는 방법을 알지 못하고서 단지 충동을 계속 억누르기만 한다면 이것 역시 병이 된다. 만약 정좌 수련을 해도 전혀 이러한 현상이 나타나지 않는다면 이것은 생

---

17 내단술에서 말하는 하거에는 두 가지 의미가 있다. 하나는 두 신장에 저장된 양(陽)의 기(氣)를 가리키는 것으로, 두 신장의 기운이 마치 해와 달이 운행하듯 수레처럼 움직이기에 하거라 한다. 또 하나는 신장의 양의 기운이 전신을 운행하는 것을 말하는데 마치 화물을 실은 수레처럼 끝없이 왕래하기에 하거라 일컫는다.

기가 단절된 것이다. 이 상태가 오래 지속되면 심신이 메마르고 아무 감정도 일지 않으니 마치 못에 갇힌 죽은 물과도 다를 바 없다.

삼십여 년 전 필자와 같이 정좌 수련을 하던 동료가 두 분 있었다. 그중 한 분은 중년이었는데 다음과 같은 경험담을 말해 준 적이 있다. 하루는 저녁에 부인과 마주 앉아서 정좌 수련을 하고 있었는데 생식기에 이러한 현상이 일어났다. 눈을 뜨고 부인을 바라보니 평소보다 훨씬 예쁘게 보였다. 마침내 참지 못하고 "신선이 되기보다 원앙이 되리라〔只羨鴛鴦不羨仙〕" 하고는 범부의 경계로 들어서 버리고 말았다. 또 한 분은 이미 예순이 넘은 노인이었다. 그분은 한때 산중에서 정좌 수련을 하고 있었는데 갑자기 생식기가 발기해 수그러들지 않았다. 심지어 냉수로 목욕까지 하는 등 온갖 방법을 다 동원했으나 소용이 없었다. 결국은 마누라와 바둑이나 두며 살리라며 집으로 돌아가고 말았다.

주희가 말하기를 "세상에 인욕보다 더 위험한 것이 없으니 사람은 여기서 평생을 그르친다〔世上無如人慾險, 幾人到此誤平生〕"고 했다. 그렇다. 정말 그렇지 않은가. 이 두 분의 정좌 경험은 후에 필자가 전심전력으로 이 난관을 헤쳐 나가려 애쓰던 과정에서 실로 적지 않은 계시를 주었다. 공자가 말하기를 "세 사람이 길을 가면 반드시 스승이 있다. 선한 점을 골라 쫓고 선하지 못한 점을 골라 고쳐야 한다〔三人行, 必有我師焉. 擇其善者而從之, 其不善者而改之〕"고 했다. 이 말을 나와 같이 수련하던 두 분 동료의 경우에 비추어 보면 성인의 명언이 더 없는 권위를 지니고 있음을 확인한다.

정좌 중 생식 기능의 반응에 대한 조절과 대응 방법은 대단히 번잡하여 도저히 한마디로 말하기 어렵다. 만약 전심전력으로 수도하는 사람이라면 가장 간편하고 효과적인 것은 음식의 양을 줄이는 방법이다. 심한 경우는 단시일 동안 음식을 끊으면 반드시 효과를 볼 수 있다. 불가에서는 정오가 지난 후에는 음식을 먹지 않도록 계율로 정하고 있는데, 이것은 순전히 신앙의 영역에만 속하는 것이 결코 아니다. 속담에 이르기를 "배부르고 따뜻하면 음탕한 마음이 일고 춥고 배고프면 훔칠 마음이 생긴다"고 했는데, 이는 근거 없는 말이 아니다. 그러나 음식을 줄이거나 끊는 것이 그리 간단하게 행할 수 있는 일은 아니다. 만일 이치에 밝지 못해 그 운용의 묘를 살리지 못한다면 도리어 위가 나빠질 수도 있다. 그렇게 되면 득보다 실이 많을 것이니 이 방법은 신중을 기해야 한다.

등 뒤의 반응

설명의 편의를 위해 정좌 과정 중에 나타나는 여러 반응을 세 단계로 나누어 살펴보기로 한다. 이렇게 단계적으로 나눈다고 해서 정좌의 반응이 누구나 이 단계를 따라 나타난다는 것은 결코 아니다. 어떤 경우는 정확히 이 단계를 밟아 차례차례 반응이 나타나겠지만 어떤 경우는 이 차례와 무관하게 여러 반응이 드러날 수 있다. 이것은 그 사람의 생리적, 심리적 상황에 따라 결정된다.

그리고 비록 몇 단계로 나누어 설명하지만 이것 역시 개략적인 설명일 뿐이며 여러 변화 내용을 구체적이고 상세하게 설명한 것은 아니다. 여기에 대한 상세한 설명은 뒷부분에서, 즉 정좌에서 어느 정도 성취를 얻은 후 일정한 규칙에 따라 나타나는 생리적 변화를 논할 때 다시 언급하기로 한다. 여기서는 앞에서 설명한 제1반응과 제2반응에 이어 계속 설명하기로 한다.

제3반응 등과 어깨의 반응

정좌 과정 중 등 혹은 어깨가 팽창하듯 아프거나 신경이 조여드는 듯한 현상이 나타난다. 그 원인은 여러 가지가 있겠으나 종합하면 크게 두 가지로 묶어 볼 수 있다. 하나는 기기가 독맥 즉 척수 중의 중추 신경을 따라 올라가면서 발생하는 필연적 현상이요, 또 하나는 생리적인 병적 반응이다. 이를 다시 설명해 보면 다음과 같다.

(1) 병적 반응

이것은 신체가 약하거나 병이 있는 경우, 혹은 나이가 많은 사람이 정좌 수련을 할 경우 나타나는 현상이다. 여기서 신체가 약하거나 병이 있다는 것은 비단 폐, 위장, 간장, 심장 등의 질환뿐 아니라 몸속에 잠재되어 아직 드러나지 않은 병의 뿌리까지를 포함한다. 이러한 증세를 가진 사람이 수련을 하면 어느 단계에 이르러 등 부위에 내리누르는 듯한 압박감이 느껴지거나 허리가 나른하고 무기력해지는 느낌, 또는 쑤시듯 아픈 감각 등이 느껴진다. 심한 경우 등 뒤의 신경이 수축하거나 경련하는 등의 현상도 발생한다. 사람에 따라서는 두 어깨로부터 후뇌 부위에 이르기까지 응어리가 생겨 견디기 어려울 정도의 고통이 느껴지기도 하며, 혹은 등 부위가 팽창하듯이 아파 등줄기에 온통 땀이 흘러내리기도 한다. 어떤 경우는 차가운 느낌이 들 때도 있고 어떤 경우는 뜨거운 느낌이 들 때도 있다.

이러한 반응이 나타날 때는 이것이 정좌로 인해 생긴 것이 아니라는 점을 반드시 알아야 한다. 정좌는 어디까지나 휴식의 한 형태로서, 사람이든 동물이든 휴식으로 인해 병이 생기는 일은 없다. 이러한 현상들은 몸속에 잠복해 있던 병의 뿌리가 서서히 바깥으로 드러나는 징후로서 도리어 기뻐해야 할 일이다. 정좌 수련을 하지 않았더라면 자기 몸속에 이미 병이 잠복해 있다는 사실조차 몰랐을 것이기 때문이다. 더욱이 통증을 느끼면

즉각 신체의 자기 치료 기능이 발휘된다. 이것은 결코 병을 더 악화시키는 것이 아니다. 예를 들면 어떤 사람이 상처를 입었는데도 통증을 느끼지 못한다면 이것은 도리어 상태가 심각하다는 신호이다. 만약 상태가 조금 호전된다면 그때서야 비로소 통증을 느끼기 시작할 것이다. 감기의 경우만 하더라도 균이 체내에 잠복해 있을 때는 아무 증세도 나타나지 않는다. 그러다가 일단 감기 증세가 바깥으로 드러났을 때에는 이미 증세가 비교적 가벼워진 것이라 볼 수 있다.

정좌 과정 중 병적 현상이 나타나면 반드시 의약적 치료를 받고 나서 정좌를 병행해야 한다. 굳은 신념만 견지하고 있다면 이러한 난관들은 차츰 극복되어 보다 높은 단계로 들어갈 수 있다.

(2) 기기의 반응

건강한 경우라면 앞서 말한 제1반응과 제2반응이 나타난 후 자연스럽게 등과 어깨 부위에 팽창하거나 쑤시는 듯한 감각이 느껴진다. 심지어는 어떤 물체나 때로는 어떤 힘이 꿈틀대며 위로 치밀어 오르는 듯한 감각을 느끼기도 한다. 이때가 되면 의식적으로든 무의식적으로든 뭔가 막힌 것이 뚫려야만 편안하고 상쾌해질 것 같다고 느낀다. 이 현상을 단도파에서는 하거(河車)가 협척(夾脊)의 관문에 이른 것으로 본다. 즉 독맥(督脈)을 통하는 과정인 것이다. 실제로 이 단계는 양기가 환양혈(還陽穴)[18]에 도달하기 시작한 단계로서 만약 이때 긴장을 이완시켜 자기 몸까지도 잊어버리

---

18 지양혈(至陽穴)의 다른 이름. 제7번 흉추의 오목하게 들어간 부분으로 협척(夾脊)과 같은 위치이다. 혈자리의 높이는 대략 견갑골 하단과 비슷하다.

는 '망신(忘身)'의 경지에 이르지 않는 한 압력은 점점 더 거세진다. 달리 말하면 이런 상황이 나타날 때마다 주의를 등 뒤로 기울이면 자기도 모르게 막힌 기운을 위로 끌어올리게 되는데, 이처럼 주의력을 집중하면 할수록 뇌 신경 및 위 신경은 더욱 긴장되며, 심한 경우 심장이 수축하여 통증이 더욱 심해지기도 한다.

도가의 어떤 단법에서는 도인법(導引法)으로써 이 관문을 통과하려 하며, 어떤 단법에서는 의식적으로 기운을 움직이거나 관상(觀想)으로 하거(河車)를 돌리기도 한다. 또 깊고〔深〕 길고〔長〕 미약하고〔微〕 가는〔細〕 호흡, 더러는 삼십육 회의 심호흡, 더러는 팔십일 회의 호흡을 대주천 및 소주천의 관념과 결합하기도 한다. 혹은 내공의 운동을 병행하거나 요가의 몸동작을 활용해 이 관문을 통과하려 한다. 이 방법으로 일시적 효과는 거둘수 있다 하더라도, 예를 들면 어떤 물질이 협척을 통과해 위로 옥침(玉枕)에 부딪히는 느낌이 들더라도 이것은 진정한 경지가 아니다. 단지 심리적 효과가 생리적 작용을 일으킨 것일 뿐 기기가 정말로 협척을 통과한 것은 절대 아니다.

만약 혼연히 몸까지도 잊어버린 경지에 도달하거나 혹 지혜로써 이러한 감각을 떨쳐 버리고 오직 고요한 무위의 상태를 유지하며 상황이 무르익기만을 기다린다면, 어느 순간 마치 전기에 감전되듯이 대번에 심경이 확 트이고 정신이 비할 데 없이 왕성해지는 경지에 접어들게 된다. 이를테면 평소에는 가슴과 허리가 구부정한 사람이라 하더라도(외상을 입거나 선천적인 경우는 예외임) 이때가 되면 저절로 가슴이 활짝 펴지고 허리가 세워져 호흡이 막힘없이 순조롭게 되며 배 속과 입안이 매우 상쾌해진다. 그러나 이로 인해 정신이 너무 왕성해져 잠이 잘 오지 않는 경우도 있다. 보통 사람의 경우라면 마음이 안정되면 곧 졸음이 오나, 이 단계를 거치면 도리어 잠이 오지 않아 혹 불면증이 아닌가 걱정할 수도 있다. 이렇게 걱정하다 보면 그럴수록 더욱 두려워지는데, 이는 공연한 걱정으로 더 이상 언급할 필요가 없을 것 같다.

제4반응 머리의 반응

이야기가 머리 부위에 이르면 지금까지 설명했던 다른 부위보다 반응은 한층 더 복잡해진다. 전통 의학에서 "머리는 모든 양의 으뜸[頭爲諸陽之 首]"이라고 했듯이 머리는 어떤 부위보다 그 작용이 중요하다. 단도파에 따르면 머리는 후뇌 부위의 옥침(玉枕)과 정수리의 니환(泥丸)을 포괄한 것으로 아주 중요한 부분이다. 현대 의학의 관점에서 보아도 이 부위는 소 뇌 신경, 대뇌 신경, 간뇌 및 뇌하수체 등의 조직과 관련된 상당히 복잡한 기관이다.

그뿐 아니라 이 부위는 오관(五官)의 신경 세포와도 밀접한 관련이 있 다. 이 때문에 정좌 수련을 하는 사람 중 이 단계에 이르러 종종 심각한 문 제가 생기기도 한다. 일반인들이 말하는 이른바 주화입마라는 것도 모두 이 단계에서 발생하는 문제이다. 여기서는 설명의 편의를 위해 이 부위를 후뇌(옥침), 전뇌, 간뇌의 세 부분으로 나누어 살펴보기로 한다.

먼저 후뇌의 반응을 살펴보자. 정좌 수련을 하는 과정에서 공(空)에 몰 두해 정적(靜寂)을 지키거나 또는 고요히 침묵에 잠겨 깊이 생각하는 사람 의 경우라면, 단지 심리적으로 어느 정도 안정된 상태를 유지하기만 해도 정좌의 효과가 곧 발생한다. 이 경우에 대해서는 더 이상 검토하지 않는다. 그렇지 않은 사람이라 하더라도 정좌 공부가 오래되면 필연적으로 생리적인 변화가 생긴다. 기기의 반응은 신장, 허리, 등을 거치고 나서는 저절로 후뇌 부위로 올라온다. 무형 무질의 기기가 후뇌 부위(옥침)에 이르렀을 때 흔히 나타나는 반응은, 감각과 의식이 점차 흐릿해지면서 조는 듯 마는 듯한 상태가 지속되는 것이다.

불가의 지관(止觀)이나 선정(禪定)의 입장에서 본다면 이 현상은 '혼침(昏沈)'이라 할 수 있는 것으로 수도의 장애 중 하나이다. 도가의 어떤 단법에서는 이 현상을 '혼돈(混沌)' 또는 '좌망(坐忘)'이라 오해하기도 한다.(사실 이 현상은 혼돈 또는 좌망과 유사하지만 혼돈이나 좌망은 아니다.) 도가는 몸에 의지해 수련한다. 먼저 몸속에 내재한 생명력을 중시해 이것으로부터 수련을 시작하기 때문에 이러한 반(半) 수면 상태를 양생(養生)의 묘경(妙境)이라 생각한다. 이것을 완전히 잘못이라 말할 수는 없다. 반대로 불가에서는 심성(心性)으로부터 시작해 곧바로 신견(身見)을 버리고 직접 성령(性靈)[19]의 영역으로 들어서고자 한다. 따라서 혼침하거나 산란함은 성령의 청명(淸明) 자재함을 방해하는 것으로 모조리 떨쳐 버려야 할 현상이다. 그러므로 불가의 입장에서는 반 수면 상태를 도를 방해하는 것으로 생각할 수밖에 없다.

만약 원리와 원칙을 정확히 이해하고 있다면 정좌 과정에 대한 도가와 불가의 견해 차이는 시빗거리가 될 수 없다. 단지 그 시작 방법에 따라 각기 다른 초보적 목적이 있을 뿐이다. 사실 불가와 도가의 입장이야 어떻든 사람은 모두 몸과 마음의 상호 관계, 몸과 마음의 상호 영향을 벗어날 수

---

19 마음속 세계로 일반적으로 정신이나 사상, 감정 등을 지칭한다.

없다. 설사 신체를 중시하지 않는다 하더라도 일단 고요한 정(定)의 경계에 이르면 신체의 반응이 나타나지 않을 수 없으니, 모름지기 이 신체에 의지해서만 비로소 신체의 속박에서 벗어날 수 있다. 이 때문에 송·원 이후의 도가에서는 신체로부터 시작하는 수련 이론에 대해 "가짜를 빌려 진짜를 닦는다〔借假修眞〕"고 했다.

기기가 후뇌에까지 올라와 정신이 혼미한 상태일 때 체력이 약하거나 심신이 피로한 사람이라면 주체할 수 없이 잠이 쏟아지게 된다. 심한 경우 쏟아지는 잠 때문에 정좌 자세조차 유지하기 어렵다. 이 현상은 뇌부의 기기가 부족하기 때문에 나타나는 것으로, 피곤하여 잠자고 싶을 때 저절로 하품이 나오는 현상과도 같다. 체력이 부족하지 않다면 기기가 후뇌에까지 상승하면서 자는 듯 마는 듯한 상태가 지속되며, 이 상태에서 가장 흔히 나타나는 현상은 눈앞이 혼미해지고 어둠 속으로 점차 깊이 빠져들면서 비몽사몽간에 여러 광경을 보는 것이다. 이것은 후뇌 신경이 시각 신경에 영향을 미침으로써 일어난 것이다.

이러한 상태에서는 많은 사람들이 마치 꿈에서 어떤 사물을 보는 것처럼 혼미함 속에서 허다한 사건과 광경을 목격하는데, 즐겁기도 하고 사랑스럽기도 하며 무섭기도 하고 슬프기도 한 다양한 상황은 사람에 따라 다르게 나타난다. 이러한 광경은 인간의 무의식(불가 유식학에서는 독영의식獨影意識이라고 한다)과 결합되어 나타나며 수많은 심리적 변화가 유발되고 각성 이후의 사고방식에도 종종 변화가 일어난다. 일반인들이 말하는 '마경(魔境)'이란 것도 모두 이 단계에서 생긴다.

이 단계에서의 변화는 매우 복잡한데 평소의 지혜, 생각, 개성, 심리, 생리 등이 모두 인과관계를 맺으며 작용한다. 만약 밝은 스승의 지도가 없거나 자신감이 부족하거나 건전한 이성과 지혜 및 정확한 사고력이 부족하다면 딴 길로 빠지기 십상이다.

이러한 이치를 안다면 당시에는 눈앞에 전개되는 현상을 깨닫지 못할지라도 어두운 밤이 지나면 반드시 새벽이 오듯이 차츰 밝게 알게 된다. 따라서 이 단계를 거치면 정신은 더욱 맑게 각성된다. 어떤 경우에는 눈앞에 별빛 같은, 혹은 반딧불 같은, 혹은 구부러진 쇠사슬 같은 빛 덩어리가 어른거리며 다양한 색깔의 빛이 보이기도 한다. 이들은 모두 신체 내부의 생리적 건강 상태와 관련이 있는데, 이 단계에 이르러 비로소 '내시(內視)'의 경계로 접어든 것이다.(왜 이러한 현상이 발생하는지 그 원리는 실로 간단치 않으니 다음 기회에 다시 설명하기로 한다.)

그러나 일반인의 경우는 대부분 이 단계에 이르면 자연히 자세를 풀고 만다. 혹은 다리가 마비되거나 몸이 흐느적거려 도무지 정좌 자세를 유지하기 어렵다.

신체 내부가 건강하지 않으면, 혹 두뇌와 오관(五官)에 병의 뿌리가 잠복해 있거나 한의학에서 말하듯이 상초(上焦)에 열이 있거나 소화불량이나 기타 장부에 각종 질병이 있으면 이 때문에 눈알이 충혈되거나 이명(耳鳴), 이색(耳塞) 등과 유사한 병적 증세가 나타난다. 치아에 병이 있다면 이가 아프거나 흔들리는 증세가 나타난다. 감기 기운이 체내에 잠복해 있거나 기타 원인이 있다면 임파선이 붓기도 하고 머리가 아프기도 하며 전후 뇌 신경에 통증이 나타나기도 한다.

여기서 반드시 알아 두어야 할 것이 있다. 이러한 증세는 정좌로 인해 생긴 것이 아니라 이미 체내에 잠복해 있던 병의 뿌리가 정좌 수련을 함으로써 바깥으로 드러난 현상이라는 점이다. 다시 말하면 정좌 수련을 함으로써 신체 내의 에너지가 활성화되어 자기 치료 활동이 나타난 것이다. 만일 지속적으로 정좌 수행을 하면서 한편으로 의약적 치료를 병행한다면 반드시 건강을 회복할 수 있다. 이 때문에 예로부터 도를 닦는 사람들은 의학에 대해서도 모두 상당한 조예를 갖추어야 했다.

정좌와 후뇌의 반응

정좌 과정 중 기기가 후뇌 부위에 이른 것은 일대 진전으로서 기뻐할 만한 일이다. 그러나 이 단계는 매우 까다롭고 복잡하기 때문에 극도의 조심과 이지력이 필요하며, 정좌 수련을 도울 수 있는 여러 방법을 제대로 숙지해 두어야 한다. 예를 들어 의학상의 기맥(氣脈), 침구(鍼灸), 약물 등에 대한 지식과 기타 정좌에 도움을 줄 수 있는 각종 방법이나 지식 등을 제대로 알고 있어야 한다.

이 단계를 기뻐할 만한 일이라 한 것은, 이 관문을 통과하면 중추 신경과 대뇌 신경 부위의 기맥이 통하여 점점 더 좋은 경계로 접어들기 때문이다. 또 까다롭고 복잡하다고 한 것은 특히 체력이 약하거나 뇌 신경에 평소에 몰랐던 병이 잠복해 있거나, 혹은 선천성 정신질환을 앓고 있거나 심리적으로 정상이 아닌 경우를 두고 한 말이다. 이런 사람이 이 단계에 이르면 허다한 난관에 봉착하게 된다.

심지어 중년이 넘은 사람의 경우는 유사 고혈압 증세가 나타나서 극심한 고통을 겪기도 한다. 물론 실제로 고혈압이 되는 것은 아니고 단지 감각적으로 고통을 느끼는 것이다. 만약 이 단계에 이르러 제멋대로 판단하거나 더욱이 의식을 상단전, 즉 뇌부에 집중하면 얼굴이 불그스레해지면서 고혈압의 징후가 보인다. 이렇게 되면 일반인들은 마치 수도의 성과가 나타난 것처럼 여기는데 이건 정말 문제가 많은 생각이다. 절대로 이러한 착각에 빠져서는 안 된다.

다음으로 기기가 후뇌 부위에 이르면 몸속에서 기이한 소리가 들리거나 귀가 막히거나[耳塞] 귀가 울리는[耳鳴] 등의 감각을 느낀다. 이러한 현상은 모두 기기가 후뇌에 이르러 뇌 신경 부위의 기맥이 통할 듯 말 듯할 때 기기가 격렬하게 뛰놀면서 발생하는 뇌파의 작용 때문이다. 이때 이성과 지혜가 투철하지 못한 경우라면 잠재의식 깊숙이 숨어 있던 각종 환각이 나타난다. 예를 들어 종교(어떤 종교든 상관없음)에 깊이 심취한 사람이라면 이 소리가 신의 계시로 들리는 등 환각의 종류는 천차만별하고 기괴하기 그지없어 일일이 열거하기 어렵다.

그러나 이러한 현상은 모두 견문(見聞), 지각(知覺), 경험과 관련된 것으로 이들이 서로 천착하고 부회한 것일 뿐이다. 심지어 어떤 때는 사소한 일들을 그대로 예언하여 마치 대단한 영험이 있는 것처럼 생각되기도 한다. 이 때문에 이것이 다른 힘의 작용(신선이나 부처, 주재자나 선지자 등)이라 여기기도 하며, 때로는 신통력 중 천이통(天耳通)이 아닌가 생각하기도 한다. 사실상 이러한 것은 마음의 본체가 지닌 영험한 감응력 중에서도 아주 사소한 것으로 진정한 천이통의 경지가 아니다. 또 큰일에 대해서는 결코 영험하지도 않다. 만일 이를 진정한 것이라 맹신한다면 반드시 마경에 빠지게 된다. 능히 이러한 환각에 현혹되지 않거나, 늘 침을 삼킴으로써 기운을 아래로 내려가게 하여 두뇌의 감각을 느슨하게 하거나(이렇게 하려면 강한 의지력이 필요하다), 마음을 내려놓아 기운이 아래로 내려가게 한다면 이 관문을 무사히 통과하여 기기가 전뇌로 들어갈 수 있다. 도가의 내공

(內功), 밀종의 체공(體功), 요가의 조정(調整)[20] 방법 등을 이해할 수 있고 여기에다 의약의 뒷받침을 받는다면 더욱 좋을 것이다.

이 단계에서 반드시 주의할 점이 있다. 정좌 수련을 하는 대부분의 사람은 정좌 과정 중 기기가 발생하여 변화할 때 왕왕 감각의 경계에 사로잡혀서 거기에 주의를 빼앗기게 된다. 특히 기기가 뇌 부위에 진입했을 때 이러한 경향이 더욱 심하게 나타난다. 이 때문에 비록 잠시 동안이지만 아랫배가 긴장되거나 횡격막이 위로 수축되며 심지어 위장 입구가 열리지 않아 식욕이 떨어지거나 대변이 통하지 않아 변비가 생기는 등의 현상이 나타나기도 한다. 이러한 경우는 소염제나 변비약 등을 먹어도 도움이 된다. 동양 의학이든 서양 의학이든 이러한 상황에 대한 지식과 경험은 매우 중요하다. 예를 들면 동양 의학에서는 폐와 대장, 심장과 소장 및 방광과는 표리의 관계에 있다고 본다. 따라서 때로 변비를 다스리기 위해 기공(氣功)을 운용하여 폐기(肺氣)를 활성화시키면 약을 먹지 않고도 변비를 치료할 수 있다. 마찬가지로 심장이 과도하게 긴장하면 방광에 영향을 미쳐 소변에 이상이 생긴다.

예를 들면 심하게 놀라거나 공포를 느끼면 자기도 모르게 오줌이 흘러내리거나 혹은 소변이 자주 마렵다. 속담에 "오줌을 싸도록 놀랐다"는 표현이 있는데, 이것은 심리적인 것이 생리적인 기능에도 영향을 미치는 아주 현저한 예라 할 수 있다. 정좌 수련을 하는 사람이 실험 정신에 입각해

---

20 도가의 내공이란 호흡을 통한 기(氣)의 축적과 운행을 말한다. 밀종은 삼맥칠륜(三脈七輪)을 닦는 데 주력하며 밀종을 닦기 위해서는 반드시 '체공'을 익혀야 한다. 체공이란 신체를 단련하는 공부로 요가로부터 변화되어 나온 서른여섯 가지 권법을 말한다. 요가의 조정은 다양한 체조를 통해 변형된 체형을 본래 모습으로 회복하는 것을 이른다.

정좌의 모든 과정을 경험한 진정한 의미의 전문가라 할 만한 사람의 지도
가 없다면 반드시 많은 의학적 이치를 참조해야 한다. 그렇게 해야만 정좌
과정에서 발생하는 수많은 폐해를 줄일 수 있을 것이다.

전뇌의 반응

정좌 과정 중 기기가 전뇌에 도달하는 것은 당연히 후뇌를 통과하고 나서이다. 이때의 반응은 후뇌의 경우보다 복잡하지 않다. 그러한 반응 중 가장 흔히 나타나는 현상은 이마 양쪽 태양혈(太陽穴)이 팽창하는 듯한 느낌과 눈꺼풀이 무거워지며 졸리는 것이다. 만약 체력이나 기기가 비교적 왕성한 사람이라면 양미간과 비근(鼻根, 산근山根)이 팽창하는 듯한 느낌이나 혹은 이 부위에 가벼운 자극을 느낄 것이다.

이 단계에 이르면 끊임없이 일어나던 잡념이 저절로 줄어들어 미약해진다. 비록 정신이 또렷하지는 않으며 가벼운 혼침을 수반하긴 하지만 이전에 느끼던 심리적, 생리적 압박은 완연히 없어진다. 좋지 못한 상태라고 한다면 눈이 쉽게 충혈되며 각막에 염증이 생긴 듯 실핏줄이 드러나는 현상이 유일하다. 이 단계에서는 흔히 눈앞에 빛이 나타난다. 태양 빛 같기도 하고 달빛 같기도 하며 혹 반딧불 같기도 한 것이 어떤 때는 번쩍거리며 움직이다가 어떤 때는 뚜렷한 형태로 고정되어 움직이지 않기도 한다. 이 빛은 눈을 뜨든 감든 실제로 눈앞에 있는 것처럼 뚜렷이 보인다. 심지어 이 빛 속에 사람의 모습이 보이기도 하고 미래의 일이 보이기도 한다.

그래서 어떤 사람은 이것을 안신통(眼神通)의 경지라 생각한다. 많은 사람들은 불학이나 도술에 대해 제대로 알지 못해 '원타타(圓陀陀)'[21]니 '빛이 반짝인다(光爍爍)'느니 하는 말을 마치 진실로 존재하는 것이라 생각한다. 그래서 이러한 빛을 바로 자기 본성의 빛이 드러난 것으로 믿는다. 선종에서 광영문두(光影門頭)[22]라 하여 호되게 꾸짖는 것이나 도가에서 환경(幻境)[23]이라 하는 것이 바로 이러한 초기 현상을 가리킨다. 사실 이들 현상은 기기가 뇌 신경 사이를 돌아다니면서 심념(心念)의 힘과 뇌파의 진동이 반발하고 마찰하면서 나타난 일시적 현상이지 결코 진실한 것이 아니다.

이 단계에서 나타나는 빛의 색깔은 사람에 따라 다른데, 이것은 장부에 잠복해 있는 병의 뿌리에서 기인한 것이다. 예를 들면 신장(생식 신경 포함)이 쇠약하거나 병이 있을 때는 통상 흑점이나 흑광으로 나타나고, 간장에 이상이 있을 때는 청색, 심장에 이상이 있을 때는 홍색, 폐에 이상이 있을 때는 백색, 비장과 위에 이상이 있을 때는 황색, 쓸개에 이상이 있을 때는 녹색으로 나타난다. 색과 관련된 다소 신비한 경험에 따르면 흑색은 불행, 청색은 슬픔, 홍색은 난폭함, 녹색은 마경(魔境)으로서, 황색과 백색이 가장 평안하고 상서롭다. 그러나 이것이 고정불변의 법칙은 아니다. "모든 것이 마음의 작용(一切唯心)"이며 "마음은 물질로 전환될 수 있다(心能轉物)"는 것을 반드시 알아야 한다. "몸과 마음을 바로잡기만 하면 마경이 도리어 성의 경계로 바뀔 수 있는(但得正身心, 魔境可轉聖)" 것이다. 올바름과 그릇됨 사이에서 자기 생각과 행동을 깊이 반성하고 점검하며 참회하는 것이 비로소 바른 도리라 할 수 있다. 만약 눈의 충혈이 가시지 않으면 적

---

21 『벽암록』에 나오는 선종(禪宗)의 술어로 마음의 본체가 원만함을 형용함.

22 빛에 미혹되어 계속 빛을 좇아 나아가는 자.

23 허황하고 신비한 모습.

합한 치료나 약물을 활용해야 한다.

다음으로 언급해야 할 것은, 전뇌 부위에 머물러 있던 기기가 적당한 조절과 안내를 받지 못함으로써 자연히 코끝으로 흘러 들어가는 경우이다. 이렇게 되면 콧속 신경에 잠복해 있던 병세가 바깥으로 드러나 푸른 콧물이 뚝뚝 떨어지거나 콧속에 염증이 생긴다. 도가의 어떤 파에서는 이것을 정기(精氣)가 빠져나가는 좋지 못한 현상이라 보아 반드시 코를 수축시켜 원기가 새어나가지 못하도록 해야 보물을 잃지 않는다고도 한다. 이 현상이 과연 정기가 빠져나가는 것인지 아닌지에 대해서는 잠시 덮어 두기로 하자. 그러나 이 단계에서 코를 수축시켜 콧물이 빠져나가지 않도록 하는 것은 좋은 대처법이다.

그렇지만 과연 어떻게 코를 수축시키느냐 하는 것은 아주 중요한 문제이다. 가장 효과 있고 좋은 방법은 먼저 이 콧물을 정확히 조사해 보는 것이다. 이 콧물 속에 농액(濃液)이나 기타 병균이 들어 있지 않다면 흘러내릴 때 계속해서 입으로 삼키면 된다. 이렇게 며칠을 계속하다 보면 약을 먹지 않고도 치유되어 또 다른 뛰어난 경지로 접어들게 된다. 그렇지 않으면 어떤 경우는 몇 년 동안 푸른 콧물을 흘리기도 하는데, 치료가 어려울 뿐 아니라 이로 인해 다른 병까지 생길 수 있다.

과거 필자가 직접 본 바에 따르면 수많은 출가 승려, 도사, 수도자 및 불가 수행자들이 이 단계에 이르러 모두 이 병을 앓고 있으면서도 그 원인을 모르고 있었다. 기껏해야 당나라 말의 고승인 나잔(懶殘)과 한산자(寒山子)의 "차가운 콧물이 가슴에 드리운다(寒涕垂膺)"를 끌어다 붙여 보곤 했으나, 이것은 정말 "그 코는 같으나 그 어리석음은 도저히 미칠 수 없는[其鼻可同也, 其愚不可及也]" 격이었다. 필자도 과거에 이 과정에서 삼 년 정도를 고생했으나 마침내 그 이치를 깨닫고 비로소 이 난관을 벗어날 수 있었다. 후에 다시 이것을 겪을 사람을 생각하니 탄식이 나온다. 만약 이 관문을 지난다면 체내에서 각종 향긋한 냄새를 맡을 것이다. 이것은 모두 내장에서 풍기는 정상적인 체향(體香)으로서 외부로부터 들어온 신비한 냄새가 절대로 아니다.

간뇌의 반응

만약 기기가 전뇌를 지나 비근(鼻根, 산근山根)을 향해 아래로 뻗칠 때, 마음의 힘으로 이를 순조롭게 이끌어 아래로 흡수해 내릴 수 있다면 기기가 대뇌와 소뇌의 중간인 간뇌(間腦)를 마치 나비넥타이(⋈) 모양으로 회전하면서 위로는 정수리(도가에서는 이를 니환궁이라 하며, 밀종과 요가에서는 이를 정륜頂輪 또는 정륜 상공上空의 범혈륜梵穴輪이라 한다)에까지 이른다. 이후 마음이 크게 안정되며 몸은 단정하게 곧아진다. 도가의 단법 또는 내공을 수련하는 사람들은 이로써 독맥이 완전히 통하였다고 생각한다. 그러나 아직 다 끝난 것이 아니니 절대로 이렇게 착각해서는 안 된다. 이것은 단지 기기가 독맥을 따라 움직임으로써 나타난 변화로서, 중추 신경을 통한 후 좀 더 진전되어 간뇌에까지 자극이 미쳐 내분비(호르몬) 기능이 균형을 이루게 되었다는 징후일 뿐이다.

이때 어떤 사람은 일시적으로 정수리가 찌르는 듯 아프기도 하고, 어떤 경우는 정수리가 팽창하는 듯하거나 마치 어떤 물건이 머리를 내리누르는 듯한 압박감을 느끼기도 하며, 혹은 쇠로 만든 테로 정수리를 조이는 듯한 감각을 느끼기도 한다. 이들은 모두 뇌 신경에 관련된 기맥들이 완전히 통하지 않았거나 혹은 감각적 느낌에 지나치게 이끌림으로써 일어난 현상이다. 만약 머리에 집중된 의식을 놓아 버린다면, 마치 두뇌를 버리듯 자연스럽게 내버려 두면 점차 정수리 중심으로부터 물과 같이 청량하고 이상할 정도로 쾌적한 기운이 생겨 심장과 비장을 적시면서 내려오는 감각을 느끼게 된다.

이러한 현상을 선정이나 지관을 수련하는 불가의 입장에서 본다면 경안(輕安)[24]의 조짐이라 할 수 있다. 이로 인해 번뇌와 망상이 줄어들어 초보적인 정(定)의 경계로 들어설 수 있다. 이때 만약 달콤하고도 청량한 진액(이것은 뇌하수체에서 나온 내분비액이다)이 내려온다면 이는 도가에서 말하는 '제호관정(醍醐灌頂)'[25], '감로세수미(甘露洒須彌)'[26], '옥액경장(玉液瓊漿)'[27] 등의 현상이라 할 수 있다. 도가에서는 이것을 젊음을 되찾을 수 있다는 반로환동(返老還童)의 장생(長生)의 약주(藥酒)로 여긴다.

다소 신비한 쪽에 기울어진 감이 없지 않으나 실제로 이것은 사람 몸속의 병을 없애고 수명을 늘리는 효과가 확실히 있다. 심지어 아무리 많이

---

24 신체가 막힌 데 없이 통해 아무런 고통이 없는 상태. 밀종에서는 이것을 희락(喜樂)이라고 한다. 도가에서는 초보적 인선(人仙), 지선(地仙)의 경계에 이르러 신체가 나뭇잎처럼 가벼워지는 것을 말한다. 경안 상태에서는 마음이 밤낮 깨어 있어 잠을 잘 때도 꿈을 꾸지 않는다.

25 '제호(醍醐)'란 소젖을 반복 정제해 얻은 감미로운 식품임. 인도 사람은 이것을 세상에서 제일 뛰어난 맛으로 여길 뿐 아니라 약리 작용도 있다고 생각한다. 불가에서는 제호가 무상의 법미(法味)나 대열반, 불성을 비유한다. '관정(灌頂)'은 원래 고대 인도의 의식으로 사방 대해(大海)의 물을 병에 넣어 새 왕의 정수리에 부어 왕이 사해의 통치 권력을 장악했음을 상징한다. 후에 제호관정은 지혜와 불성으로 어리석음을 제거하는 것을 상징한다.

26 '수미(須彌)'는 수미산으로 인체의 정수리를 의미함. 하단전의 기운이 가득 차면 기(氣)가 독맥을 따라 정수리로 올라가 감로(甘露)로 변한다. 이 차가운 감로는 마치 샤워를 하듯이 아래로 내려가 단전으로 되돌아가는데 이것을 감로세수미라 한다.

27 '경(瓊)'이란 아름다운 옥을 말함. 옥액경장이란 아름다운 옥으로 완성한 진액을 가리키는데 이것을 마시면 신선이 될 수 있다고 한다. 내단법에서는 독맥을 따라 상승한 기(氣)가 정수리에서 감로로 변한 것을 비유적으로 표현한다.

먹더라도 얼마 지나지 않아 거뜬히 소화해 내며 음식물의 영양분도 완전히 흡수할 수 있게 된다. 이와 함께 음식을 먹지 않아도 별로 배가 고프지 않으며 혹은 호흡만으로도 배고픔을 견딜 수 있다. 이 단계에 이르면 얼굴이 환히 빛나고 정신이 충만해지는데, 이것은 단지 이 단계에서 나타나는 부수적인 현상일 뿐이다.

이외에 진정으로 기기가 뇌(전뇌와 후뇌 포함) 부위를 통과하면 반드시 머리 내부에서 약하게 톡톡 하는 소리가 들린다. 이것은 기기가 뇌 부위를 막 통과하려는 순간 발생하는 뇌 신경의 반응이다. 이 소리는 양손으로 귀를 꽉 틀어막았을 때 인체 내부에서 들리는 심장 및 혈액의 고동 소리와도 같은 것으로 그리 신기할 것도 없다. 이것은 뇌파가 진동할 때 나는 소리로서 현재 미국 등지에서 연구하고 있는 알파파(α-wave)라는 것도 바로 이런 종류의 소리이다. 그러나 어떤 경우는 과도하게 주의력을 집중함으로써, 혹은 상초(上焦)[28]에 병이 잠복해 있을 때에도 마치 두풍(頭風)[29] 증세와도 같이 머리에 경미한 진동이 발생할 수 있다. 여기에 대한 대처법을 알지 못하거나 집중된 주의력을 이완시키지 못하면 지긋지긋한 고질병이 되기 쉽다.

마음을 맑고 고요히 가라앉히거나 정신을 한군데로 집중시키는 마음의 법문을 알고 있다면 자연스럽게 앞에서 말한 경안(輕安)의 경계로 접어든다. 만약 태어날 때부터 지극히 총명한 사람이라면 비록 정좌 수련을 거치

---

28 횡격막 위 가슴 부위를 가리키며 심장과 폐 및 얼굴까지를 포함함. 상초는 음식으로부터 얻은 영양분을 전신으로 공급하는 생리 작용을 맡고 있다.

29 오래되어 잘 낫지 않는 두통을 두풍이라 함. 즉 얼마 되지 않고 정도가 가벼운 것은 두통이라 하며, 정도가 깊고 오래된 것은 두풍이라 한다. 두통은 갑자기 생겼다가 쉽게 사라지지만 두풍은 조금 좋아졌다가도 다시 재발한다.

지 않더라도 소년기나 청년기에 자연스럽게 이러한 현상이 발생한다. 이것을 의학적 입장에서 말한다면 일종의 신경과민이라 할 수도 있겠지만, 여기에 다른 요인들이 결부되어 자극을 더하지만 않는다면 결코 병적 증세라 할 수 없다.

정좌 과정 중 생리적으로 발생한 기기의 감각이 앞에서 말한 것처럼 허리(미려尾閭), 어깨 뒤(협척夾脊), 후뇌(옥침玉枕), 정수리(니환泥洹), 미간(인당印堂) 등을 차례로 거치면서 반응을 나타내면, 흔히들 이제는 독맥(척수 신경, 즉 중추 신경 계통)이 통하였다고 생각한다. 그러나 실제로 이것은 단지 초보적인 생리 반응에 불과하며 결코 독맥이 통한 것이 아니다. 독맥이 진정으로 통하면 여러 징후가 나타나는데, 이러한 특수한 징후들은 신체 내부가 충실해져서 이것이 바깥으로 드러난 것이다. 그리고 독맥이 통하면 수시로 임맥(자율 신경)과 상호 호응하는 작용이 나타난다. 그러므로 단지 생리적 감각으로만 독맥이 통하였다고 생각하는 것은 속단이다.

기기가 이상과 같은 반응을 차례로 거친 후 여전히 머리 부위에 머물고 있을 때, 최대의 관건은 머리 부위에서 느껴지는 참기 어려울 정도의 통증 또는 걷잡을 수 없이 빠져드는 혼수상태이다. 심지어 눈신경, 고막, 잇몸, 콧속 등에도 영향을 미쳐 병으로 인한 증세와 유사한 고통이 뒤따르기도 한다. 혹은 머리가 무겁고 다리에 중심이 잡히지 않거나, 짜증이 나고 쉽게 화가 나며, 정신이 과도히 흥분되거나, 변비나 쉽게 잠이 오지 않는 현상이 나타나기도 한다. 설사 잠이 들더라도 뒤숭숭한 꿈 때문에 잠을 설치게 된다. 이렇게 말하다 보니 정좌 수련을 하여 독맥을 통하는 것이 수련을 하지 않은 일반인의 경우보다 더 좋지 못한 결과를 낳는 듯이 비칠지도 모르겠다. 그러니 뭣 하러 굳이 정좌를 해야 하느냐며 회의할지도 모를 일이다. 그러나 이처럼 두려워할 필요는 없다. 앞에서 말한 것은 단지 경험 담일 뿐이다. 즉 필자가 직접 체험했던 경험과 다른 많은 사람들의 경험을 모아 총괄적으로 이 과정에서 이러한 현상이 생길 수 있음을 말한 것일 뿐이다. 이러한 현상의 발생은 나이나 성별, 심리나 건강 상태 등에 따라 사람마다 차이가 있는 것으로 누구든 반드시 거치는 현상은 아니다. 그리고 정좌 과정에서 발생하는 병으로 인한 증세와 유사한 고통은 병이 있어서 발생하는 것이 아니라 그것과 유사하다는 것이며, 또 그럴 가능성이 있다는 것일 뿐이다.

한마디로 말하면 기기가 뇌 부위에 이르러 그 징후가 나타나기 시작할 때에는 반드시 마음을 가라앉히고 고요한 상태를 유지하도록 해야 한다. 이렇게 하면 기기는 차츰 하강하여 기관지(도가에서는 이것을 십이중루十二重樓[30]라 한다), 흉부(단중膻中), 위장(중궁中宮), 아랫배(단전丹田)와 신장 부위를 거쳐 생식기 끝에까지 이른다. 이 경로를 도가나 『황제내경(皇帝內經)』의 의학 이론에서는 임맥이라 부른다.

---

30 내단법에서는 사람의 목구멍에 열두 개의 마디가 있어 이를 십이중루라 부른다.

임맥은 어떻게 통하는가

기기가 임맥을 통하는 것은 앞에서 언급한 것처럼 반드시 순서에 따라 위에서 내려오면서 점차 통하는 것일까? 이것은 아주 실제적인 문제로서 특별히 주의할 필요가 있다. 일반적으로 정좌나 수도를 하는 사람들은 단경 등의 서적을 읽고는 진정한 체험도 없이 문자적 의미만 쫓거나 주관적 선입견으로 잘못된 견해를 받아들이는 수가 많다. 이를테면 임맥을 통하기 위해서는 먼저 독맥을 통한 뒤 잇달아 여차여차한 방법으로 기운을 이끌어서 임맥으로 들어가야 한다는 식이다. 만약 이것이 의식으로 기를 이끄는 '도인(導引)' 공부에 관한 것이라면 이러한 상상도 크게 잘못된 것이 없다. 그러나 정좌 공부를 통해 수도(修道)의 단계로 들어선다는 측면에서 본다면 이는 매우 조잡한 행위로, 권할 만한 것이 못 된다. 이제 기가 임맥을 통하는 상황을 설명해야 하는데, 몇 단계로 나누어 서술함으로써 배우고자 하는 사람들이 스스로 분명하고 밝게 이해하여 융회 관통할 수 있도록 했다.

임맥의 중심은 중궁

도서(道書)나 기타 한의학에서 말하는 중궁(中宮)은 단지 하나의 추상적인 명칭일 뿐이다. 이것의 주요 기관은 위장이며 따라서 그 위치는 위장 부위라 할 수 있다. 과거 음양팔괘의 추상적 이론에 따르면 이곳은 오행(五行, 수水·화火·목木·금金·토土) 중 토(土)가 위치하는 자리이다. 금(金)·원(元) 시대 중국 의학에서는 건강의 관건이 되는 핵심 부위가 어디에 있느냐를 두고 두 가지 주장이 있었다. 하나는 오로지 중궁의 위기(胃氣) 다스림을 위주로 하는 것이요, 다른 하나는 오로지 신장의 감수(坎水) 길러냄을 위주로 하는 것이다. 이것은 동양 의학의 이론상 문제이기 때문에 여기서는 잠시 덮어 두기로 한다. 이러한 것의 원시 관념은 이른바 "사상과 오행은 모두 토에 의지하며 구궁과 팔괘는 임을 벗어나지 않는다(四象五行皆藉土, 九宮八卦不離壬)"[31]는 음양팔괘 등의 추상적 논리에 근거한 것이다. 그러나 실제로도 비장과 위장은 개인의 건강, 장수, 양생, 수도 등에 매우 중요한 영향을 끼친다.

어떤 병을 막론하고 그 병이 심각하게 악화되고 있는 첫 징후는 위와 관련된 식욕의 감소로 나타난다. 예를 들어 감기의 경우라 하더라도 그것이 악화되기 시작하면 반드시 위나 장 부위에도 문제가 생긴다. 바꾸어 말하면 위장이 튼튼하고 소화를 잘하는 경우에는 감기에 걸리더라도 금방 낫는다. 위장은 위쪽으로는 식도와 통하는데 이것을 도가에서는 '십이중루(十二重樓)'라 한다. 아래쪽으로는 대장과 통하며 신장과 성선(性腺, 생식샘)에까지 차례로 영향을 미친다.

정좌를 할 때 위장 부위에서 기기가 강하게 요동치며 속에서 꾸륵꾸륵하

---

31 사상과 오행은 하도(河圖)로 표현됨. 하도는 가운데 5수와 10수가 핵심으로 사방의 사상(四象)이 여기에 의존한다. 구궁과 팔괘는 낙서(洛書)로 표현되며, 낙서는 임수(壬水) 1에서 출발하여 한 바퀴를 돌아서 다시 1에서 시작하므로 임(壬)을 벗어나지 못한다.

는 소리가 들리는데, 이것이 제일 처음 나타나는 징후이다. 이 상태가 지나면 흔히 식욕이 왕성해지는데, 사람에 따라서는 위 속에 기가 충만한 듯하여 따로 식욕을 느끼지 못하는 경우도 있다. 식욕이 왕성해질 경우는 반드시 음식을 절제해야 하며 양껏 먹어서는 안 된다. 이때는 영양가 높은 음식을 소량 섭취하여 완전히 흡수될 수 있도록 해야 한다. 만약 기가 충만하여 식욕이 없을 경우라면 적당히 음식량을 줄이거나 당분간 음식을 섭취하지 않고 식욕이 회복되기를 기다려야 한다. 식욕이 회복되면 마찬가지로 영양가 높은 음식을 소량 섭취하여 몸의 기운을 돋우도록 해야 한다.

다음으로 중궁에 이상에서 설명한 초보적인 징후가 나타날 때 동시에 트림이나 방귀가 나오는 경우가 생긴다. 이때 어떤 사람은 자기가 보았던 단경이나 도서 혹은 스승으로부터 들었던 구결(口訣)[32]을 근거로, 방귀가 나오는 현상을 원기(元氣)가 새어나가는 것으로 보기도 한다. 그래서 억지로 항문을 조여 방귀를 참는 경우도 있는데, 이렇게 하면 탁기(濁氣)가 내장으로 퍼져 얼굴이 누렇게 뜨거나 피부가 파리해지며, 어떤 경우는 변비나 치질 및 기타 내장에 이상이 생기기도 한다. 사실 진정한 원기는 새어나가는 것이 아니며, 도서(道書) 등에서 말하는 것은 이 과정에서의 방귀를 의미하는 것이 아니다. 거기에는 또 다른 이치가 있지만 이 점에 대해서는 후에 다시 논하기로 한다.

요컨대 이 과정에서의 방귀나 트림 등은 나오는 대로 내버려 두어 위장을 깨끗이 할 수 있도록 해야 한다. 단지 다음과 같은 두 가지 현상은 특별히 주의할 필요가 있다.

---

32 도술을 전수할 때 비밀 유지를 위해 문자로 된 것 외에 따로 구두로만 전수하는 것.

하나는 심한 병에 걸린 것처럼 트림이 계속 나오는 것이고, 또 하나는 대변이 자주 마렵거나 심한 경우 열흘이나 보름 혹은 그 이상 설사가 지속되는 현상이다.

트림이 계속 나오는 현상

이것은 위기(胃氣)가 위로 치솟아(이것은 요가 연기술煉氣術에서 말하는 상행기의 발동과도 같은 현상이다) 식도를 막 통하려 할 때 나타난다. 기기가 진정으로 식도를 통하고 나면 머리가 맑아지고 가슴이 탁 트이는 듯한 느낌이 든다. 또 정수리로부터 내려와 침샘에서 달콤하고 청량한 진액이 쉴 새 없이 흘러나와 입안을 가득 채운다. 이른바 단도 서적에서 말하는 장생주(長生酒) 또는 감로가 흐르는 징후로, 이것을 옥액경장(玉液瓊漿)이라는 신묘한 용어로 표현하기도 한다. 과거 강장(康藏) 일대에서 밀종을 수련하던 사람들은 트림을 계속하는 사람들에 대해 공경심을 갖기도 했다. 이미 기맥을 상당한 경지까지 통한 비범한 사람으로 여겼기 때문이다.

대변이 자주 마렵거나 계속되는 설사

일반인은 이것을 위장병이나 급성 장염으로 생각할 것이다. 또 그것이 무엇으로 인한 것이든 아주 고통스러우리라 여길 것이다. 그러나 정좌로 인해 나타난 설사 증세는 전혀 고통이 없을 뿐 아니라 도리어 머리와 내장이 매우 시원하고 가벼워진다. 비록 조금 기운이 없는 듯한 느낌이 들기도 하지만 이것도 별 문제가 없다. 이렇게 설사를 하다 보면 마침내 약간 흑자색을 띤 점액 덩어리가 나오는데, 이것은 그동안 위나 장 속에 쌓여 있던 찌꺼기로서, 이 찌꺼기가 다 없어져 깨끗해지면 설사는 멎는다.

만약 양생 수도를 전문적으로 하는 사람이라면 이 단계를 거치고 나서는 심경의 고요한 경지나 생리적인 감각에 있어 새로운 상황에 접어들게 된다. 이때 특별히 주의해야 할 것은 음식과 수면으로, 적당한 양과 적당한 시간을 지켜 가며 근신해야 한다. 지나치게 먹거나 아무것이나 마구 먹지 않도록 해야 하니 한마디로 적절하고 담백해야 한다. 더욱이 성행위는 반드시 삼가야 한다. 배우자가 있는 경우 사실상 어려울지 모르나 그 경우라도 적어도 욕구를 줄이는 것이 상책이다. 만약 이상에서 언급한 남녀관계나 음식의 주의사항을 지키지 않고 정좌 수련을 계속할 경우 다시 설사 등의 현상이 발생한다. 정좌 수련을 하는 사람들이 흔히 성공했다 싶으면 다시 실패하는 것이 바로 이 때문이다. 욕구를 따르다 보면 실패할 수밖에 없다는 것은 새삼 언급할 필요가 없다.

중궁 위기의 발동과 식도

목구멍에서 시작해 뒤에는 식도(食道)와 앞에는 기관(氣管)으로 나뉜다는 것은 누구나 다 알고 있는 우리의 생리 구조이다. 기관 계통에 질병이 있거나 감기에 걸리면 기침이 나는데, 여기에는 마른기침과 가래가 나오는 기침이 있다. 마른기침은 대개의 경우 기관지에 염증이 생김으로써 발생하며, 이에 비해 가래가 나오는 기침은 기관지뿐 아니라 식도 및 이에 연결되는 위장 부위의 질환과 관계가 있다. 정좌 수련을 하는 사람은 중궁의 기기가 발동하기 시작하면 트림이 계속 나오며, 그 후 가슴과 횡격막 사이에 마치 어떤 물체가 꽉 막고 있는 듯한 느낌이 드는데, 불편해서 토해 내고자 해도 토할 수 없다.

그러나 상행기(上行氣)가 충만해지면 홀연 기침이 나면서 탁하고 거무

스레한 점액질이 섞여 나온다. 이것이 바로 식도관이 통하기 시작하는 첫 징후이다. 도가에서는 이 부분을 십이중루라 부르며, 밀종에서는 이것을 수용륜(受用輪) 또는 후륜(喉輪)이라 한다. 사실 이들은 모두 후두로부터 시작해 식도 및 이와 연결된 위장의 입구 부위를 가리키는 것이다. 밀종의 수행자들은 후륜의 기맥이 통하기만 하면 망념과 번뇌가 없어지는 것으로 알고 있는데, 이것은 사실 서툰 설법이다. 진정으로 후륜의 기맥이 통하고 나면 무명(無明) 번뇌가 줄어들 수 있다. 즉 일반인들과는 달리 온갖 번뇌와 회한으로 인한 정서 불안이나 조바심 등이 현저히 줄어든다. 그러나 망념이 완전히 사라지는 경지에는 이르지 못한다. 단지 무명(無明)의 망념을 줄이는 작용을 할 뿐이다. 망념이 완전히 일어나지 않기 위해서는 심리적 측면인 고요한 정(定)의 공부에 달려 있는 것이지 단지 생리적 작용에 의지해 한 번에 얻을 수 있는 것이 아니다.

식도가 심리적, 생리적 건강과 이토록 깊은 관련이 있는 것은 무엇 때문일까? 이는 정말 중요한 문제이다. 식도는 음식물을 전달하는 중요한 통로이다. 음식물은 이 관을 통과해 위에 이르러 소화된다고 하지만 어떤 음식의 찌꺼기들은 식도 벽에 달라붙어 거기에 머물게 된다. 마치 송유관이나 수도관이 오래되면 관에 찌꺼기가 붙어 흐름을 방해하듯이 오랫동안 이를 제거하지 않고 방치해 두면 식도암 등 각종 질병을 유발하기도 한다. 예를 들어 유리컵에 우유를 담더라도 유리컵 벽에는 우유의 미세한 찌꺼기가 남는다. 다른 음식이라면 흔적은 더 심할 것이다. 인체에는 생리적 본능으로 이러한 찌꺼기를 자동으로 제거하는 기능이 있기는 하지만 한꺼번에 전부 없앨 수는 없다. 요가 수행인들이 일반적으로 기다란 실을 삼켜 식도와 위를 씻어 내는 것도 바로 이 때문이다. 중궁의 위기가 위로 상승해 식도를 통하는 데 비한다면 이 방법은 매우 뒤떨어진 것이라 할 수 있다.

도가 상하 '작교(雀橋)'[33]의 주장과 혀를 입천장에 붙여야 한다는 설

위기(胃氣)가 상승하여 식도를 통하면 가슴 중간 즉 '단중(膻中)' 부위가
저절로 탁 트이며 매우 시원해진다. 심지어 고요함을 지켜 지극한 경지에
이른 사람은 심장 부위가 쩍 하고 갈라지는 듯한 소리까지 듣는다. 이것은
불가에서 말하는 '의해심개(意解心開)'[34]와도 같은 것이다. 이때 마치 어떤
물체가 아래로 떨어지듯이 기가 아랫배로 들어가며, 혀끝이 위로 치솟아
입천장에 달라붙는 자연적인 반응이 생긴다.

불가나 도가, 밀종이나 요가 등 기타 어느 문파의 정좌법에서도 모두 혀
끝을 입천장에 붙이는 것을 기본자세로 삼는다. 일반적인 관점에서 말한
다면 이 자세는 혀를 앞니의 뿌리와 입천장이 연결되는 곳에 붙임으로써
이곳에서 분비되는 뇌하수체의 새로운 진액(내분비의 일종)을 흡수하여 젊
음을 되찾기 위함이다. 정좌를 처음 시작하는 사람이라면 혀끝을 입천장
에 붙이고만 있어도 자연히 입안에 침이 가득 고여 가끔 삼켜야만 하는데,

---

33 내단법에서는 인간이 태어난 후 임맥과 독맥이 더 이상 이어지지 않는다고 생각하는데, 이 두
맥이 끊어진 곳이 바로 '작교'이다. 이 중 상작교(上雀橋)는 인당(양미간)과 코의 안쪽 공간 사
이이며, 하작교(下雀橋)는 미려혈과 항문 사이이다. 주천(周天) 중 기(氣)가 이곳을 통과할 때
자칫 인체 바깥으로 빠져나갈 수 있어 내단법에서는 매우 중시하는 곳이다. 상작교에서 빠져
나갈 때는 콧구멍으로 백색의 점액질이 콧물처럼 빠져나가며, 하작교에서는 마치 가스가 빠
지듯이 빠져나갈 수 있다. 이를 방지하기 위해서는 기운이 상작교를 지날 때 혀끝을 입천장에
단단히 붙여 혀를 통해 끌어내려야 하며, 하작교를 통과할 때는 항문을 약간 조여서 새어 나
가지 않도록 해야 한다.

34 진정한 정(定)을 얻기 위해서는 '의식의 해탈〔意解脫〕'이 필요한데 이것을 불가에서는 '의해심
개(意解心開)'라 한다. '의해심개'가 일어날 때는 마치 심장이 퍽 하며 폭발하는 듯한 느낌이
들며 그런 뒤 동시에 맥(脈)도 열린다. 진정으로 의식이 해탈하면 심리적으로 변화가 생기며,
이후 진정한 정(定)을 얻어 특이한 능력을 갖게 된다.

어떤 경우는 침에서 이전에 경험하지 못했던 달콤하고도 청신한 맛이 느껴지기도 한다.

그러나 일단 위기가 상승하여 식도를 통하게 되면 울대뼈(후골喉骨)가 안으로 수축되어 아래로 눌리면서 혀끝이 저절로 말려 올라가 목구멍을 막는다. 이렇게 되면 호흡은 점차 미약해져 마침내 거의 정지 상태에 이른다. 이것이 바로 도가 단경에서 말하는 이른바 "상작교로부터 수레를 타고 하늘의 계단을 오른다[駕起上雀橋, 而登天梯]"는 현상이다. 요가 수련법의 관점에서 본다면 이것이야말로 호흡 작용을 멈추게 하는 자동적인 '병기(瓶氣)' 공부라 할 수 있다. 이때 후뇌의 신경이 진동하면서 생기는 '천뢰(天籟)' 즉 무엇이 진동하는 듯한 기이한 소리가 들린다. 이것이 소위 말하는 "뇌 뒤에서 울리는 독수리 우는 소리"인 뇌후취명(腦後鷲鳴)이요, "눈에서 금빛 광채가 나타나는" 안현금광(眼現金光) 현상이다. 이후 마음이 자연스럽게 맑고 밝아 망념이 일어나지 않는 경지로 접어드는데, 이 상태는 시간이 흐를수록 더욱 맑고 환해진다.

비록 이러한 상태라 하더라도 중궁(中宮)의 위 부위에서 일어난 하행기(下行氣)가 진정으로 하단전(아랫배 속의 중심점)에 진입했는지 여부를 특히 주의해야 한다. 만약 동신(童身, 성에 대한 지식뿐 아니라 성기능조차 시작되지 않은 상태)의 경우라면 따로 논해야 하겠지만, 일반적으로 성행위의 경험이 있거나 이와 유사한 수음, 몽정 등의 경험이 있는 경우라면 기가 진정으로 단전의 기해혈(氣海穴)에 진입하는 것이 결코 쉽지는 않다. 하행기가 하단전을 통과하려 할 때에는 저절로 아랫배와 치골 위쪽 부위에서 찌르는 듯한 심한 통증을 느끼기 때문이다. 이러한 통증이 완전히 가라앉고서야 기기(氣機)는 직접 해저(海底, 회음)에 도달하여 전립선을 거쳐 생식기에 이른다.(여성은 자궁 부위에 이른다.)

이때 만약 주의를 기울이기만 한다면 기기가 수축되면서 회전하기 시작한다. 그리고 전립선 또는 회음 부위가 자연히 수축되며, 단전(아랫배)이 충만해지면서 내호흡(아랫배 내부에서 일어나는 미세한 호흡)이 일어나기 시작한다. 이것이 단경에서 말하는 '하작교(下雀橋)' 현상이다. 이 상태가 더 진행되면 입과 코를 통한 일반 호흡과 내호흡까지도 완전히 정지하고 생식기와 고환이 줄어들어 마치 어린아이의 것처럼 된다. 이것이 일반 단경에서 말하는 이른바 '마음장상(馬陰藏相)'[35]의 초보적 현상이다. 이 단계에 이르면 음식을 많이 먹든 혹은 먹지 않고 복기(服氣)만으로 지탱하든 상관없으며, 진정으로 고요한 정(定)의 경지에 이르렀음을 실증(實證)할 수 있다. 그러나 이 단계 역시 진정으로 임독이맥을 통한 상태는 아니며, 더욱이 입정(入定)이나 인천(人天)을 초월한 경지와는 아직도 상당한 거리가 있다.

정좌 과정 중 기기가 발동한 뒤 앞에서 설명한 임독이맥의 각종 현상이 나타나더라도 아직까지는 결코 임맥과 독맥이 완전히 통한 것은 아니다. 그럼에도 일반인들은 이러한 반응이 나타나면 이미 임맥과 독맥이 통한 것으로 생각한다. 참으로 심한 착각이 아닐 수 없다. 단지 건강과 장수의 측면에서 본다면 이 상태를 적절히 운용하기만 해도 적지 않은 도움이 되겠지만, 마음을 다해 도를 배우고자 한다면 신중히 살피고 밝게 판단해야 할 것이니 결코 헛된 것을 참된 것이라 여겨서는 안 된다.

---

35 불교 용어로 여래의 삼십이상 중 하나. 음(陰)은 남자의 생식기로서 여래의 생식기는 배 속으로 감추어져 마치 말의 그것처럼 바깥으로 드러나지 않기에 마음장상이라 부른다.

앞에서 중궁의 위기가 발동해 식도를 통할 때 트림이 난다고 했는데, 이 현상에 대해 정좌 수련을 하는 어떤 호기심 많은 사람이 편지로 물었다. 누구든 트림이 많이 나오기만 하면 바로 이 현상이라 볼 수 있느냐는 것이다. 실로 쉽게 대답하기 힘든 질문이었다. 요컨대 그것이 정좌 수련으로 인해서든 위장에 질병이 있어서든 모두 위장의 가스와 관계가 있다는 것은 의심할 여지가 없다. 위장의 가스에 대해서는 동양 의학이든 서양 의학이든 모두 이에 대한 대처법이 있다. 어느 쪽이든 진단을 받아 보고 적절한 약물을 복용하는 것이 좋다. 약물을 복용하는 것은 정좌 수련의 경우라도 이로우면 이로웠지 해롭지는 않다. 도가 수련자들은 예로부터 외금단(外金丹, 약물)을 중시하여 이를 복용해 수련을 돕곤 했다. 도를 배우려는 사람이 의학의 이치에 어느 정도 통달하지 않을 수 없는 것도 바로 이 때문이다.

음식을 조절하는 것과 중궁 위기의 작용

　중궁의 위기가 발동하여 진정으로 십이중루를 통하게 되었다면 혀끝이 저절로 상작교(上雀橋, 혀끝과 콧구멍 내부의 기운이 합쳐지는 곳)에 밀착되어 뇌하수체로부터 나오는 내분비액(정수리로부터 내려온 진액)을 받아 내리는데, 입안에 고인 향기롭고 청량한 액체를 수시로 삼키면 점차 코를 통한 호흡이 불필요하게 되어 자연스럽게 호흡의 드나듦이 멈춘다. 바로 요가에서 무리해서 수련하고자 하는 병기(瓶氣) 현상이며, 도가에서 억지로 폐기(閉氣)를 통해 얻고자 애쓰는 참으로 도달하기 어려운 경지이다. 이 정도에 이르면 외부의 추위와 더위, 습기에 견딜 수 있고 허기와 포만감 등에도 비교적 강한 저항력이 생길 수 있다. 심지어 음식에 대한 생각조차 없어지며 잠이 저절로 줄어든다.

　그러나 이때는 반드시 이 과정을 겪어 본 밝은 스승의 지도하에 적절히 음식을 줄이거나 혹은 잠시 음식을 중단하도록 해야 한다. 이렇게 해야만 비로소 초보적이나마 고요한 정(定)의 경계로 점차 들어설 수 있으며, 평상시에는 도저히 느낄 수 없었던 흥취를 얻을 수 있다. 그러나 이 단계를 지나면 다시 영양가 높은 음식을 섭취하여 몸의 기운을 충실히 해야 한다. 그래야만 비로소 그 힘으로 성선(性腺) 부분을 통하고(양교, 음교로부터 진입하여 사지로 퍼져 나가 양유, 음유에 이름) 이루 형언하기 어려운 **빼어난** 경지로 들어설 수 있다.

그렇다면 어느 정도에 이르러서야 비로소 잠시 음식을 중단할 수 있을까? 또 어떤 상태에서 다시 음식으로 영양을 보충해야 할까? 이것은 수련자의 실제적인 진도 등을 고려해 결정될 것이며, 탁상공론으로 함부로 말할 수 있는 것이 아니다. 이러한 정황을 과거 도가의 단결(丹訣)[36]에서는 '화후(火候)'라 불렀다. 불기운을 적당히 조절하여 요리를 하는 것처럼 상황을 보아 적절히 대응해야 하는 것이지 판에 박힌 방법을 고수하려 해서는 안 된다.

---

36 도가 양생술의 용어로, 일반적으로 연단(煉丹)의 방법을 가리킨다.

배가 나오면 도가 부족하다

임맥이 통한 상징으로서 미약하나마 화후(火候)의 단계가 나타나고 내 호흡(아랫배 단전 부위에서의 호흡)이 시작되면 대부분 여기에 의식이 쏠려 자연히 기운이 단전에 집중된다. 이른바 "모종을 뽑아 올려 빨리 자라게 한다"는 알묘조장(揠苗助長)의 우를 범하게 된다. 이렇게 하면 아랫배가 단단해지면서 마치 동그란 북처럼 바깥으로 튀어나온다. 이렇게 된 것을 기뻐하여 "단전에 보배가 있어 더 이상 도를 찾지 않고, 어떤 경지에도 무심하니 선을 묻지 않는다[丹田有寶休尋道, 對境無心莫問禪]"는 경지에 들어섰다고 생각한다. 그러나 이것은 대단히 잘못된 현상이다. 만약 이 상태에서 여전히 단전에만 의식을 집중하면 신장이나 성선(性腺), 대장이나 소장 부위에 부작용이 생겨 대맥(帶脈, 허리 주위를 둘러싼 맥)이 통하기 어렵다. 이 경우는 약간 아랫배(치골 위에서부터 배꼽까지의 부분)를 수축시킴으로써 기기가 자연스럽게 대맥을 통하도록 해야 한다. 그러나 여기서도 의식을 과도히 집중시켜 감각에 너무 집착하는 우를 범해서는 안 된다.

이렇게 오랫동안 계속하면 기기가 회음부(해저)에서 발생하기 시작해 좌우 대퇴부를 따라 아래로 내려가 마침내 두 발바닥에까지 이른다. 이후 부터는 앉은 자세에서 다리가 저리거나 아프거나 땅기거나 마비되거나 가려운 현상이 사라진다. 여기에서 조금 더 나아가면 대퇴부에서 무릎, 장딴지, 발뒤꿈치 및 복사뼈에 이르기까지 모든 다리 신경 및 세포 하나하나에서 따스하고도 시원한 쾌감이 느껴진다. 심지어 다리를 풀고 싶지 않을 뿐 아니라 가부좌를 하고 그대로 앉아 편안하고 상쾌한 묘경(妙境)을 계속 즐기고 싶어진다. 이 단계에서 마음을 가라앉혀 고요히 정(定)의 상태에 머무르고 있으면 기기가 다시 독맥을 따라 허리와 등으로 올라와 양어깨의 신경총을 통하고 양 손가락 끝까지 이른다. 이렇게 되면 전신이 한없이 포근해지면서 마치 뼈도 없는 듯한 부드러운 느낌이 든다. 이후 기기가 다시 소뇌(옥침과 니환) 부위를 따라 올라가 전뇌 부위에 이르면 호흡은 거의 끊어진 듯 미세해지며 기기는 서서히 아래로 내려가 전신에 충만하게 된다.

이 단계에 이르면 보통 때 느끼던 신체에 대한 감각은 거의 다 사라진다. 마치 노자가 말하듯이 "오로지 기를 부드럽게 하면 능히 어린아이와 같이 될 수 있는" 상태로서 여기에 이르러야 비로소 임독이맥이 초보적이나마 통하였다고 할 수 있다. 정좌 수련을 통해 건강 장수를 추구하거나 더 나아가 수도의 효과를 기대하는 측면에서 본다면, 두 다리를 통하는 것이 임독이맥을 통하는 데 비해 그 중요성이 더했으면 더했지 결코 덜하지 않다. 다리 부위에 묘한 쾌감, 따스하고 상쾌하며 신령스럽고 가벼운 이런 감각을 느끼지 못한 상태에서 임독이맥을 통했다고 하는 것은 자신을 속이고 남을 우롱하는 것이라 아니할 수 없다.

사람 몸에서 양다리와 발의 중요성

우주 만물은 대략 동물, 식물, 광물의 세 형태로 나누어 볼 수 있다. 이 중 광물은 대지에 속한 고체 상태의 것으로 여기에 대해서는 잠시 덮어 두기로 하자. 식물의 경우 생명의 원천은 대지 깊숙이 박힌 뿌리에 있다. 특히 인삼의 뿌리는 사람의 형태와 유사하기에 이름도 그렇게 붙였을 것이다. 사람은 동물 중에서도 가장 신령스러운 존재이므로 식물이나 기타 동물과는 판이하게 다를 수밖에 없다.

사람의 근원은 머리에 있다. 머리 위의 허공은 식물의 대지와 같으며, 양다리와 발은 식물의 가지와 이파리와 같다. 정좌 수련을 하는 과정에서 기기가 양다리와 두 발, 사지의 말초 신경에 이르지 못한 것은 마치 가지와 이파리가 말라 버린 나무와 같다. 비록 줄기는 아직 썩지 않았다 해도 썩기만 기다리고 있는 상태일 뿐 더 이상 생기를 회복할 수 없다. 만약 양다리와 발의 기맥을 통한 이후라면 허리는 저절로 쭉 펴지고 엉덩이 근육에 힘이 생겨 탄탄해지며, 길을 걷거나 실제로 땅을 밟을 때는 마치 허공을 걷는 것 같고, 심지어 발바닥에 닿는 대지의 느낌조차 포개어 놓은 융단이나 스펀지처럼 느껴질 것이다. 만약 무술을 겸하여 수련하는 사람이 이 단계에 이른다면 몸이 마치 나무 이파리처럼 가볍고 사지가 미세하고 가벼운 골격으로 이루어진 듯한 느낌이 들 것이다. 한쪽 엄지발가락만으로도 신체를 못박듯 굳건히 세울 수 있으며, 오래 서 있어도 전혀 피로를 느끼지 못할 것이다. 하지만 반대로 병으로 인해 극도로 쇠약해져 다시는 회복될 기미가 없을 경우에도 이와 유사한 느낌이 생길 수 있다. 이것을 착각하여 앞에서 말한 경지에 이른 것으로 생각한다면 이건 정말 웃기는 이야기가 될 것이다.

이상에서 임맥이 통하는 과정에서 발생하는 여러 현상들을 살펴보았다. 이 현상들은 임맥이 통하는 과정의 개략적 설명일 뿐 결코 임맥이 통하는 과정의 전모를 살핀 것이 아니다. 실제로 임맥은 매우 통하기 어려운데 독맥에 비해서도 훨씬 어렵다고 할 수 있다. 일반적으로 정좌 수련의 효과로 나타나는 독맥의 반응은 비교적 뚜렷하나 임맥이 진정으로 통한 반응은 대부분 모호하며 막연한 감마저 있다. 사실 도가나 동양 의학에서 말하는 임맥은 현대 의학의 자율 신경 계통이나 내분비(endocrine) 계통 및 내장의 기능을 모두 포괄한 것이다. 만약 독맥 즉 척수 신경 및 뇌중추 신경을 통한 후 더 나아가 임맥을 통하면 오장육부의 기능이 강화되면서 자연히 만족할 만한 반응이 나타난다. 생리적 신진대사가 왕성해져 건강을 완전히 회복하게 되는 것이다. 도가의 "하나의 맥이 통하면 모든 맥이 통한다〔一脈通時, 百脈通〕"는 구절에서 말하는 이 맥은 곧 임맥을 가리키는 것으로 이해해야 한다. 임맥이 통한 구체적인 과정을 한 번에 다 설명하기는 어렵다. 이제 잠시 기타 기맥과 관련된 요점을 언급하면서 이와 연관시켜 임맥에 관련된 사항들을 반복 설명하기로 한다.

기맥의 차이에 대한 논쟁

도가의 신선술 혹은 단도와 같은 방술이나 동양 의학의 비조가 되는 저술인 『황제내경』에는 임맥과 독맥 및 기경팔맥에 대한 전설 같은 신기한 묘사가 많다. 여기에 대해 앞에서 설명한 것처럼 그 신비로운 외피를 하나하나 벗겨 가며 차례로 설명해 보기로 한다. 당연한 이야기지만 기맥이 통하는 과정이나 각종 생리적 반응은 남녀노소 그리고 신체의 강약에 따라 차이가 날 수밖에 없다. 설사 일반적인 느낌이 완전히 동일하다 할지라도 이에 대한 이해의 정도에 차이가 날 수밖에 없으므로 세부적인 감각이나 체험은 사람마다 각기 다르게 나타난다. 필자가 앞에서 설명했던 것도 주로 원리나 원칙의 대강일 뿐이며 전반적이고 세부적인 것은 아니다.

도가의 수련 방술에서 언급하는 임맥이나 독맥과 같은 기맥에 대해서는 도가와 유사한 밀종이나 요가에서도 이에 못지 않게 중시된다. 그러나 요가나 밀종에서는 삼맥사륜(三脈四輪) 또는 삼맥칠륜(三脈七輪)을 중시하는데, 이는 도가의 기경팔맥설과는 거의 완전히 다르다. 이로 인해 도가나 밀종 또는 요가의 이론이나 방법상에도 큰 차이가 생기며, 그 결과 이러한 도가나 밀종, 요가를 수련하는 사람들은 방법이나 이론에서 대립할 뿐 아니라 문호 자체를 이질적인 것이라 생각해 서로 배척하기까지 한다. 일반

적으로 세상의 방술이 학술적으로 정통이 아니라 생각하는 중요한 원인도
바로 여기에 있다.

  사실 이러한 편견이 생기는 것은 배움 자체가 넓지 못하거나, 넓게 알기
는 하나 깊이 생각해 보지 못했기 때문이다. 그로 인해 이들을 융회 관통
하지 못하고 서로 이질적인 것으로만 생각해 온 것이다. 도가든 밀종이든
요가든 그 어느 것을 배우려 해도, 또는 그 어느 것을 수련하려 해도 그들
이 표방하는 경지에 도달하고자 하면 몸과 마음을 도구로 삼는 것 이외에,
즉 몸과 마음을 도구로 삼아 체험하는 것 이외에 의지할 만한 다른 것은
없다. 똑같이 몸과 마음을 운용하는 것이라면 그 방법이 다르다고 해서 오
장육부나 신경, 골격이 달라질 리는 만무하다. 그렇다면 각 이론에 대한
선입견에서 비롯되는 관념 및 감각상의 환각 이외에 실제로 다른 것은 없
다고 볼 수 있다. 차이가 있다면 그것은 중점적으로 주의를 기울이는 느낌
의 차이일 뿐, 이질적인 몸과 마음이 따로 존재하는 것은 절대 아니다.

도가와 밀종의 기맥에 관한 그림

　도가의 기맥설이 문헌에 나타난 것은 『장자』 「양생주(養生主)」 편의 "독맥을 따라 순행하는 것을 조리로 삼는다[緣督以爲經]"[37] "으뜸 되는 경락이 모이는 중심이다[中(於)經首之會]"[38]라는 개념에서부터이며, 이후 임독이맥은 줄곧 정좌 수련의 핵심으로 받아들여졌다. 사실 임독이맥을 주맥(主脈)이라 생각하는 관점 이외에도 기경팔맥을 기맥의 핵심으로 생각하는 관점도 있었다.

　그러나 고대 인도의 전통으로부터 유래한 티베트 밀종 계통의 기맥 수련법은 도가의 것과는 완전히 다르다. 여기서는 인체 내부의 삼맥칠륜(三脈七輪)을 주맥이라 생각한다. 삼맥이란 좌(左), 우(右), 중(中)의 삼맥이며, 칠륜이란 다음 그림 1에서 볼 수 있듯이 범혈(梵穴)에서부터 회음(會陰, 해저)에 이르는 일곱 군데 주요 부위이다.

　도가를 위주로 수련한 사람들은 흔히 밀종의 이론을 무시하고 고려하지

---

37 일반적으로 연(緣)은 순순히 따라가는 것, 독(督)은 중도 또는 바른 길, 경(經)은 변하지 않는 상도(常道)로 해석한다. 하지만 의학의 기경팔맥 중에 독맥(督脈)이 있어 내단술에서는 이를 기경팔맥의 하나로 설명한다.

38 일반적으로 '경수(經首)'를 고대의 악장(樂章) 이름인 요임금의 음악으로 해석하나, 내단술에서는 이를 경락으로 설명한다.

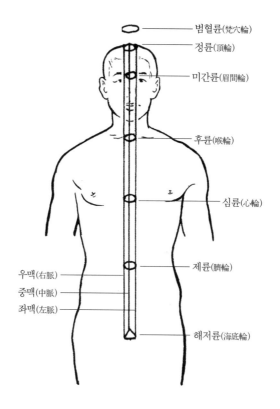

범혈륜(梵穴輪)

정륜(頂輪)

미간륜(眉間輪)

후륜(喉輪)

심륜(心輪)

우맥(右脈)

중맥(中脈)

좌맥(左脈)

제륜(臍輪)

해저륜(海底輪)

● 그림 1 삼맥칠륜

않는다. 반면에 밀종 수련자들은 늘 도가를 방문(旁門)[39]으로 여긴다. 잘
모르긴 해도 밀종이나 요가의 기맥설은 상행기(上行氣), 중행기(中行氣),
하행기(下行氣), 좌행기(左行氣), 우행기(右行氣) 등의 오행기(五行氣)와 오
방불(五方佛)의 작용을 포괄한다. 위(魏)·진(晉) 이전의 단도 수련에서는
오행(五行) 또는 오색(五色)의 기(氣)를 가장 중시했다. 이른바 전방은 주

---

39 비정통적 문파를 지칭함.

작(朱雀), 후방은 현무(玄武), 좌측은 청룡(靑龍), 우측은 백호(白虎) 등의 견해가 그것이다. 인체로 말한다면 이것은 인체에도 바로 오행기(五行氣)가 존재하고 있음을 암시한다. 송·원 이후의 도가도 비록 임독이맥과 기경팔맥을 중심으로 한 방술 이론에 근거하고 있었지만 좌(청룡), 우(백호) 두 맥도 이에 못지않게 중시되었다. 만약 다른 문파의 장점에 대해서도 박학(博學), 심문(審問), 신사(愼思), 명변(明辯)하여 통달한 수련인이 있다면 정좌 과정에서 임독이맥을 통한 후 자연히 좌우 두 맥과 중맥(中脈)이 중요하다는 사실을 알게 될 것이다. 만약 좌우 두 맥과 중맥을 통하지 않고서 선정(禪定)에 들고자 한다면, 이른바 도가에서 말하는 응신취기(凝神聚氣)[40]와 연기화신(煉氣化神)을 통해 천중천(天中天)[41]의 경지에 들고자 한다면 이는 절대로 불가능한 망상이다. 달리 말하면 진정으로 임맥을 통하면 밀종이나 요가에서 말하는 좌우 두 맥도 자연히 통하여 순환에 아무런 장애가 없게 되는데, 정좌 공부는 이 경지에 이르러서야 비로소 지엽적인 줄기로부터 벗어나 진정한 도(道)의 경지로 접어들 수 있다. 동시에 이 경지에 이르러서야 비로소 중맥을 통할 수 있는 희망이 생긴다.

이제 도가에서 말하는 기경팔맥의 정확한 분포 노선을 살펴보기로 한다. 『황제내경』과 『난경(難經)』의 기록에 근거하여 다음과 같이 종합하여 정리했다.

---

40 정신이 집중되면[응신(凝神)] 기가 따라오는[취기(聚氣)] 것을 말함. 정신이 마치 찐득찐득한 물체처럼 엉기면 그 자리에 기(氣)가 모여든다.

41 부처의 다른 이름으로 달리 천중왕(天中王)이라고도 함. 일찍이 석가모니불이 탄생한 후 여러 천인(天人)의 예배를 받았기에 이런 이름이 생겼다.

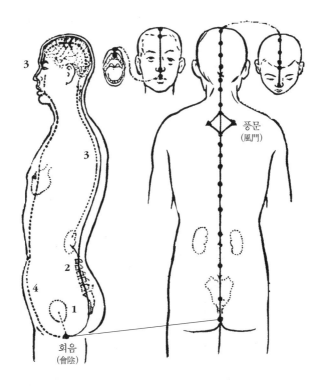

풍문
(風門)

회음
(會陰)

● 그림 2 독맥

(1) 독맥

독맥(督脈)은 모두 네 갈래로 분포한다.

① 회음에서 시작하여 척추를 따라 올라가 목 뒤의 풍부혈(風府穴)에 이르러 뇌로 들어가며, 다시 정수리까지 올라갔다가 머리와 이마를 따라 내려와 콧등에 이른다.

② 아랫배의 포(胞) 속에서 시작해 아래로 생식기와 회음부에 이르며, 미려골(尾閭骨)의 끝을 지나 엉덩이를 비스듬히 거쳐 신장으로 들어간다.

③ 눈구석(눈의 안쪽 구석)에서 시작해 위로 이마와 정수리를 거쳐 뇌로 들어가며, 다시 목 아래에서 두 갈래로 나뉘어 척추 양 옆으로 내려와 허리 가운데에 이른다.

④ 아랫배로부터 시작해 위로 곧바로 올라가 배꼽을 지나고, 다시 위로 심장을 관통하여 목으로 들어가며, 뺨으로 올라와서는 입술 주위를 돌아 눈 밑 가운데 부위에 이른다(그림 2 참조).

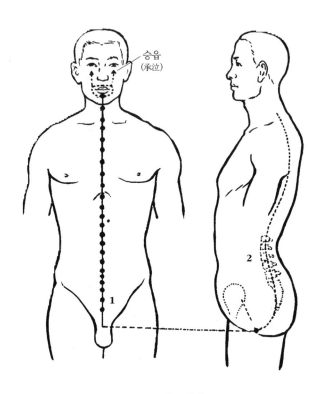

● 그림 3 임맥

(2) 임맥

임맥(任脈)은 모두 두 갈래로 분포한다.

① 배꼽 네 치 아래에 있는 중극혈(中極穴)에서부터 시작해 배를 따라 가슴 한가운데를 똑바로 통과해 인후에 이르고, 다시 뺨으로 올라가 얼굴을 거쳐 눈으로 들어간다.

② 포(胞) 속에서부터 척추를 관통해 등 뒤로 올라간다(그림 3 참조).

(3) 충맥

충맥(衝脈)은 다섯 갈래로 분포한다.

① 아랫배 속으로부터 치골 바깥 2촌 정도에 있는 기충혈(氣衝穴)로 약간 나와 족소경(足少經), 신경(腎經)과 합쳐져서 상행하며(임맥 바깥 1촌), 가슴에 이른 다음 두루 퍼진다.

② 충맥은 가슴에서 흩어진 후 다시 위로 올라가 코에 이른다.

③ 맥기(脈氣)가 복부로부터 신장 아래로 옮겨가고, 기충혈(氣衝穴)에서 약간 나온 뒤 넓적다리(대퇴大腿) 안쪽을 따라 오금(슬괵와膝膕窩, 무릎 뒤쪽 오목한 부분) 속으로 들어가며, 정강이뼈(경골脛骨, 종아리 안쪽 뼈) 속을 거쳐 아래로 내려가 안쪽 복사뼈 뒤를 지나 발바닥에 이른다.

④ 정강이뼈 속에서부터 비스듬히 아래로 내려가 발등에 이르고 엄지발가락(족대지足大趾)에 이른다.

⑤ 아랫배 포(胞) 속에서부터 안으로 척추를 관통해서 위로 올라간다(그림 4 참조).

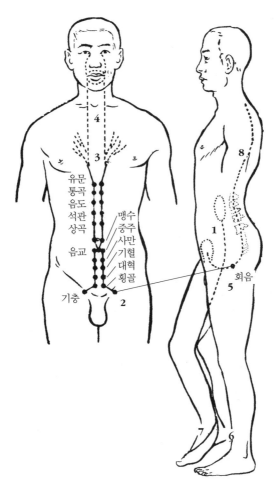

유문
통곡
음도
석관
상곡

음교

맹수
중주
사만
기혈
대혁
횡골

기충

회음

• 그림 4 충맥

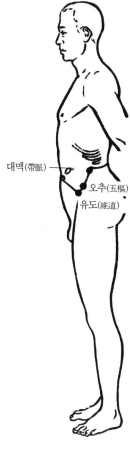

대맥(帶脈)

오추(五樞)

유도(維道)

● 그림 5 대맥

(4) 대맥

대맥(帶脈)은 14번 척추에서 시작해 옆구리 아래(계협季脇)에 이르며 허리와 배를 횡으로 휘감고 둘러싼다. 대략 허리띠를 매는 부위에 해당한다(그림 5 참조).

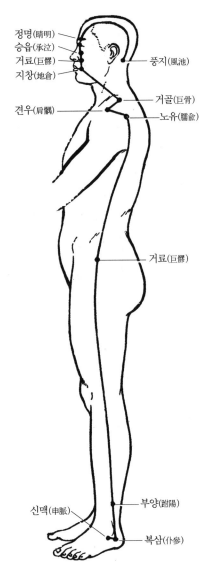

정명(睛明)
승읍(承泣)
거료(巨髎)
지창(地倉)
견우(肩髃)

풍지(風池)
거골(巨骨)
노유(臑兪)

거료(巨髎)

신맥(申脈)
부양(跗陽)
복삼(仆參)

● 그림 6 양교맥

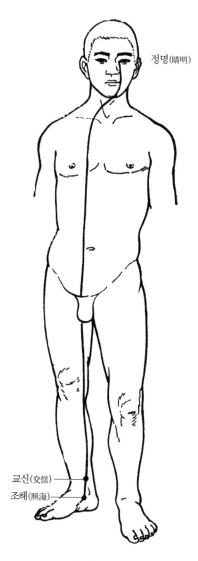

정명(睛明)

교신(交信)
조해(照海)

● 그림 7 음교맥

(5) 양교맥

양교맥(陽蹻脈)은 발 바깥쪽 복사뼈 밑의 신맥혈(申脈穴)에서부터 시작
하여 바깥쪽 복사뼈 뒤에서 위로 올라가 넓적다리 바깥쪽을 지나 팔꿈치
부근 옆구리에 분포되며, 어깨 바깥쪽(견박肩髆, 어깨와 어깨 뒤쪽 견갑 관절)
을 따라 목을 지나 위로 입술 옆과 눈의 안쪽인 눈구석(내비內眥)에 이른
다. 여기서 다시 발제(髮際, 머리털이 자라는 경계)를 지나 귀 뒤쪽에 있는 풍
지혈(風池穴)에 이르고, 뇌 뒤의 두 근육 사이에 위치한 풍부혈(風府穴)을
통해 뇌 속으로 들어간다(그림 6 참조).

(6) 음교맥

음교맥(陰蹻脈)은 발 안쪽 복사뼈 밑에 위치한 조해혈(照海穴)로부터 시
작하여 복사뼈와 넓적다리 안쪽을 따라 음부를 거쳐 가슴 앞에 이르며, 목
구멍(인후咽喉)을 따라 얼굴로 들어가서 눈구석에 이르러 다시 상행하여
뇌에 이른다(그림 7 참조).

(7) 양유맥

양유맥(陽維脈)은 여러 양경(陽經)이 모이는 곳, 즉 다리 바깥쪽 복사뼈
아래에 위치한 금문혈(金門穴)에서부터 시작하여 위로 넓적다리 바깥쪽
으로 올라가 허리 측면에 이르렀다가 비스듬히 어깨(견갑)로 올라 목 뒤와
귀 뒤에 분포된다. 이마에 이르러서는 다시 귀 위쪽을 지나 목 뒤의 풍부
혈에 이른다(그림 8 참조).

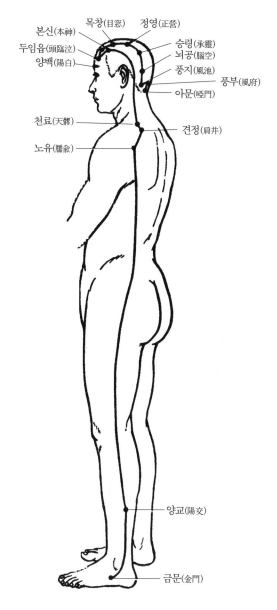

본신(本神)　목창(目窓)　정영(正營)

두임읍(頭臨泣)　　　　　　　　승령(承靈)
양백(陽白)　　　　　　　　　　뇌공(腦空)
　　　　　　　　　　　　　　　풍지(風池)
　　　　　　　　　　　　　　　　　　풍부(風府)
　　　　　　　　　　　　　　　아문(啞門)

천료(天髎)　　　　　　　　　견정(肩井)

노유(臑兪)

양교(陽交)

금문(金門)

● 그림 8 양유맥

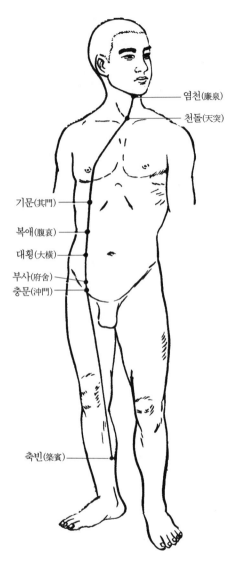

염천(廉泉)

천돌(天突)

기문(其門)

복애(腹哀)

대횡(大橫)

부사(府舍)

충문(沖門)

축빈(築賓)

● 그림 9 음유맥

(8) 음유맥

음유맥(陰維脈)은 여러 음경(陰經)이 모이는 곳, 즉 발 안쪽 복사뼈 뒤로부터 위로 5촌 정도에 있는 축빈혈(築賓穴)에서 시작하여 정강이를 따라 위로 오르며, 넓적다리 안쪽을 지나 아랫배로 들어간다. 위로 계속 가슴을 따라 인후 양쪽에 이르러 임맥과 합쳐진다(그림 9 참조).

중맥에 관한 주요 논쟁

이야기가 중맥(中脈)에 이르렀는데, 이 문제 역시 대단히 흥미롭다. 필자가 아는 바에 따르면 이 문제에 대한 도가와 밀종의 논쟁은 대부분 중맥이란 결국 유형적인 것인가 무형적인 것인가 하는 것과, 중맥이 곧 임맥과 독맥인가 혹은 그렇지 않은가 하는 것이다. 이외에도 단지 밀종을 수련하는 사람만이 중맥을 이해할 수 있으며, 원시 도가에서는 본래 중맥이 있다는 것조차 알지 못했으니 도가의 수련법은 궁극적인 것이 되지 못한다는 등의 논쟁이 있었다.

중맥에 관한 도가와 밀종의 논쟁은 사실 오해에서 비롯되었다. 만약 송·원 이후의 단경 도서에만 근거해 말한다면 중맥에 관한 언급이 없는 것이 사실이다. 그러나 예로부터 전해 내려온 도가의 방술에 대해 연구하려면 적어도 『황제내경』과 『황정경(黃庭經)』 등을 소홀히 할 수 없다. 『황제내경』에는 이미 중맥에 관한 설이 들어 있는데 다만 중맥을 충맥(衝脈)이라 일컫는다는 차이가 있을 뿐이다. 『황정내경경(黃庭內景經)』에서의 중황(中黃)도 중궁(中宮)을 위주로 한 것이 분명하므로, 단지 밀종이나 요가에서처럼 중맥을 특별히 강조하고 있지 않을 뿐이다.

이러한 점을 이해한 후 다시 정통적인 옛 단서(丹書)들을 연구해 본다면 결코 임맥과 독맥을 중맥이라 여기지 않았음을 알 수 있다. 이 때문에 그다지 힘들이지 않고 도가를 변호할 수 있다. 송·원 이후의 단경은 많은 부분이 한쪽으로 치우친 견해로서, 부분적 이론이요 일가(一家)의 말일 뿐이니 정통 도가의 전모를 개괄하기에는 부족하다. 이 점은 절대로 오해가 아니다. 도가에서 말하는 기경팔맥을 통한다는 것도 만약 "충기로써 조화를 이룬다[衝氣以爲和]"거나 "황과 중의 이치를 터득하여 신체를 바르게 하고, 그 중심을 중히 여겨 거기서부터 사지로 펼쳐 나가는[黃中通理, 正位居體, 美在其中而暢於四肢]" 실제적인 경지에 도달하지 못한다면, 그건 모두 터무니없는 말일 뿐이니 중맥을 진정으로 통하는 것을 더욱 이해할 수 없을 것이다.

만약 기경팔맥을 완전히 통하고 "충기로써 조화를 이루는" 경지에 이르렀다면 이는 곧 장자가 "지체를 떨쳐 버리고(사지와 몸체의 감각이 없음), 총명을 내쫓고(망상이 전혀 일지 않음), 형상과 지식을 떠나 크게 통하니 이를 좌망이라 한다[墮肢體, 黜聰明, 離形去知, 同於大通, 此謂坐忘]"고 말한 경지이다. 이때가 되면 중맥의 작용이 나타나 상하가 뚫리고 위아래가 끝없이 펼쳐지는 듯한 감각을 느끼게 되니, 자연히 "만 리 푸른 하늘에 구름 한 점 없는[萬里靑天無片雲]" 맑은 하늘 같은 경지가 드러난다. 심지어 밤낮을 막론하고 하늘에 가득 찬 별들이 나타나는데, 이는 마치 "손바닥 위에 있는 아마륵 열매를 보는[掌中觀菴摩羅果]" 것과도 같다. 평소의 모든 지각이나 감각이 남김없이 잊히며, 사람들이 갖고 있는 모든 세속적 관념도 완전히 사라진다.

그러나 중맥을 통했다고 해서 도(道)가 완성된 것은 결코 아니다. 엄격히 말하면 중맥이 통했다는 것은 단지 도에 들어갈 수 있는 확고한 기초를 마련한 것일 뿐이다. 여기서 다시 더 나아가면 길은 더욱더 미묘하고 은밀하며 깊고도 머니 밝은 스승의 지도가 없이는 사실상 불가능하다. 이 밖에도 중맥이 통하기 전에 먼저 좌우 두 맥이 통해야 하는 것은 당연한 이치이다. 그러나 좌우 두 맥이 통하는 것도 단지 요가의 호흡이나 기공(氣功)에 의지해야만 성취될 수 있는 것은 아니다. 진정으로 좌우 두 맥을 통한 사람은 그 징후가 바깥으로 드러난다. 머리와 목이 원만해지고, 목의 좌우에 있는 대동맥이 안으로 들어가 평탄해지며, 목 주위에 둥근 테와 같은 상징이 드러난다. 그렇지 않다면 참으로 자신을 속이고 남도 속이는 헛소리로서 전혀 믿을 만한 것이 못 된다.

정좌 과정 중 기맥에 대한 도가와 밀종의 원칙은 이 정도로 일단락 짓고자 한다. 이후 정좌와 수도의 관계에 대해 언급할 때 기회를 보아 덧붙여서 상세히 설명하기로 한다.

왜 기맥이 진동하는가

정좌와 기맥의 관계, 그리고 기맥의 변화에 따른 생리적 반응에 대해서는 앞에서 대략 살펴보았다. 그러나 정좌 수련을 하는 많은 사람들이 생리 및 기맥의 변화가 완전히 일치하는 것은 아니다. 똑같은 사람의 몸으로 똑같이 정좌 수련을 하는데도 차이가 난다면 정좌의 방법이 달라 기기의 반응 역시 달라지는 것일까? 여기에 대해서는 다음과 같은 두 가지 측면에서 설명할 수 있다.

(1) 정규적인 정좌와 수도의 관점에서 본다면 임맥과 독맥의 경로를 따라가면서 나타나는 반응 이외의 다른 길은 사실상 없다.
(2) 체력의 차이나 질병, 연령, 성별 등 각기 다른 조건의 측면에서 본다면 기맥 및 생리적 반응은 각자 차이가 날 수 있다.

정좌를 시작하는 방법의 차이로 인해 각기 다른 반응이 나타난다는 것은 일부 관계가 있기는 하나 그 주요 원인은 아니다. 예를 들어 보자.
첫째, 정좌 수련을 하는 많은 사람의 경우 흔히 신체가 진동하는 현상이 나타나곤 한다. 심지어 내부의 진동으로 인해 사지가 요동하기도 하며 혹은 저절로 여러 가지 다른 자세를 취하기도 한다. 요가의 동작을 취하기도 하고 태극권과 유사한 동작을 하기도 한다. 신비한 관념을 중시하는 사람이라면 이러한 현상은 신기하고 오묘하며 불가사의한 일로 보일 것이다. 과거 '타신권(打神拳)'[42]을 전문으로 수련하던 사람들도 이 같은 요동 현상으로부터 시작했다. 역사상에 나타난 이른바 '의화권(義和拳)'의 '신권(神拳)'이나 '근두운(筋斗雲)'을 넘는 공부를 한 사람들은 모두 이러한 현상으로부터 시작해 자신뿐 아니라 남까지 속이는 결과를 빚기도 했다.

　실제로 이러한 현상이 신비한 것일까? 그렇지 않다. 이러한 현상은 심리적, 생리적 작용이 복합되어 나타난 것이다. 그리고 생리적 작용도 대부분 심리적인 자기 암시에 의해 유발된 것이다. 이러한 현상이 일어나는 원인은 정좌 과정에서 마음을 지나치게 집중하려다 보니 신경이 긴장되어 나타난다. 신경이 긴장됨으로써 신체 내부의 신경과 근육이 잠재의식을 반영하여 초보적인 신체의 진동 현상이 나타난 것이다. 이 같은 반응 이후 잠재의식이 자기 암시가 되어 저절로 깊은 자기 최면의 상태로 들어가며, 이로 인해 신경의 진동 현상은 더욱 심해진다. 잠재의식이 자기 암시 작용을 하기 때문에 사지와 신체가 매우 쉽게 일정한 규칙이 있는 듯한 동작을 취하게 되는 것이다. 그렇지만 일반인의 경우는 이러한 현상이 나타난 후 아무리 생각해도 그 이유를 알지 못한다. 어떤 사람은 진동 이후 피로 때문에 혹 주화입마에 빠지지나 않을까 두려워 정좌를 그만두기도 한다. 어떤 사람은 자신이 '신공(神功)'을 얻었다고 생각해 계속 이것을 즐기며 스스로 득도의 기초가 닦였다고 여기기도 한다. 이러한 상황에서 깊이 반성

---

42 정좌 시 몸이 저절로 흔들리며 자기가 의도하지 않은 무술 동작이 나타나는 것.

하여 그것이 심리적인 자기 암시로 인해 나타난 것이고 신경이 긴장됨으로써 드러난 효과라고 생각할 수 있는 사람은 극소수이다. 신체의 진동 현상은 도리어 기기가 임맥과 독맥의 진정한 길로 들어가지 못하게 하고 단지 근육과 근락(筋絡, 기혈의 통로)을 소통시킬 수 있을 뿐이다.

애초에 정좌 수련의 목적이 심신 건강에만 있었다거나 혹은 무술에서 말하는 '내공(內功)' 같은 데 있었다면 신체의 진동 현상을 계속 발전시켜 나가는 것도 가능하다. 그러나 뜻이 이런 데 있지 않다면 마음을 안정시켜 자기 암시로써 신경과 근육의 긴장을 풀도록 해야 한다. 이렇게 하면 한 단계 더 높은 고요한 정(定)의 경지로 들어갈 수 있다.

둘째, 어떤 경우는 신체에 이미 폐병, 위장병, 기타 간이나 신장 및 기타 신경성 증세를 가진 상태에서 정좌를 시작할 수 있다. 이 경우에 흔히 나타나는 현상은 체내의 어떤 부위에서 기기가 넘치며 회전하는 듯한 감각이 느껴지는 것이다. 개략적으로 말하자면 폐나 신장 부위가 약한 경우는 흔히 신체 좌우 측에서 기기가 규칙적으로 회전하는 것을 느낄 수 있다. 위나 장에 이상이 있을 때는 복부 부위에서 회전하는 것을 느낄 수 있다. 심장이나 간장에 이상이 있다면 가슴이나 횡격막 부위에 덩어리 같은 것이 막혀 있는 듯한 감각을 느낄 것이다. 만약 이런 결리거나 딱딱한 감각을 통하게 할 수 있다면 더없이 시원한 감각을 느낄 것이다. 이것이 통하면 대변이 묽게 나오거나 점액 덩어리가 섞여 나오는 현상이 생길 수 있다.

요컨대 『인시자정좌법』의 저자인 장유교 선생의 경우, 소년 시절에 폐병을 앓고 있는 상태에서 정좌를 시작하여 그 경험을 책에다 기술하고 있기 때문에 거기에는 기기가 회전하는 현상이 포함되어 있다. 따라서 『인시자

정좌법』은 정좌 수련을 하는 사람들에게 참고는 될 수 있지만 이것을 금과
옥조로 여겨 본뜨려 해서는 안 된다. 이것을 금과옥조로 여겨 받들거나 한
번 정해지면 불변하는 법도처럼 보아서는 안 된다.

왜 기맥을 통하는가

정규적인 정좌 과정을 밟아 가다 보면 기기가 임독이맥을 통한 후 도가에서 말하는 소주천(小周天) 및 대주천(大周天) 현상이 나타난다. 이것은 극히 정상적인 반응이다. 그렇다면 밀종의 소위 삼맥칠륜을 통한 뒤에는 어떤 반응이 나타나야 정상적인 현상이라 할 수 있을까? 이것 역시 대단히 중요한 문제이다. 단도를 수련하는 사람들은 지금까지 기기가 임독이맥을 통한 후 하거(河車)를 돌려 소주천, 대주천을 행하는 것을 무상의 비결이라 생각해 왔다.

그러나 많은 사람들이 하거(河車)를 돌리다가 어느 시기에 중단해야 하는지는 도무지 모르고 있는 것 같다. 반드시 알아야 할 점은 하거(河車)를 돌려 기경팔맥을 통하는 것은 단지 정좌 또는 수도의 기초작업에 불과하다는 사실이다. 병을 없애고 건강을 증진시킨다는 점에서는 그 효과가 적지 않지만, 도(道)를 닦고 증험한다는 입장에서 본다면 그것은 단지 첫걸음을 내디딘 것일 뿐이다. 하거를 운전하여 기경팔맥을 통한 후 일정한 시간이 지나면 자연 기기가 더 이상 움직이지 않게 된다. 이때가 되면 기기가 전신에 충만하여 움직이지 않기 때문에 점차 신체가 가볍고 신령스러우며 따뜻하고 부드러워져 마침내 육체를 잊어버린 무아의 경지에 이른다. 이때에야 비로소 "원만하고 빛나는[圓陀陀, 光爍爍]" 성명(性命)의 본래 모습을 활연히 깨닫고, 그것을 후천의 유형적인 신체와 확연히 분리 또는 화합시킬 수 있게 된다. 이후 다시 영명(靈明)한 생명의 본체를 다시 후천의 몸(로爐)과 마음(정鼎)에 조화시켜 지속적으로 단련한 후에야 비로소 도를 닦고 증험하는 견고한 기초가 만들어진다. 이 단계에 이르러야 비로소 초보적인 성과를 얻었다고 할 수 있다.

하거(河車)를 돌려 기(氣)가 팔맥을 통하게 한 후의 상황은 일반적인 단경 도서에서는 단지 "선기정륜, 일월합벽(璇璣停輪, 日月合壁)"이라 하여 몸과 마음이 신령스럽게 하나가 됨을 표현하고 있을 뿐이니, 이제까지는 이러한 상황을 가볍게 누설할 수 없는 천기라 여겨 신비롭게 표현한 것이다. 이 때문에 이후 이것을 배우는 사람이 온통 미궁에 빠져 따라야 할 순서나 조리(條理)를 찾을 수 없었다. 옛사람들의 이러한 모호한 설법은 사람을 이끌기 위한 그들의 애초 마음과는 부합하지 않는 것이니, 이 점에 대해서는 실로 뭐라 변호하기 어렵다.

기기의 정지 이후의 상황에 대해서는 대부분의 도서(道書)에서 단지 "다시 로와 정으로 돌아가 건곤을 재정비한다[重入爐鼎, 再整乾坤]" 등의 묘사로 가볍게 언급하고 지나가 버린다. 그 과정에서 어떻게 해야만 한 단계 더 나아가 확실히 증험할 수 있는지에 대해서는 분명히 설명하지 않고 "하늘이 꾸짖을까 두렵다[恐遭天譴]"는 표현으로 대체하고 만다. 사실 하늘의 마음에는 살아 있는 것을 살리고자 하는 덕이 있다. 만약 진정으로 다른 사람을 위해 선을 행하고도 하늘의 꾸짖음을 들어야 한다면, 설사 꾸짖음을 듣더라도 마땅히 즐겁게 선을 베풀 것이지 하필 자신의 이익만을 챙겨야 하겠는가.

그렇지만 정좌나 수도를 배우는 사람이 진정으로 하거를 돌려 기가 팔맥을 통할 수 있기란 지극히 어렵다. 하물며 이 단계를 지나 마음과 몸, 성(性)과 명(命)[43]이 분리될 수도 엉기어 하나가 될 수도 있는 경지에 이른다는 것은 실로 만에 하나 있을까 말까 하다. 그러니 비록 성심껏 일러 준다 해도 누가 능히 한 번 듣고 깨달을 수 있겠는가. 그뿐 아니라 이 이후의 단계는 모두 형이하를 초월해 형이상의 경지로 들어가는 것이므로 비록 명백하고 상세히 설명하고자 해도 과연 누가 능히 세간을 초월한 지혜와 경험으로써 인간의 경지를 넘어선 현묘함의 극치를 이해할 수 있겠는가. 그러니 이 이야기는 여기서 잠시 덮어 두기로 하자.

다음으로 사람들이 흔히 주화입마라 생각하는 상황이 정말 가능한 것인지에 대해 따져 보자.

---

[43] 원래 도가에서는 성명(性命)을 같이 닦는 '성명쌍수(性命雙修)'를 이상으로 삼으며, 바로 이 점을 근거로 불가의 수행법이 성(性)만 닦는 것이라 비판한다. 여기서 성(性)이란 인간의 심령적 측면이며, 명(命)이란 호흡을 통해 기를 기르고 순환시키는 등의 육체적 측면을 말한다.

정좌와 정신의 단련

일반적으로 정좌를 수련하는 사람의 동기 또는 심리 상태는 대략 다음과 같은 세 유형으로 나뉜다.

(1) 종교적 정서를 지닌 경우
(2) 신비적 체험을 선호하는 경우
(3) 장수와 건강을 추구하는 경우

정좌의 입장에서 말한다면 어떠한 종교적 의식이나 신비한 관념, 불로장생의 희망 등도 모두 정좌의 범주에 귀결된다고 보아도 과하지 않다. 그러나 어떤 동기에서 출발했든 일단 정좌를 시작하면 많든 적든 도가의 신선 단법의 영향을 받지 않을 수 없다. 신선 단법의 주요 원리는 "사람의 몸 속에 원래 의약이 있다〔人身原來有藥醫〕"는 등의 젊음을 되찾고자 하는 반로환동(返老還童)의 관점이다. 그러나 여기서 말하는 약은 결코 의학의 약만을 가리키는 것은 아니다. 의학의 약은 신선 단법에서 따로 '외금단(外金丹)'이라 부른다. 어떤 경우는 정좌 수련이 일정 단계에 이르면 외금단을 복용해 몸을 보조하지 않을 수 없는 때도 있다. 그러나 정좌 또는 신선 단법을 종합적으로 말할 때 그 중점은 어디까지나 내단(內丹)의 수련에 있다. 이야기가 내외 금단(金丹)에 이르면 중국 역사상 적지 않은 명사(名士)와 제왕들이 떠오른다. 모두 "약을 먹고 신선이 되려다 도리어 약물로 인해 잘못되는[服藥求神仙, 反被藥所誤]" 등의 스스로의 어리석음으로 죽음에 이른 경우 들이다. '단(丹)'이라는 용어의 정확한 내용과 정의는 여러 단경 도서를 훑어보아도 일치된 것이 없어 도리어 혼란만 초래할 뿐이다. 이러한 것은 원칙적인 이론의 문제라 생각해 잠시 보류하며, 이후 시간이 있을 때 다시 검토하기로 한다. 지금부터 이야기하고자 하는 것은 명대(明代) 이후의 신선 단법 중 '삼련설(三煉說)'에 관한 것이다. 그리고 이것이 정좌 또는 기맥과 어떤 관계가 있는지 검토해 보자.

정, 기, 신 삼련설

　명·청 이래 정좌 혹은 단도를 수련하던 사람들 사이에 보편적으로 유행하던 관념은 연정화기(煉精化氣), 연기화신(煉氣化神), 연신환허(煉神還虛)와 최후의 분쇄허공(粉碎虛空)[44]으로 마침내 대라금선(大羅金仙)[45]의 경지에 이른다는 것이다. 이 때문에 대다수 사람들은 인체에 내재되어 있는 '정(精)'이 곧 '금단(金丹)'의 바탕이라 생각했다. 여기에 "항시 잊지 않고 가득 차게 함으로써 신체의 편안함을 보존한다"는 지영보태(持盈保泰)와 "정을 보전하여 기를 기른다"는 보정양기(保精養氣) 등의 이론이 결합함으로써 연정(煉精)의 공부와 방법이 중시되어 이것이 선(仙) 또는 불로장생의 기초를 이루었다. 특히 오충허(伍冲虛)[46]와 유화양(柳華陽)[47] 사제 일파(이를 줄여 오류파伍柳派라 함)의 단결(丹訣)은 완전히 이 이론으로부터 출발

---

44 내단술의 최상승 공부. 내단술에서는 연정화기(煉精化氣)에서 시작해 연기화신(煉氣化神), 연신환허(煉神還虛)를 거쳐 연허합도(煉虛合道)에 이르는데, 연허합도를 오류파(伍柳派)에서는 분쇄허공이라 한다.

45 신선의 최고 경지. 일반적으로 신선에는 귀선(鬼仙), 인선(人仙), 지선(地仙), 신선(神仙), 천선(天仙)의 다섯 등급이 있다. 하지만 전진도(全眞道)에서는 이보다 더 높은 신선을 상정한다. 즉 이들 다섯 신선은 아직 욕망이 남아 있어 윤회를 하지만 욕망이 완전히 끊어진 대라금선에 이르러서야 비로소 청정무위에 다다른다고 본다.

46 1574~1644. 용문파(龍門派) 제8대 제자로 명대(明代) 후기의 저명한 내단가. 본래 유학자였

하고 있다.

청나라 말에서 민국(民國) 초에 걸쳐 생존했던 불가의 모 대사는 연단(煉丹) 수도가 좌도방문(左道旁門)의 수단일 뿐 아니라 심지어 사악한 마도(魔道)의 술책이라 혐오해 거들떠보지도 않았다. 이러한 생각은 "구부러진 것을 고치려다 도리어 반대쪽으로 구부러진〔矯枉過正〕" 경우이거나 "고루하고 들은 것이 없는〔孤陋寡聞〕" 듯한 감이 있으며, 겸허하고 조화로운 "한량없는 법문을 다 배우겠다"는 법문무량서원학(法門無量誓願學)에도 위배된다. 도가든 불가든 정기(精氣)를 보존하고 기르기 위해서는 "마음을 깨끗이 하고 욕심을 줄이는〔淸心寡慾〕" 것에서부터 시작하지 않을 수 없다. 이 때문에 성행위와 같은 음욕을 범하지 않는 것이다. 계율을 지키는 것을 으뜸으로 삼는 율종(律宗)의 입장에서 본다면 이것은 매우 훌륭한 선행이다. 그럼에도 이를 사마외도(邪魔外道)라 배척한다면 이는 삼라만상을 포용하는 광대한 불문(佛門)의 취지를 해치는 것이다. 하물며 청대(淸代) 이후 출가 승려들이 누정(漏精) 또는 유정(遺精)을 누단(漏丹)이라고 부르며, 드러눕지 않고 오래 앉아 수행 정진하는 사람을 불도단(不倒丹)이라 하는 바에야! 이것만 보더라도 이미 누정하지 않는 것을 지계(持戒, 음욕을 범하지 않음)의 근본으로 전제하고 있지 않은가.

문제는 과연 무엇이 진정한 정(精)인지를 아는 것이다. 그리고 인체 내의 정자와 난자가 연정화기(煉精化氣)의 정(精)과 궁극적으로 어떤 관계가 있는지를 이해하는 것이다. 이 이치를 뚜렷이 알아야만 비로소 본격적으

으나 불교에도 정통했고 나중에 자신의 내단술은 유화양에게 전수했다.

47 1736~?. 처음에 승려로 출가했으나 나중에 도가에 귀의함. 오충허를 만나 내단술을 전수받은 뒤 개오했다. 저서로 『혜명경(慧命經)』과 『금선정론(金仙正論)』이 있다.

로 정좌 또는 수도에 마음과 힘을 다할 수 있다. 이 원리를 제대로 알지 못한 채 맹목적인 수련을 거듭한다면 비록 큰 취지야 손상되지 않는다 할지라도 실제로 열에 아홉이 엉뚱한 길을 걷는 폐단이 생길 것이다.

정, 기, 신 삼련설과 수련 기간에 관한 설

선도 단법을 수련하는 사람들 사이에는 명·청 이후 오류파(伍柳派)에 의해 신선이 되는 과정의 수도 이야기가 중시되고 부각됨으로써 이러한 경향이 널리 유행하기 시작했다. 여기에 삼련(三煉)의 이론이 결합되었는데 이 둘은 부절(符節)처럼 딱 들어맞았다. 즉 백일축기(百日築基)는 연정화기(煉精化氣)와 시월회태(十月懷胎)는 연기화신(煉氣化神)과 삼년포유(三年哺乳)는 연신환허(煉神還虛)와 구년면벽(九年面壁)은 분쇄허공(粉碎虛空)과 꼭 들어맞는 것이다. 그리고 어떤 사람이 이것을 밀종의 수련법과 비교했는데, 목눌조사(木訥祖師, 密勒日巴)[48]가 행한 수지(修持)로부터 성취에 이르기까지의 과정과 시간적으로 매우 흡사하다는 것을 발견했다.

이로 인해 수련 과정에 대한 이야기는 사람들 마음속 깊이 뿌리 박혀 움직일 수 없는 사실처럼 되었다. 그뿐 아니라 실제적인 경험을 통해서도 소위 "정이 충만하면 음욕이 일지 않고, 기가 충만하면 음식이 생각나지 않으며, 신이 충만하면 잠이 오지 않는다(精滿不思淫, 氣滿不思食, 神滿不思睡)"는 말이 연정화기 등의 수련 과정에서 나타나는 실제적인 효과라 확정

---

48 티베트 밀교 카규파 2대 조사 밀레르파를 말한다.

되었다. 이 때문에 명·청 이후 정좌 혹은 선도 단법을 수련하는 사람들은 십중팔구 정(精)과 기(氣)를 도(道)에 이르는 입문 방법이라 생각했다. 심지어 오류파 단법보다 수준이 떨어지는 점혈(點穴)[49]이나 추나(推拿)[50]와도 유사한 륵(扐)[51], 구(扣)[52]를 전문으로 하는 도술에서조차 "음욕의 근원을 끊는다[斬斷淫根]"는 것을 최고의 비결로 여기기도 했다. 온갖 기괴한 이론과 저서가 여기에 견강부회되어 세상에 난무하기에 이르렀다.

---

49 생리적 변화가 인체의 특정 혈위(穴位)에 반영된다는 원리하에, 주먹이나 손가락 등으로 인체의 취약하거나 민감한 부위를 타격해 마비시킴으로써 상대를 제압하는 무술이다.

50 비약물적 자연 요법으로 두 손으로 아픈 곳이나 경혈을 누르거나 비비는 등 다양한 방법으로 마사지하는 것이다.

51 손가락 사이에 넣어 비틂.

52 두드림.

정을 기르는 데 대한 현대 의학과 전통 의학의 이견

의학이나 약학이 고도로 발달한 현재는 이미 옛것만 지키던 폐쇄적인 과거와는 비교가 되지 않는다. 기혈(氣血)과 정신(精神)의 연구에서도 이미 전문 분과가 형성되어 있어 이를 참고하지 않고 완전히 옛 학설만 따른다는 것은 불가능하다. 그러나 동시에 옛 학설을 완전히 무시하고 현대 의학의 이론만 맹종하는 것도 불가능하다. 과학이란 확정되지 않은 미래를 향해 매진해 가는 것이기에, 옛 지식과 달리 맹목적으로 스스로에 도취해 자기주장만 옳다고 여기는 폐단에 빠지게 된다.

전통 도가 의학의 관점

과거의 전통 의학 및 불로장생술을 연마하는 사람들은 인체에 내재한 정(精)이 생명의 가장 기본적인 요소라 생각했다. 비단 도가의 신선 단법을 수련하는 데 연정(煉精)을 중요한 수양법으로 삼았을 뿐 아니라, 전통 의학의 시조라 할 수 있는 『황제내경』에서도 정(精)을 길러 비축하는 것을 거병연년(祛病延年)이나 양생장수(養生長壽)의 기본 요건이라 생각했다. 예를 들면 "두 신이 서로 어우러지고 합하여 형체를 이루니 몸보다 앞서 생긴 것을 정이라 한다[兩神相搏, 合而成形, 常先身生是謂精]"거나 혹은 "겨

울에 정을 저장하지 않으면 봄에는 반드시 염병이 걸리며, 여름에 정을 저장하지 않으면 가을엔 반드시 이질에 걸린다〔冬不藏精, 春必病瘟, 夏不藏精, 秋必病痢〕"는 등의 구절에서 볼 수 있듯이 정(精)을 양생의 핵심으로 파악한다. 후에 도가의 단법에 이르러서는 이것을 더욱 중시하여 "정을 돌이켜 뇌를 보강한다〔還精補腦〕"는 것을 불로장생의 중요한 요건으로 삼는다. 그렇다면 과연 어떻게 해야 진정으로 '환정보뇌' 할 수 있을까? 진정한 정(精)이란 도대체 어떤 것일까? 여기에 대한 설명은 모두 모호하여 하나로 집약되지 못하고 분분하기만 하다.

현대 의학의 견해

현대 의학에서는 누정 및 성행위에 관해 도가와 상반된 관점을 취한다. 현대 의학에서는 정상적인 성인이 정상적인 상황에서 적절한 기간에 정액을 배설하는 것은 결코 건강에 지장을 주지 않는다고 본다. 도리어 성행위를 억지로 억누르거나 또는 정액의 누출을 참는 것이 신체에 해롭다고 여긴다. 그뿐 아니라 정자와 난자는 성선(性腺)의 내분비가 화합하여 만들어지는 생리 현상으로 자연스러운 것이다. 정자의 배설을 억제하여 장수 및 건강의 효과를 기대하는 것은 일종의 비정상의 심리적 환상이며 무지의 소치라 생각한다. 이러한 생각과 이론은 왕왕 생리학, 성심리학, 신경학, 호르몬 등에도 영향을 미쳐 여러 학설이 분분하지만 아직 정론(定論)은 없다. 그러나 한마디로 말하면 평생에 한 번도 성행위로 인한 유정(유정, 몽정, 수음 등을 포함)이 없는 독신주의자도 일반인에 비해 건강이나 장수의 측면에서 조금도 나을 게 없다는 것이 기본 입장이다. 도리어 이러한 독신주의자는 성적으로 비정상적인 심리로 인해 만성적 우울증에 빠져 태반이 뇌일혈이나 암과 같은 질병으로 죽는다고 주장한다. 따라서 소위 "정을 돌이켜 뇌를 보강하여 불로장생한다"는 설 및 연정화기 등의 이론은 현대 의학의 관점에서 볼 때 전혀 터무니없는 주장일 수밖에 없다.

좌도방문의 이론

삼천 년의 역사를 지닌 정통 도가 의학 외에도 이와 동시에 존재했던 '청수파(淸修派)'[53]와는 다른 설법이 있다. 그들도 환정보뇌나 연정화기를 불변의 원리로 여긴다는 점은 다르지 않다. 단지 '환정(還精)'과 '연정(煉精)'의 방법에서 차이가 있다. 이들은 특이한 성행위 방법을 통해서만 진정한 환정보뇌의 효과가 가능하다고 생각한다. 이들의 이론은 『역경』「계사전」의 "음과 양이 갈마드는 것을 도라 한다[一陰一陽之謂道]"는 구절에 근거하고 있다. 이들은 이것을 견강부회하여 남녀쌍수(男女雙修)의 방법을 교묘히 합리화한다. 당·송 이후 도가의 화거도사(火居道士, 출가를 했으면서도 아내와 함께 사는 도사)와 역시 당·송 이후 몽고나 티베트의 쌍신법(雙身法)을 행하던 밀교인들이 이 유형에 속한다. 그뿐 아니라 민간에 비밀스럽게 전해져 내려오던 성행위에 관한 의학, 그리고 성심리학과도 유사한 『소녀경(素女經)』,『옥방비결(玉房秘訣)』등의 서적도 그들의 비결로 간주된다.

이외에도 구(扣), 륵(扐) 등을 이용한 정관(精關)의 점혈(點穴) 수법도 널리 유행하고 있다. 이러한 도를 배운 사람들이 결국 성불구 상태에 빠진 것

---

53 청수란 쌍수(雙修)에 상대되는 개념으로, 타력이나 외부 물질에 의존하지 않고 오직 자신의 정(精), 기(氣), 신(神)을 근본으로 수행하는 것을 말한다. 부적이나 외단(外丹)에 의지하지 않고 이성(異性)을 활용하지 않는 점에서 청수라 한다. 왕중양(王重陽)이 창건한 전진교(全眞敎)의 북파(北派)가 청수파의 대표적인 단체이다.

을 '단욕(斷慾)'이라 부른다. 심지어 이들은 이로 인한 위병, 토혈, 코피, 뇌일혈, 신경 착란 등의 증세도 모두 정상적인 것이라 여긴다. 그러니 기혈이 혼탁해지거나 얼굴이 누렇게 뜨거나 피부가 꺼칠해지며 서서히 삶의 재미를 잃어버리는 정도는 그래도 다행이 아니겠는가. 그렇긴 하더라도 이러한 종류의 단결(丹訣)이나 도서(道書)에 언급되고 있는 특정 부분 즉 사람의 연령에 따른 정력의 주기설이나 연령에 따른 성행위에 관한 이론 등은 현대 의학의 관점과도 일치하는 부분이 많다.

옛사람이 말하기를 "비록 보잘것없는 것일지라도 거기에 참고할 만한 것이 있다"고 했다. 널리 배우고 깊이 생각한다는 입장에서 본다면 방문(旁門)도 역시 문(門)이요, 좌도(左道)도 역시 도(道)이다. 전혀 가치 없는 것으로 치부해서는 안 된다.

진정한 의미의 정은 어떤 것인가

그렇다면 환정보뇌(還精補腦)나 연정화기(煉精化氣) 같은 이론은 완전히 허무맹랑한 이야기일 뿐인가. 그렇지는 않다. 먼저 앞에서 말했던 신구(新舊) 도가와 의학상의 관점을 명확히 이해하고 난 뒤 다시 이 문제를 토론해야 할 것 같다. 그래야만 비교적 사실에 가까운 이해가 가능하다. 도가에서 말하는 진정한 의미의 '원정(元精)'이란 어떤 것일까? 한마디로 말한다면 "생명 본래의 자연적 기능"이라 할 수 있다. 노자는 어린아이를 들어 "아직 남녀 교합을 알지 못하나 발기하니 정의 지극함이다"라고 했는데, 아주 좋은 설명이다. 이를테면 성장 중인 어린아이는 잠잘 때 전혀 성욕에 대한 의식 없이 생식기가 발기하는데, 이것은 생명 본래의 정기(精氣, 또는 정력이라고도 할 수 있다)가 생장하여 온몸에 퍼지기 때문이다. 어린아이가 자라서 성욕이 생기거나 성에 대한 지식에 일단 눈을 뜨면 생식기가 발기함에 따라 심리적 성욕 또한 발동되며, 혹은 음욕에 대한 충동으로 생식기가 발기하기도 한다. 이는 심신이 서로 영향을 미친 것으로, 어느 것이 먼저인지 말하기는 어렵다. 이 경우 생식선의 내분비와 뇌하수체의 내분비 등 어떤 계열의 호르몬도 모두 성적, 심리적 자극에 영향을 받아 변화한다. 심리적, 생리적(신경, 혈액, 호르몬 등) 상호 작용에 의해 내분비가 고환 또는 자궁을 통과하면서 자극을 일으켜 빠르게 정자 또는 난자를 만들고, 더 나아가 성행위를 하면 정액이 배출된다.

이러한 원리를 이해하고 나면 이른바 환정보뇌 또는 연정화기란 심리적으로 성욕이 전혀 없는 상태에서 생식기가 본능적으로 발기하는 것을 가리킴을 알 수 있다. 이때 마음을 맑게 하여 욕구가 일지 않는 상태에 이르기만 하면 자연스러운 혈액 순환에 따라 생식기가 다시 평소의 상태로 돌아올 것이니, 돌이키지 않으려 해도 돌이켜지며 채우지 않으려 해도 채워지는 경지에 도달할 수 있다. 생식기의 발기가 성적 욕구와 결합된다면, 또 이미 생식선의 호르몬과 정자의 활동이 시작된 후라면 다시 이것을 채취하여 보충시키려 하거나 이것을 억제하여 순환시키려 하는 것은 방광과 혈액에 적지 않은 노폐물만 쌓이게 할 뿐이다. 이렇게 하면 가벼운 경우에는 방광을 압박하여 전립선 등의 기능에 심각한 부담이 되며 심한 경우에는 심장, 폐, 간, 뇌 신경 등에 결정적으로 나쁜 장애가 생긴다. 도서나 단경 등에는 수원청탁(水源淸濁)에 관한 설을 분명히 알아야 한다고 강조하는데, 바로 이 두 현상의 차이를 말한 것이다.

그렇지만 정좌 수련을 하는 일반인의 경우에 생식기가 발기하는 단계에 이를 때마다 아무 욕념이 일어나지 않는 경우란 거의 불가능하다. 우연히 한두 번쯤은 가능할지 몰라도 생리 현상이 심리 작용을 촉발시키기 때문에 청정한 상태를 유지하기가 무척 어렵다. 이 때문에 백일축기(百日築基) 또는 연정화기(煉精化氣) 공부를 말하면서 "도를 배우는 사람은 소털처럼 많으나 도를 이루는 사람은 기린의 뿔처럼 드물다[學道者如牛毛, 成道者如麟角]"고 탄식하는 것이다. 나이가 많아 정력이 거의 고갈되었거나 병으로 인해 혹은 좌도방문 공부로 인해 성기능이 멈춘 경우, 또는 생식선이 근본적으로 기능을 상실한 경우라면 추호도 욕념이 일지 않을 수 있다. 그러나 이 경우는 이미 생기가 단절된 상태로서 수양이니 단련이니 하는 것이 근본적으로 무의미하다.

이상에서 말한 것은 단지 생리적 측면의 유형적인 정기(精氣)에 대해 그 대략을 말해 본 것일 뿐이다. 한 단계 더 나아가 정기를 살릴 수 있는 근원을 추구한다면 불가에서 말하는 '심정(心精, 마음과 정精이 하나가 되는 것)'에 대한 탐색이 필요하다. 이것이야말로 무상(無上)의 단법으로서 진정한 정(精)에 관한 지극한 이치라 할 수 있다.

정좌와 연정화기의 분석

　연정화기(煉精化炁)의 진정한 의미를 확실히 인식하기 위해서는 먼저 정신(精神), 정기(精氣), 정력(精力), 기력(氣力), 심력(心力) 등의 명사에 대한 연결 관계를 검토해 보아야 한다. 우리의 전통 문화나 사상 속에는 원래 정(精)과 신(神)이 정(精)과 기(氣)에서처럼 각기 독립된 두 개념이었다. 후에 독립적인 두 개념이 합쳐져 정신(精神)이라는 하나의 명사가 성립되었으나 그 정확한 의미는 아직 뚜렷한 정론(定論)이 없는 것 같다.

　한(漢)·위(魏) 이후에는 도가에 의해 특별히 정(精), 기(氣), 신(神)이라는 세 개념이 제기되어 신선 수련의 중심이 되었다. 이것은 『황제내경』과 도가의 『황정경』에 근거한 것이었다. 『황정경』의 "최고의 약에는 세 종류가 있는데 신과 기와 정이다〔上藥三品, 神與氣精〕"라는 구절은 후세 도가 수련인들이 다시금 정, 기, 신을 강조하는 단서가 되었다. 필자는 정, 기, 신세 명사의 명확한 정의가 무엇인지에 대해 자주 질문을 받았다. 실로 해석하기 어렵다. 그렇긴 해도 비교적 쉽게 이해시키기 위해 우주 물리적인 빛, 열, 힘에 비유해 설명하곤 한다. 즉 정은 생명의 열(熱)에, 기는 힘에, 신은 빛에 비유할 수 있다. 인간의 생명에서 만약 빛, 열, 힘의 작용을 잃어버리면 이는 곧 죽음을 의미한다.

인체의 생명 작용에서 정, 기, 신은 우주의 물리 현상과 마찬가지로 단계에 따라 나누어지며 또 상호 혼합되기도 한다. 신(神)의 주요 작용은 두뇌 부분에서 일어나며, 기(氣)의 주요 작용은 가슴과 위 부분에서, 정(精)의 주요 작용은 신장과 아랫배 이하의 고환과 생식기 부위에서 일어난다. 이 중 정의 작용은 현대 의학에서 말하는 내분비(endocrine) 계통과도 밀접한 관계가 있다. 그러나 정, 기, 신에 관한 이론 중 기는 반드시 정으로부터 생기며 신은 반드시 기로부터 생긴다는 설은 잘 통하지 않는다. 빛, 열, 힘의 원리로 말한다면 열과 힘은 모두 빛의 작용에 의해 생기기 때문이다. 이로부터 유추해 보면 정과 기는 확실히 신으로부터 생긴다는 것을 알 수 있다. 따라서 신경 쇠약인 사람이 있다면 그 사람의 정과 기도 자연히 허약해질 것이다.

다음으로 반드시 알아 두어야 할 것은 인체의 쾌감은 정(精)으로부터 생기고, 의지와 결단력 등은 기력(氣力)이 충만함으로써 생기며, 지혜는 신(神)의 고요한 정(定)으로부터 생긴다는 사실이다. 불가에서는 '수심양성(修心養性)'을 중시하는데, 이는 사유 방법을 통해 마음을 바꾸는 것을 수련의 근본 출발점으로 삼는 것을 의미한다. 이 작용 및 성과는 확실히 신(神)과 기(氣)에 편향된 것으로 도가의 상품(上品) 단법과 유사하다. 이렇게 하다 보면 자연히 정(精)의 수련도 그 속에 포함되기 마련이다. 송·원 이후의 도가는 연정화기, 연기화신, 연신환허의 방법과 차례를 중시했는데 이는 불가의 지계(持戒), 수정(修定), 생혜(生慧)의 삼 대 원칙과도 유사하다. 어느 것이든 그 내용에 통달하면 실제로 차이가 없다고 할 수 있다.

이로부터 알 수 있듯이 인체 내 성선 내분비 작용에 의해 생성된 정자와 난자를 정좌 수련의 기본으로 삼는 것은 자세히 연구해 볼 만한 가치가 있다. 그러나 이 방법은 체력이 약하거나 이미 중년을 넘긴 사람의 경우라면 마땅히 달리 접근해야 한다. 요컨대 정좌 혹은 수도는 일종의 지혜의 학문이다. 맹목적인 믿음이나 편견에 사로잡혀 시종일관해서는 안 된다.

사람의 생명이란 종합해 보면 몸과 마음의 결합 외에 아무것도 아니다. 신체의 생리적인 주요 기능도 결국 정(精), 기(氣) 두 종류의 작용에 지나지 않는 것으로, 이들은 모두 감각의 범주에 속한다. 마음의 주요 기능은 한마디로 지각의 범주에 속하는 것으로, 신(神)의 작용이다. 과거에 언급되었던 것들은 정좌나 수도 과정 중 발생하는 생리적 반응, 즉 기맥의 움직임과 같은 감각의 영역에 속하는 것이었다. 감각은 후천적인 것이며 고정된 것이 아니라 늘 변화한다. 수도의 성과는 처음에는 감각을 따라 시작되나 점차 감각과 지각이 동시에 드러나며, 더 나아가 이 둘이 혼연일체를 이루는 경지에 이른다. 그렇다 하더라도 실제로 감각을 떠나서는 수도에 임할 다른 방법이 없다.

그러므로 기(氣)가 임독이맥과 기경팔맥을 모두 통했다 하더라도 이것 역시 단지 감각상의 성취일 뿐이라는 점을 반드시 이해해야 한다. 그뿐 아니라 연정화기 과정 중에 보이는 기맥이 통한 반응도 수련의 진도에 따라 다르게 나타난다. 연기화신의 과정 중에도 한 차례 기맥이 크게 통하는 반응이 있는데, 이것 역시 연기화신의 공부와 합하여 각기 다른 경계가 나타난다. 예로부터 단경에는 구전환단(九轉還丹)의 오묘함에 대한 이야기가 있었는데, 후세인들은 이것을 기맥에 끌어다 붙여 임독이맥을 이렇게 저렇게 몇 차례 회전해야만 비로소 구구(九九)의 수에 맞는 것이라 주장하기도 했다. 비록 과하게 끌어다 붙인 흠이 있기는 하나 정, 기, 신 삼자를 단련하는 데 있어 각 단계를 거칠 때마다 자연히 내적 변화가 거듭된다는 설명은 그렇게 비난만 받을 관점은 아닌 것 같다.

앞에서 필자는 연정화기의 공부를 이해하기 위해서는 반드시 어떤 것이 진정한 정(精)인지를 먼저 알아야 한다고 했다. 그리고 후천적 정력(精力)의 작용을 완전히 부인해서도 안 되며, 그렇다고 후천적 정자나 난자가 곧 정(精)이라 오해해서도 안 된다고 했다. 사실 후천적 정력도 진정한 정(精)이 변화된 것이다. 달리 말하면 새로운 생명의 근원은 생식선, 갑상선 및 뇌하수체와 절대적인 관계가 있다. 생식선이 충분히 활동하고 있을 때 음욕이 전혀 일어나지 않는다면 이것은 확실히 진정한 정(精)의 상태에 접근한 것이다. 이 상태가 지속됨으로써 생식선의 활력이 넘쳐나고, 이 활력이 오랫동안 누적되면 자연히 한 줄기 힘이 생겨난다. 척수 신경의 꼬리로부터 한 단계 한 단계 위로 상승하다가 다시 점차 아래로 내려가면서 뇌하수체를 자극하여 새로운 기능을 촉진시키는 것이다. 이 과정에서 자극을 받아 반응한 침샘(타액선唾液線)이 다시 갑상선의 활동을 촉진시켜 표현하기 어려울 정도로 가슴이 시원하게 탁 트이는 감각을 느끼게 된다.

그러나 이러한 현상은 연정화기 과정 중 독맥에서 나타나는 한 반응에 불과하며 수도의 결과가 여기에 그친다는 것은 아니다. 성실히 수련한 사람이라면 몸의 세포가 모두 변화하기에 피부가 부드럽고 투명해지는 것은 문제도 아니다. 특히 얼굴의 근육과 세포는 변화가 더욱 두드러져 자세히 보면 은은히 광채까지 풍겨 나오는 것을 알 수 있다. 그러나 얼굴이 불그스레해지면서도 세포 자체에 현저한 변화가 뒤따르지 않을 때에는 어딘가 다른 데로 빠진 것이다. 이 경우 고혈압 증세가 아닌지 신경 써야 한다. 마음이 과도하게 어디엔가 집착해 있거나 혹은 상화(相火)[54]가 움직이고 있거나 또는 색욕이 수반됨으로써 일어난 현상일 수 있다.

그 뒤에 이어서 나타나는 현상은 임맥(자율 신경 계통을 포괄)이 통하는 것이다. 특히 중궁(中宮)의 위기(胃氣)가 충만해지면서 점차 내려가 가라앉는 듯한 감각을 느낀다. 이 단계에 이르러 마음을 비우고 깨끗이 하여 고환과 회음(해저海底라고도 함)이 저절로 수축될 때까지 고요히 기다릴 수 있다면(여자의 경우는 자궁이 수축되며 유방에 반응이 느껴짐), 한 줄기 힘이 앞쪽 치골 속을 따라 위로 치올라 하단전 부위에 이르고, 여기서 중궁으로부터 내려온 기기와 만나게 된다. 두 기운이 만나면 순식간에 청춘선(青春腺, 복부)의 활력이 회복되며 비할 데 없는 쾌감이 인다. 이 쾌감은 성행위에 비할 바가 아니다. 동시에 쾌감은 두 다리의 넓적다리 안쪽을 따라 돌고 두 발꿈치와 발바닥에 이른다. 이때의 느낌은 마치 좋은 술을 마셨을 때처럼 훈훈하고 편안하다. 이 단계에 이르러서야 진정으로 연정화기를 초보적으로 성취했다고 할 수 있다.

이 과정 중 성별이나 연령, 체력이나 자질 등에 따라 참기 어려운 자극의 종류도 달라지지만 어쨌든 이 현상은 예외 없이 반드시 나타난다. 단지 일일이 언급하기 어려울 뿐이다. 그리고 정좌 수련이 이 단계에 이르렀다 할지라도 수시로 다른 일에 신경 쓰다 보면 공부가 퇴보할 가능성이 있다. 근신하고 조심하지 않거나 계속 지혜를 계발하지 않으면 한 차례 유희에 끝날 수도 있다. 연정화기는 복부의 뭉침을 풀기 위한 공부에 불과하다. 절대로 여기에 만족해 혼자 즐거움에 젖어서는 안 된다. 이러한 상황은 모두 감각의 범주에 속하는 것으로, 단지 그동안의 노력이 미미하게 효과를

---

54 상화는 군화(君火)와 대응하는 개념으로, 군화가 인체 생리 활동의 중추인 데 비해 상화는 군화의 지휘에 따라 작용한다. 군화는 심장의 화(火)를 가리키며 상화는 간장과 신장의 화를 가리킨다.

거둔 것일 뿐이며 도(道)를 체득하기에는 아직도 요원하다. 그러나 진정으로 이 단계에 이르렀다면 반로환동(返老還童)과 거병연년(袪病延年) 등은 문제가 아니다.

진정한 의미의 기란 어떤 것인가

연정화기의 개략적 과정을 앞에서 살펴보았다. 다음에는 연기화신의 과정을 검토할 차례이다. 그런데 정(精)을 연마하면 정말 기(氣)가 될 수 있는 것일까? 어떻게 기를 연마해야 신(神)이 될 수 있을까? 연정화기니 연기화신이니 하는 말은 언뜻 보면 그럴듯해 사람을 끌어당기지만 실제로 도처에 문제가 있다. 앞에서 이미 정(精)이 정액의 정이 아님을 설명한 바 있다. 여기서는 순수한 '진기(眞氣)'가 호흡의 기(氣)가 아님을 설명하고자 한다. 진정한 의미의 수련을 하고자 하는 사람들은 단지 초보적인 단계에서 호흡의 기(氣)를 빌려 인체 속에 구비되어 있는 진기(眞氣)를 유발하려고 할 뿐이다. 그렇다면 진기(眞氣)란 궁극적으로 어떤 것일까? 이는 정말 정의하기 어려운 개념이다. 특히 이것을 외국인에게(서구 문화의 다양한 언어 계통을 포함) 설명하기는 더 어렵다. 서구 용어 중에서 기(氣)와 가까운 것을 생각해 보면 자연히 요가의 프라나(prana)가 떠오를 것이다. 그러나 그 의미는 도가나 선정 공부의 차원에서 말하는 진기와는 적지 않은 차이가 있다. 만약 현대 자연과학의 지식을 빌려 억지로 표현해 본다면 '인체의 생명력' 정도가 되겠는데, 이것은 그래도 비교적 진기의 의미에 가깝다고 할 수 있다.

일반적으로 정좌 수련을 하거나 수도를 하는 사람들은 정좌 과정 중 감각 반응이 생기면 대부분 이를 기기의 발동으로 생각하여 이미 연정화기의 작용이 나타난 것으로 여긴다. 더욱이 정좌 공부가 쌓여 감각 반응이 척추와 가슴, 배 부위로 확산되면 기기가 이미 독맥을 따라 상승하여 임독이맥을 통한 것이라 생각한다. 사실 신체 건강한 사람뿐 아니라 허약한 사람이나 병든 사람이라 할지라도 오랫동안 한 자세로 움직이지 않고 고요히 앉아 있으면 비록 속도의 차이는 있을지라도 모두 이상과 같은 반응을 느낀다. 그러나 이것은 절대로 연정화기의 진정한 효과가 아니다. 이 과정에서 나타나는 반응이 정좌의 효과라는 점은 의심의 여지가 없지만 초보적인 '연기축기(煉己築基)' [55]에도 크게 미치지 못하는 것이다. 연정화기의 측면에서 본다면 아직도 요원하다.

---

55 내단술의 기초. '연기(煉己)'는 하단전이 따뜻해지는 단계이며 '축기(築基)'는 임맥과 독맥으로 기운이 퍼져 나가는 단계이다.

호흡의 정지와 연정화기의 초보적 경지

진정한 연정화기의 경지를 설명하려면 정좌 과정 중 나타나는 자연스러운 호흡의 정지 현상으로부터 설명해 나가는 것이 비교적 확실하다. 그러나 이보다 먼저 호흡의 정지 현상에 대해 두 가지 해석을 반드시 짚고 넘어가야 한다. 먼저 알아 두어야 할 것은 정좌 과정 중 호흡이 저절로 멈추는 것을 수도에서의 일반 술어로 '지식(止息)'이라 부른다는 점이다. 불가의 사선팔정(四禪八定) 과정에서는 이것을 '기주(氣住)'라고도 하며 요가 수련법에서는 이것을 '병기(瓶氣)'라 한다. 보통 요가 수련을 하는 사람들은 의식적으로 호흡을 억제하여 정지시키는 방법을 사용하며, 이를 병기(瓶氣) 공부라 부르기는 하나 상품(上品)의 성취는 못 된다. 고요한 정(定)의 수련 과정에서 저절로 호흡이 끊어지는 상태에 이르렀을 때에야 비로소 진정한 병기(瓶氣)의 경지라 할 수 있다. 이 때문에 밀종에서는 이를 달리 '보병기(寶瓶氣)'라고도 한다.

정좌 과정 중 의식을 한 곳에 너무 과도하게 집중함으로써 우연히 호흡이 거의 끊어지는 듯한 상태에 이를 수 있다. 이러한 상태에서는 때론 전신이 굳는 듯한 감각을 느낄 수 있는데, 사실 이것은 의식을 지나치게 집중해 온몸이 점점 긴장되어 나타난 현상이다. 이것은 진정한 지식(止息)이나 기주(氣住)의 경계가 아니다. 엄격히 말하면 이것은 신경이 과도히 긴장됨으로써 나타난 현상이다. 이 상태에서 자연스럽게 이완되지 못한다면 심경(心境)이 메마르고 생기가 빠진 현상이 나타날 수 있으며, 심한 경우에는 신체와 사지의 관절이 굳어 버릴 수도 있다. 비록 소설가들이 말하는 주화입마는 아닐지라도 최소한 이로 인해 병은 생길 수 있다. 정좌 과정 중 이러한 상태에 빠졌을 때 스스로 치유할 수 있는 유일한 방법은 몸과 마음을 최대한 이완시키는 것이다. 전신의 힘을 완전히 빼 버린 상태에서 호흡은 자연스럽게 내버려 두면 된다. 이것은 마치 보통 사람들이 잠들었을 때와 같다. 이렇게 잠시만 있어도 곧 새로운 단계로 들어갈 수 있다. 그러나 경직된 상태가 오래된 사람이라면 이 방법을 사용하더라도 별다른 효과를 볼 수 없다. 이럴 때는 단지 밀종이나 도가의 특별 교수법(敎授法)만이 유효하다.

다음으로, 만약 진정으로 정(精)이 넘쳐흐르고 심신이 고요해져 기주신한(氣住神閒) 즉 "기가 안정되고 정신이 편안해진" 연정화기의 경지에 이르렀다면, 가장 먼저 나타나는 현상은 마치 온 힘이 다 빠져 버린 듯 전신이 유연해지는 것이다. 이 상태가 조금 더 진행되면 "전신에 뼈가 없어진 듯한[柔如無骨]" 감각을 느끼게 된다. 이러한 상태에서 기기는 아무 걸림 없이 전신에 퍼져 충만하게 된다. 맹자가 말한 "얼굴은 맑고 등에는 기기가 가득 차 사지로 뻗어 나가는[粹面盎背而暢於四肢]" 상태이거나 노자가 말한 "오로지 기를 부드럽게 하면 능히 어린아이와 같이 되는" 경험을 저절로 하게 된다. 이 경지에서는 참으로 몸과 마음을 온통 잊어버릴 수 있으니 마치 천지와 하나가 된 느낌이 든다. 단경에서 말하는 혼돈(渾沌)이나 장자가 말한 "지체를 떨쳐 버리고 총명을 몰아낸[墮肢體, 黜聰明]" 상태가 공허한 말이 아니라 실제로 체험할 수 있는 구체적 상황임을 알게 된다.

　이렇게 고요한 정(定)의 상태를 유지하면 코를 통한 호흡이 점차 미약해져 마침내 허파 호흡이 거의 정지하는 상태에 이른다. 이때 아랫배 속의 단전 부위가 열리고 닫히는(마치 호흡하는 것처럼 수축 이완됨) 작용이 발생한다. 도가에서 말하는 '태식(胎息)' 또는 '내호흡'이 바로 이것이다. 여기서 다시 내장 각 부분의 기기가 충실해지면 식도나 기관지로부터 혀끝에 이르는 자율 신경 계통이 자연히 통하여 쾌적해지면서 단전의 내호흡도 점차 미약해져 마침내 정지한다. 이때 오랫동안 가라앉아 있던 복부의 청춘선(靑春腺)이 기능을 회복하는데, 마치 어린아이처럼 아무 욕구나 감정이 일어나지 않으며 배 속에 묘약이 들어 있는 듯한 비할 데 없는 쾌감이 뒤따른다. 생식기가 고환을 따라 수축되며 기기가 임맥을 따라 혀끝으로 올라오면 혀끝이 저절로 말려들어 가 목구멍을 막아 호흡이 정지한다. 이 단계에 이르러서야 비로소 연정화기의 초보적 경지에 이르렀다고 할 수 있다.

기질의 변화와 기의 주기

　연정화기의 초보적 단계에서는 또 유가에서 말하는 이른바 '기질(氣質)의 변화' 현상이 뒤따른다. 독서를 통해 학문을 추구하는 일반인의 경우라면, 진정으로 학문의 이치에 통달하기 위해서는 학문과 지식을 실제로 수양에 응용해 마음이 평온하고 태도가 온화하며, 이것을 바탕으로 일상 언어나 행위 및 대인관계나 일처리에 임할 수 있어야 한다. 이것이 학문으로써 기질을 변화시키는 방법이다. 이 방법은 심리적 측면에서 접근해 심성(心性)을 수양하여 변화시키는 것으로, 그 나름의 확실한 이치가 있으며 조금의 잘못도 없다. 그러나 엄밀히 말하면 이것은 단지 '양기(養氣)'와 '양심(養心)' 공부에 속하는 것으로, 기(氣)는 변화할지 모르나 질(質)의 변화는 뒤따르지 않는다. 질이 변화되기 위해서는 반드시 생리적 기능이 변해야 한다. 만약 생리적 수련을 병행하지 않고 단지 심성(心性) 수양만으로 앞에서 말한 기주신한(氣住神閒)의 경지에 이를 수 있다고 한다면, 이러한 기질 변화의 도는 단지 이념상의 명언(名言)에 불과한 것으로, 실제로 실천할 수 있는 진실한 공부가 아니다.

　우리가 평소에 배우는 천태종의 수식(隨息), 수식(數息), 관식(觀息)과 도가의 심식상의(心息相依) 그리고 일반 내가(內家) 기공의 여러 수련법은 연정화기 또는 연기화신의 성취와 어떤 관계가 있을까? 이 문제는 일반 단경에서도 언급하고 있는 호흡 이론과 관련된다. 수도와 정좌 전문 서적에서 수없이 언급하고 있는 인체의 기맥에 관한 이론은 대체로 『황제내경』, 『난경』 등 원시 의학의 추상적 관념에 근거한 것으로서, 기기 혹은 기맥이 인체 내부에서 도는 횟수와 작용을 설명하고 있다. 예나 지금이나 수많은 수련인들이 이것을 불변의 진리라 생각해 아까운 시간과 정력을 낭비하고 있다. 이것은 실제적인 것이 아니라 지극히 추상적인 이론일 뿐이다. 이 점에 대해 여기서 명백히 밝히고자 하니 참고하기 바란다.

과거에는 원시의 허술하고 수준 낮은 자연과학적 관점에 입각하여 허다한 사물을 천문(天文)의 숫자나 추상적인 『역경』의 상수(象數)에 집어넣어 해석하곤 했다. 그리하여 수많은 단경 도서에서 인체의 기맥 작용을 『황제내경』이나 『난경』에서처럼 오후(五候), 육기(六氣), 360 주천(周天) 횟수, 팔팔 육십사괘의 관념으로 구분했던 것도 이 때문이다. 그 결과 후세에 이르러 각종 허황한 사이비 이론이 백출하여 이것을 전업으로 하는 사람까지 생겼다. 예를 들어 고대의 가장 오래된 천문학 이론에 따르면 "주천(周天)은 365도 4분의 1이다. 태양은 매일 대지를 한 바퀴씩 돌며 1도씩 옮겨간다. 매 세기(歲紀)는 365도 25각(刻)이다. 태양이 1주천을 행하는 것을 1년이라 한다. 4년을 합친 것을 1기(紀)라 한다"고 했는데, 이 이론으로부터 사람의 몸도 소우주이기 때문에 기맥 운행의 수(數)도 이 규칙에 합치되어야 했다. 이를테면 "사람이 한 번 숨을 내쉬면 맥은 세 치[寸] 이동하고, 한 번 들이쉴 때에도 세 치 이동하니, 한 번 호흡에 도합 여섯 치를 움직인다. 사람은 하루 낮 하루 밤에 도합 13,500식(息)을 행하기 때문에(호와 흡을 나누면 두 배가 되어 27,000식이 됨) 맥은 몸속에서 오십 번 돈다"고 주장한다. 이 설명은 "호흡기(呼吸氣) 270식(息)에 맥은 36장(丈) 2척(尺)을 움직여 일주(一週)를 한다. 50주를 하면 도합 13,500식이며, 맥은 811장을 움직인다. 매일 인시(寅時)로부터 시작하여 묘시(卯時)에까지 이른다"는 주장과 맥을 같이한다. 수도나 정좌를 전문으로 하는 사람들은 이 이론에 따라 조식(調息) 공부를 해 왔다.

　그러나 근본 문제는 고대에는 시간을 재는 표준적인 방법이 없어서 이러한 이론과 숫자가 온통 들쑥날쑥하다는 점이다. 다시 말하면 이러한 숫자의 최대 문제는 신뢰할 만한 근거가 없다는 것이다. 정확한 의학적 경험에 따르면 인간의 호흡은 1분에 평균 18회로서 하루로 치면 평균 25,920회 정도이다. 그리고 맥박은 1분간 평균 72회 정도인데, 이것은 호흡의 4배수이다. 태양계의 운행 역시 25,920년이 한 주기가 되며, 이 숫자는 곧 태양계의 각 행성들이 원래의 위치로 회복하는 데 필요한 시간이기도 하다. 따라서 이것을 태양의 대주기(The Great Sidereal Year)라고 한다.

마음을 편안히 하는 것이 최고의 연기 방법이다

사람의 마음과 몸이 절대적 정지 상태에 있을 수 있다면, 즉 내부적으로는 아무런 생각이나 망상, 근심이나 고뇌가 없고 외부적으로는 아무런 동작이나 노력도 행하지 않으면서 혼미하지 않고 산란하지 않으며 미혹되지 않은 상태에서 자연적 호흡을 계속할 수 있다면, 이렇게 하루라도 행할 수 있다면 체력, 정력, 기력이 저절로 회복되어 원래 상태로 돌아갈 수 있다. 이는 마치 태양계의 행성이 한 바퀴를 돌아 제자리로 되돌아가는 것과도 같다. 이처럼 원래의 충만한 상태가 회복되면 어느 한 순간에 호흡을 따라 왕래하던 기기가 자연스럽게 끊어져 온몸을 가득 채운다. 이러한 지영보태(持盈保泰)의 상태가 만약 진정으로 평정하고 맑고 깨끗한 심리 상태와 결합될 수 있다면 홀연 연정화기와 연기화신의 상태에 이른다. 애석한 것은 허다한 수도인이나 정좌 수련인이 이 이치를 몰라서 단경의 구설(舊說)만 붙들고 거기에다 자기 나름의 그릇된 견해를 덧붙여 이 단계에서 죽자 살자 일호일흡 기공(氣功)만을 행한다는 점이다. 그러니 온종일 토고납신(吐故納新)[56]을 행하면서도 스스로는 연화(煉化) 공부를 하고 있다고 착각

---

56 탁한 공기를 뿜어내고 신선한 공기를 들이켜는 것을 말함. 이렇게 급격히 호흡하는 방법을 토납법이라 부른다.

하는 것이다. 참으로 어리석은 일이 아닐 수 없다. "그 유래를 살피면 부귀는 원래 꿈과 같고 독서를 하지 신선은 아직 없었다〔由來富貴原如夢, 未有神仙不讀書〕"고 하지 않는가! 수양에 힘쓰는 사람이라면 모름지기 연기(煉氣) 공부로서 마음을 편안하게 하는 것보다 좋은 것이 없음을 알아야 한다. 그런 뒤에야 비로소 "이치를 궁구하고 성을 다함으로써 명에 이르는〔窮理盡性以至於命〕" 성과를 거둘 수 있다. 연기 공부의 각종 방법은 건강 증진에도 유익한 것으로 그 종류가 매우 많으니, 여기에 대해서는 따로 논하는 것이 마땅하다.

삼화취정과 오기조원

　도가에서 말하는 연정화기(煉精化氣)의 기(氣)란 어떤 것일까? 전통 의학에서 말하는 기혈(氣血)의 기(氣)와 중풍(中風)의 풍(風)은 도가의 기(氣)와 동일한 것일까? 이것은 모두 중요한 문제이다. 한대(漢代) 이후의 의학에서는 공기의 흐름인 풍(風)과 호흡의 기(氣)를 구분하지 않고 섞어서 사용하였는데, 이것 역시 문제가 있다. 이러한 문제는 모두 개별적이며 전문적인 이론이므로 한마디로 통틀어 말할 수는 없지만, 여기서는 이 주제에 국한하여 살펴보기로 한다.

　앞에서 이미 언급한 바 있지만 기(氣) 개념은 현대 과학의 술어를 빌린다면 '생명력'이라 해석할 수 있다. 표현을 달리하면 정좌나 기타 건강 장수의 방법을 배우고자 하는 사람은 인체의 호흡기(呼吸氣)나 대기 중의 공기를 도가나 밀종에서 말하는 기(氣)와 같은 것으로 이해해서는 안 된다는 것이다. 기를 공기와 같은 것으로 보면 생리적 감각의 범주에 머물러 신경과 피부 및 근육의 반응을 진기(眞氣)의 흐름으로 착각하게 되는데, 이것은 아주 심각한 잘못이라 할 수 있다. 한 걸음 양보해 허파 호흡이나 생리적 반응을 연기(煉氣)의 성과라 여긴다면 도가나 밀종 및 요가의 대동소이한 각종 연기 방법은 줄잡아도 수십 종 내지는 수백 종은 될 것이다. 생리적인 구비(口鼻) 호흡이나 기타 피부 호흡 등이 수련의 기본 요건인 것은 부인할 수 없으나, 이것은 어디까지나 수련을 위한 기본 동작 혹은 도구이지 결코 도가 단법의 본래 모습은 아니다. 이 점을 오해해서는 안 된다.

도가의 양생법에 입각해서 본다면 진정으로 연정화기의 단계에 이르렀을 때는 어떤 현상이 나타날까? 이 점에 대해서는 도가에서 알려져 있는 '삼화취정(三花聚頂)'과 '오기조원(五氣朝元)'이라는 두 가지 말에 유의할 필요가 있다. 삼화와 오기는 모두 비유적인 말이다. 삼화(三花)는 곧 정·기·신이며 오기(五氣)는 곧 심장·간장·비장·폐·신장 혹은 금·목·수·화·토의 오행, 혹은 요가의 표현을 빌린다면 상행기·하행기·중행기·좌행기·우행기라 할 수 있다. 비록 이름은 다르지만 그 내용은 같다. 취정(聚頂)의 정(頂)은 당연히 백회혈(百會穴)을 가리키며, 도가의 니환궁 또는 밀종의 정륜(頂輪)이나 범혈륜(梵穴輪)과도 관련이 있다. 그러나 조원(朝元)의 원(元)에 대해서는 각 주장에 차이가 있다. 어떤 사람은 의학의 경락 이론에 근거해 원을 관원혈(關元穴) 즉 흔히 말하는 하단전으로 파악하며, 어떤 사람은 회음혈 즉 밀종이나 요가에서 말하는 해저(海底)로 본다. 어느 쪽이 옳은지는 아직 정설이 없다. 수련이 지극히 높은 신선이 나타나서 증언한다면 혹 이런 논쟁이 끝날지도 모르겠다. 그러나 학문적 이치나 문자상 해석 그리고 체험에 따르면 원(元) 자는 곧 본원(本源)의 원(源) 자와 통용된다. 바꾸어 말하면 원(元)이라는 것은 곧 '본래 자리'를 가리키는 것이다. 이른바 오기조원이란 인체 내부 장부의 기(氣)가 본래 위치로 되돌아가 충만하고 조화로우며 균형을 이루어 막힌 데가 없는 상태이다.

이상에서 주로 학문적 이치로써 두 구절의 의미를 해석해 보았는데 다음에는 실증적 체험으로써 이를 설명해 보기로 한다.

삼화취정의 현상

정좌 과정 중 정(精)이 기(氣)로 전화되는 단계에서 기경팔맥이 두루 통하는 현상은 앞에서 이미 실증적 예를 들어가며 살펴본 바 있다. 이 단계부터는 점차 신체의 감각이 사라지며, 전신이 어린아이처럼 부드럽고 경쾌하며 말할 수 없이 편안해져 자기가 있는 것 같기도 하고 없는 것 같기도 한 그런 상태에 도달한다. 이때 유일하게 감각이 느껴지는 곳은 두뇌 부위이다. 이 단계에서 다시 고요한 정(定)의 상태가 지속되면 시선이 안으로 되비치는 현상이 나타난다. 여기에 이르러 홀연 거의 완전한 망아(忘我)의 경지로 접어드는데, 정수리의 니환궁 또는 백회혈 부위에서 마치 하늘로 향한 창문이 열려 밝은 빛이 쏟아져 들어오는 듯한 감각이 느껴질 뿐이다. 이 빛이 들어오면 막힌 것이 탁 트이며 비할 데 없이 청량한 감각이 느껴진다. 마치 한 줄기 맑고도 깨끗한 기운이 위로부터 내려와 전신을 적시는 듯하다. 도가의 단경에서 제호관정(醍醐灌頂)이라는 표현이 바로 이 경지를 묘사한 것이다. 그러나 이 단계에 이르러 가장 두려워해야 할 것은, 이치에 밝지 못하거나 사고가 명철하지 못해 티끌만치라도 환상을 갖거나 잠재의식 속에 강렬한 종교 의식이 깔려 있다면 심신(心神)이 규(竅)를 빠져나가 버릴 위험이 있다는 점이다. 여기에다 다시 여러 환각이 합쳐지면 허다한 신비 현상도 발생하는데 이 현상들이 하나하나 없어져야만, 다시 말해 이런 올가미에 걸려들지 않을 때에만 비로소 궁극의 경지에 이를 수 있다.

오기조원의 현상

삼화취정의 현상과 동시에 혹은 조금 뒤에 홀연 호흡이 완전히 정지하는 현상이 나타난다. 이때는 전신이 솜처럼 가벼워지며 따뜻하고 쾌적한 상태에서 이른바 내호흡(단전을 통한 호흡)까지도 전부 정지한다. 이렇게 오랜 시간이 흐른 후 우연히 한 차례 극히 경미한 호흡을 하게 되는데, 이때는 태양이 아름답게 비치는 풍경 속에서 바람 한 점 일지 않고 물결 한 점 출렁이지 않는 상태에서 심신(心身), 내외(內外), 천지(天地), 인물(人物)이 모두 중화(中和)의 본래 자리로 되돌아가 평온을 회복한다. 자기 존재가 있는지 없는지도 모르며 평소의 감각이나 생각이 흔적도 없이 모조리 사라진다.

정좌 또는 수도 공부가 진정으로 삼화취정, 오기조원의 경지에 이를 수 있다면 연정화기의 기초는 일단락되었다고 할 수 있다. 그러나 이러한 기초 작업이 한 번의 우연한 체험으로 그쳐서는 안 되며 지속적으로 유지될 수 있어야 한다. 그뿐 아니라 마음만 먹으면 곧 이러한 상태로 들어갈 수 있을 때에야 비로소 일단락되었다고 할 수 있다. 정좌 과정 중 우연히 이와 유사한 경험을 한 차례 한 것은 눈 먼 고양이 죽은 쥐 잡듯 한 것으로 진실로 삼기에는 부족하다. 여기에서 다시 연기화신의 단계로 나아가기 위해서는 반드시 도(道)와 연계되어야 한다. 여기서부터는 정좌 공부에만 국한되지 않는다.

연기와 화신

정좌와 연신(煉神)의 관계에서 가장 중요한 것은 신(神)에 대한 정확한 인식이다. 일반적으로 신비학에서 말하는 신(神)은 종교적 신과 연계된 것이거나 혹은 신비적 영역에 속하는 것이다. 신비학에서 말하는 신은 어떤 측면에서 종교의 신과 매우 흡사하나 작용 면에서는 차이가 있다. 특히 현대의 신비학은 이미 과학의 영역으로 들어서고 있으며 또 날로 새롭게 발전하고 있다. 이제 순수하게 정좌로부터 출발해 이르게 된 수도의 경지에 대해 말하고자 하면 반드시 전통 의학이나 도가의 단도파에서 말하는 신(神) 개념을 먼저 이해하고 있어야 한다.

신이란 어떤 것인가

『역경』「계사전」에서 언급된 신 개념

"신은 방향이 없고 역은 실체가 없다[神无方, 易无體]."

"음양으로 헤아릴 수 없는 것을 신이라 한다[陰陽不測之謂神]."

『황제내경』「태소본신론(太素本神論)」중의 신 개념

"신비하도다, 신이여! 귀에 들리지 않고 눈에 보이지 않으며 마음으로도 열 수 없으나 의지에 앞선다. 지혜롭게 홀로 깨어 있고 말로 표현할 수 없으며 두루 빠짐없이 보고 어둡기만 한 듯하면서도 환히 홀로 밝으며, 마치 바람이 구름 불 듯하니 이 때문에 신이라 한다[神乎神! 不耳聞, 目明, 心開, 爲志先. 慧然獨悟, 口弗能言, 俱見偏見, 適若昏, 照然獨明, 若風吹雲, 故曰神]."

사마천(司馬遷) 부자(父子)가 말하는 도가적 신 개념

"무릇 사람을 살아 있게 하는 것은 신이며 의지하는 곳은 육체이다[凡人所生者神也, 所托者形也]."

"신이란 생명의 근본이요 육체란 생명의 도구이다[神者生之本也, 形者生之具也]."

"신은 기를 부리고 기는 형체를 이룬다〔神使氣, 氣就形〕."

"성인의 총명을 빌리지 않는다면 누가 능히 천지의 신을 보존하여 육체의 정을 이룰 수 있겠는가!〔非有聖人以乘聰明, 孰能存天地之神而成形之情哉!〕"

이외에도 한(漢)·위(魏) 이후에 나온 도교『황정경(黃庭經)』에서는 인체 내부에 있는 기관의 기능이 모두 천신의 오묘한 신비와 결부되어 있으며, 오장육부와 세포 하나하나에까지도 모두 하나의 신(神)이 존재한다고 보았다. 여기서도 알 수 있듯이 단도파의 신(神)은 다분히 과학적인 것으로 완전히 종교적인 것만은 아니다.

기화신의 경지

정좌 과정 중 만약 진정으로 삼화취정과 오기조원의 경지에 이르렀다면, 여기서 한 걸음 더 나아가면 자연스럽게 연신(煉神)의 영역에 들어가게 된다. 그러나 연기화신(煉氣化神)의 단계에는 갈림길이 대단히 많아서 연정화기(煉精化氣)보다 더욱 미세하고 분별하기 어렵다. 그뿐 아니라 이 단계에서는 이른바 정신병, 신경 쇠약, 비정상 심리 등과도 유사한 현상이 종종 동반되기도 한다. 지혜로운 판단을 잃어버리면 신경 쇠약 증세를 신통(神通)이라 여기며 자기도취에 빠져 망가지고 만다.

그러나 이 점을 지나치게 걱정할 필요는 없다. 이치에 따라 말하자면 이 단계에서는 정지(正知), 정견(正見)의 지혜도 스스로 개발되어 쉽사리 잘못된 길로 빠지지 않기 때문이다. 그렇긴 하더라도 도(道)와 합일하는 진정한 지혜의 경지는 확실히 적선(積善)의 수양에 의지해야 한다. 평소에 개인적인 정좌의 효과만 기대할 뿐 자신을 버리고 남을 위해 공덕을 쌓는 데에 힘쓰지 않는다면, 비록 평소보다 더욱 총명해지기는 하겠지만 도와 합일하는 진정한 지혜의 종자는 나타나기 어려울 것이다. 요컨대 연기화신의 경지에 대해 말하자면 비단 정좌를 하는 사람 중 진정으로 여기에 이를 수 있는 사람은 결코 많지 않을 뿐 아니라, 도불(道佛) 양가의 단서(丹

書)나 도서(道書) 등에도 명백히 언급된 것이 많지 않다. 설사 묘사한 것이 있더라도 대부분 은어(隱語)로 표현되거나 모호하게 설명하고 있다. 사실 이 단계 이후는 스스로의 신명(神明)에 의지할 수밖에 없다.

이제 정좌와 생리 반응의 관계를 마무리하기 위해 마지막으로 한마디 덧붙여야 할 것 같다. 그런 뒤에야 비로소 정좌와 심리 부분으로 전환할 수 있을 것이다. 이제 연신(煉神)의 과정 중 비교적 쉽게 체험할 수 있는 현상을 제시하여 정좌를 닦는 사람에게 참고가 되고자 한다.

연기화신에 대한 세 가지 물음

(1) 어떻게 해야 비로소 연기화신(煉氣化神)의 단계에 들어갔다고 할 수
있는가?

정좌 과정 중 앞에서 설명했던 일련의 과정을 거쳤다면 진정으로 삼화
취정과 오기조원의 단계에 도달한 것이다. 생리적인 반응으로는 전신이
봄날처럼 따스하고 마치 신체가 없어져 버린 듯 자신을 잊어버린 듯 상서
롭고 부드러운 감각을 느낀다. 이외에는 단지 즐거운 느낌만이 존재하며
어떤 조그만 고통도 동반하지 않는다. 그리고 몸과 마음 전체가 커다란 빛
무리 속에서 목욕을 하는 듯한데, 이 느낌은 특히 머리 부위에서 강렬히
느껴진다. 이때는 우주 전체가 축소되어 자기와 하나가 된 듯하며 자신과
허공이 혼연일체가 된다. 이 상태에 이르러 비로소 연기화신의 경지가 전
면에 드러난다.

(2) 출신(신아출규神我出竅)은 정말 가능한가?

일반적인 도가의 단경 도서에서는 대부분 출신(出神)을 정수리로부터 또
다른 자아인 어린아이를 띄워 올리는 것이라 설명한다. 여기에다 다시 시
월회태(十月懷胎), 삼년포유(三年哺乳), 구년면벽(九年面壁)의 설명을 덧붙

인다. 더욱이 명·청 이후에 이르면 오류파에 의해 이것이 더욱 강조됨으로써 마치 출신(出神)이 성공적인 정좌 수련의 필연적 결과처럼 인식되기에 이르렀다. 사실 출신은 기화신(氣化神)의 단계에서 나타나는 갈림길 중 하나일 뿐이다. 절대로 맹목적으로 이것을 따라서는 안 된다.

여기서는 설명의 편의를 위해 일반 단서(丹書)의 과정을 따라 먼저 신아(神我)의 경계를 분석해 보기로 한다.

① 양신(陽神)

② 음신(陰神)

단도파의 이론과 원칙에 따르면 진정한 출신은 양신(陽神)만을 가리키는 것이다. 양신이라는 것은 피와 살을 가진 육신을 벗어나 유형(有形), 유상(有相)의 모습으로 변할 수 있는 또 다른 자아 생명체이다. 달리 말하면 육체 이외에 육체의 바깥에서 구성되는 또 다른 생명체이다. 모든 언행과 동작은 본래의 육체에서 그러하듯 자유스럽다.

만약 자기 감각으로만 또 다른 한 생명체를 느낀다면, 혹은 일정한 형태를 갖추거나 갖추지 못한 상태에서 자기 육체를 벗어나는 것을 느낀다면, 이것은 다른 사람의 눈에도 띄지 않을 것이며 현실의 물질계에도 접촉하지 못할 것이다. 이것을 음신(陰神)이라 한다. 음신은 마치 꿈속의 몸과 같다. 다르다면 꿈속보다 더욱 뚜렷할 뿐이다.

도가의 수련 이론과 원칙에 따르면 진정으로 양신을 띄워 올릴 수 있는 단계에 이르러야 비로소 정좌나 수도의 성과가 나타난 것으로 본다. 음신은 보통 사람의 경지에 불과하거나 음(陰)의 경지인 귀신의 생명 속으로 떨어진 것으로, 결코 궁극적인 경지가 될 수 없다.

여기서는 양신(陽神)의 유무와 사실 문제에 대해서는 언급을 미루고 먼저 음신(陰神)의 상태를 검토해 보기로 한다. 정좌나 수도를 하는 경우라면 일반적으로 음신은 그다지 심각한 문제라 할 수 없다. 어떤 경우는 아직 연정화기나 연기화신의 단계에 이르기도 전에 이와 유사한 경험을 하는 수가 있다. 그뿐 아니라 수련을 하지 않은 일반인의 경우라도 신체나 정신이 쇠약해지거나 병으로 인해 거의 죽음 직전에 이르면 이와 유사한 현상이 생긴다. 심지어 신경 쇠약이나 정신병 또는 몽유병에 걸린 사람의 경우도 수시로 이와 비슷한 현상이 일어난다. 달리 말하면 음신을 띄워 보낸다는 것은 정신분열증과도 같은 병적 상태로서 절대로 좋은 현상이 아니다. 만약 신경 계통에 이상이 있는 사람이 정좌 수련을 하면 이러한 현상이 쉽게 나타난다. 정좌 과정에서 이러한 현상이 생기는 것은 왕왕 심리적인 잠재의식이 뇌 신경 부위까지 상승한 기기와 합쳐져서 나타나기도 한다. 우리가 심리 연구에 깊은 관심을 갖고 자신의 잠재의식 상태를 관찰하고 반성할 수 있다면 이런 미혹에는 빠지지 않을 것이다. 그렇지만 세상 사람이란 참으로 묘한 데가 있어서 일생 동안 다른 사람에게 기만당하는 경우는 극히 적으며 거의 대부분의 시간과 행위, 생각과 감정이 모두 스스로에 의해 기만당한다. 그리고 이 기만은 깊고도 단단하다. 세속의 삶도 이럴진대 세속을 초월한 법을 닦고자 하는 경우엔 오죽하겠는가. 말을 하다 보니 정말 실소가 나올 일이다.

(3) 연신(煉神)의 상태라는 것이 정말 실재하는가?

필자는 이렇게만 말할 수 있다. 학리적 연구에 따르면 연신(煉神)의 상태는 확실히 존재한다. 그러나 이것은 완벽하게 자유로운 상태에서 행해야만 하는 것이다. 달리 말하면 이는 앞에서 언급했듯이 자기 몸과 마음이 천지 우주와 혼연일체가 되어 한 줄기 깨끗한 광명 속에 융화되어 있을 때, 바로 이때가 자신의 신아(神我)를 인식할 수 있는 초보적 단계이다. 이 후 다시 응신취기(凝神聚氣)를 계속하여 유무(有無)와 대소(大小)를 마음 대로 조절하고 출입이 자유로운 수준에 이르러서야 비로소 연신(煉神)을 할 것인지, 또는 정좌를 통해 도(道)를 체득할 수 있는지를 이야기할 수 있 다. 이 이후의 단계는 실제로 덕(德)과 지(智)를 겸비한 사람, 복덕과 지혜 가 원만히 융화된 사람이 아니면 더 이상 말할 수 없는 것이다. 여기서부 터는 형이하로부터 형이상으로 들어가기 때문이다.

정의 수련과
참선의 요점

『선해여측(禪海蠡測)』에서 발췌 수록

수행의 기초, '정' 공부

불법(佛法) 중 계정혜(戒定慧)는 어느 하나도 빼 놓을 수 없는 것으로, 셋이 모여 하나의 완결한 공부가 된다. 여기서는 정(定)에 대해서만 논하기로 한다. 정(定)은 계(戒)와 혜(慧)의 중심이자 모든 불법을 몸으로 닦아 실제로 체험하는 기초가 된다. 바꾸어 말하면 불법을 닦아 몸으로 체험하고자 하는 사람이라면 먼저 '정(定)' 공부로부터 시작해야 한다는 것이다.

정(定)이 이루어진 뒤에야 비로소 장엄한 '계(戒)'의 본체에 진정으로 이를 수 있으며, 그런 후에야 '혜(慧)'를 계발하여 밝게 통할 수 있다. 불법의 팔만사천법문도 모두 정력(定力)에 의지해서야 깨달음에 이를 수 있다. 어떤 종파의 수련법도 모두 정(定)을 벗어날 수 없으니, 이것을 보아도 정이 얼마나 중요한지 알 수 있다.

그러나 이른바 정(定)이라는 것이 단지 가부좌(흔히 좌선坐禪이라고도 함)만을 가리키는 것은 아니다. 불학에서는 인간의 일상생활을 네 가지 다른 자세 즉 행(行)·주(住)·좌(坐)·와(臥)라는 사위의(四威儀)로 귀결시킨다. '좌(坐)'는 이 네 가지 자세 중 하나일 뿐이다. 따라서 정(定)을 닦고자 한다면 비단 좌(坐)의 자세에서만 정(定)을 이룰 것이 아니라 행·주·와의 자세에서도 정에 들 수 있어야 한다.

그렇긴 하더라도 정(定)을 닦는 시작 단계에서는 좌(坐)의 자세로 임하는 것이 비교적 쉽다.

좌(坐)의 자세도 종류가 무척 많은데, 그 중 정(定)을 닦는 방법만 하더라도 대략 일흔두 가지나 된다. 여러 부처의 설법에 따르면 모든 좌(坐)의 자세 중에서 정(定)을 닦는 데 가장 좋은 것은 가부좌라고 한다.

가부좌 자세로 닦아서 정력(定力)을 얻은 후에는 반드시 행(行)·주(住)·와(臥) 삼위의(三威儀) 속에서도 이를 계속 지켜 나갈 수 있어야 하며, 일상의 업무 처리나 대화 때에도 정(定)의 경계를 잃지 않아야 한다. 이 정도가 되어야만 진정으로 정력(定力)이 견고하다고 할 수 있다.

견고한 정력으로 보리(菩提)를 얻는 것은 마치 나뭇가지를 타고 올라가 과일을 따는 것과 같아 여러 임시방편이 있을 수 있다. 그러나 견지(見地)가 부정확하거나 불철저하면 수행이 자칫 엉뚱한 길로 빠질 수 있다.

이제 수행법의 중점과 개념을 간단히 서술하고자 하는데, 만약 좀 더 나아가 가장 깊은 뜻[奧秘]을 탐구해 보고자 한다면 다른 여러 경전, 특히 『천태지관(天台止觀)』, 『밀종법요(密宗法要)』 등 선관(禪觀)에 대한 경전을 상세히 이해하여 막힘없이 두루 통해야 할 것이다. 여기서는 먼저 좌(坐)의 방법에 대해 말해 보기로 한다.

비로자나불 칠지좌법

(1) 양다리를 올려 결가부좌(속칭 雙盤이라 함)를 취한다. 이 자세를 하기 어려우면 금강좌(오른쪽 다리를 왼쪽 넓적다리 위에 놓음)나 여의좌(왼쪽 다리를 오른쪽 넓적다리 위에 놓음)를 취한다.

(2) 양손은 삼매인(三昧印) 자세를 취한다.(오른 손바닥을 위로 보도록 하여 왼쪽 손바닥 위에 놓고 두 엄지손가락을 가볍게 붙인다.)

(3) 척추를 자연스럽게 세워 마치 엽전을 한 줄에 꿰듯이 한다.(신체가 건강하지 못한 사람은 처음엔 바로 세워지지 않더라도 무리하지 않고 계속 연습해 나가다 보면 자기도 모르게 된다.)

(4) 두 어깨를 편안히 한다.(구부러지거나 일부러 힘을 주어서는 안 된다.)

(5) 머리를 바로 하고 턱을 당긴다.(후뇌를 약간 뒤로 하고 턱을 끌어당겨 목 좌우에 있는 대동맥에 가볍게 압박이 가도록 한다.)

(6) 혀는 입천장에 붙인다.(혀끝을 가볍게 윗니 뿌리의 침샘에 붙인다.)

(7) 두 눈은 반쯤 감는다.(두 눈은 감은 듯 뜬 듯하는데, 만약 눈을 뜨는 것이 정에 들기 쉽다면 눈을 뜨긴 하지만 활짝 떠서는 안 되며 항시 시선을 안으로 갈무리하듯 해야 한다. 눈을 감을 때 쉽게 정에 든다면 눈을 감을 수도 있지만 혼수상태에 빠져서는 안 된다.)

정좌 시 주의사항

(1) 정좌 시 허리띠나 넥타이 등 몸을 압박하는 것을 모두 풀고 신체를 이완시켜 완전한 휴식이 되도록 한다.

(2) 서늘할 때는 양 무릎과 목 뒤쪽을 덮어 따뜻하게 해야 한다. 그렇지 않으면 정좌 시 찬바람과 냉기가 침입하여 약물로도 치료가 힘들게 된다. 이 점을 특히 주의해야 한다.

(3) 처음 정좌를 하는 사람은 공기와 빛 조절에 주의해야 한다. 빛이 너무 강하면 산란해지기 쉽고 너무 어두우면 혼침(昏沈)에 빠지기 쉽다. 앉은자리 1미터 정도 앞에서 공기가 대류될 수 있도록 한다.

(4) 처음 정(定)을 익히는 사람은 배가 너무 부를 때는 정좌를 피해야 한다. 또 몽롱하거나 졸음이 올 때도 억지로 정좌를 해서는 안 된다. 반드시 충분히 자고 난 뒤 다시 정좌를 해야 쉽게 고요한 정(定)의 상태로 들어갈 수 있다.

(5) 처음 시작하는 사람이든 오래 하던 사람이든 반드시 앉은자리에는 방석을 깔아 엉덩이를 2~3촌(약 6~9센티미터) 올려 주어야 한다. 처음 시작하는 사람은 양다리가 마비되기 때문에 4~5촌(약 12~15센티미터) 정도 높였다가 차츰 낮추도록 한다. 만약 엉덩이 부분이 높지

않으면 신체 중심이 뒤로 쏠려 기맥이 막히므로 노력해도 소기의 성과를 얻기 어렵다.

(6) 정좌를 마칠 때는 손으로 얼굴과 다리를 마찰하여 기혈이 움직이게 하고, 자리에 일어나 적당히 운동을 해 주어야 한다.

(7) 앉아 있을 때는 미소를 지어 얼굴 신경을 이완시킴으로써 마음을 편하게 해야 한다. 얼굴 표정을 딱딱하게 굳히거나 냉랭하게 해서 마음이 긴장되도록 해서는 절대로 안 된다.

(8) 처음 연습할 때는 짧게 여러 차례 하도록 한다. 억지로 오래 앉아 있으면 싫증이 날 수 있으니 짧게 여러 번 앉는 것보다 못하다.

정좌를 처음 시작하는 사람은 반드시 자세를 바로 하도록 주의해야 한다. 만약 부정확한 자세가 습관이 되면 고치기가 힘들다. 더욱이 나쁜 자세는 심리와 생리에도 모두 영향을 미쳐 질병이 생기기도 한다. 칠지좌법의 규정은 매우 깊은 뜻을 지니고 있으며 심리와 생리의 자연법칙에도 부합하는 것이므로 꼭 따라야 한다.

인간의 생명은 정신의 왕성함에 의존한다. 따라서 정신을 배양해야 건강한 생명을 이룰 수 있다. 정신을 배양하는 방법은 먼저 마음에 항상 망념이 일어나지 않도록 하고 몸을 편안히 하는 것이다. 마음이 비어야 생리 기능이 비로소 왕성히 이어진다. 생리 기능이 왕성히 이어지고 다른 한편으로 소모를 줄일 수 있다면 자연히 평소보다 정신이 충만한 상태가 될 수 있다.

인간의 정신은 기혈(氣血)의 왕성함과 쇠약함에 따라 활달해지기도 하고 위축되기도 한다. 만약 생각을 과도하게 하여 피로해지면 기혈도 점차 쇠약해진다. 그러므로 몸을 편안히 하면 수명을 다할 수 있고, 생각을 적게 하고 욕망을 끊으면 정신을 배양할 수 있다. 말하자면 신체가 안정 상태를 유지하면 생명의 뿌리가 생겨나고 생각이나 욕망을 버리면 정신이 배양되는 것이다.

고대 의학은 인간의 생기가 기화(氣化)에 의해 충실해지고, 기(氣)의 운행은 맥의 노선을 따라 돈다고 생각했다. 여기서 말하는 맥은 혈관이나 신경이 아니고 체내에서 기기(氣機)가 운행하는 규칙적인 길이다. 기맥 이론은 상당히 미묘한 것이라 일반인들이 이해하기란 쉽지 않다.

『황제내경』에서 말하는 기경팔맥은 고대 도가의 설법에서 파생된 것이다. 도가는 인체 속에 있는 임(任), 독(督), 충(衝) 삼맥이 양생 혹은 신선이 되는 데 가장 중요한 것이라 생각했다. 티베트의 밀종에서는 인체에 삼맥 사륜(三脈四輪)이 있다고 보는데, 이것이 즉신성불(卽身成佛)의 관건이라 생각한다.

밀종에는 『심심내의근본송(甚深內義根本頌)』이 있다. 여기에 나오는 기맥 학설은 『황제내경』이나 『황정경』에 비해 독특한 점이 있다.

밀종과 도가는 비록 모두 삼맥의 수련을 주장하지만 도가는 앞뒤에 위치한 임맥과 독맥을 위주로 하고 밀종은 좌우의 두 맥을 위주로 한다. 수련법은 이처럼 다르지만 둘 다 중맥(中脈, 또는 충맥衝脈이라고도 함)을 관건으로 삼는다는 점은 같다.

선종의 좌선 자세는 비로자나불 칠지좌법을 채택한 것으로, 비록 기맥을 중시한 표현은 분명하게 없지만 좌선의 기능과 효과 면에서 사실상 기맥의 문제가 이미 내포되어 있다.

두 다리를 트는 가부좌는 기(氣)가 위로 뜨지 않도록 해 주며 또 기(氣)를 단전에 가라앉혀 기식(氣息)을 편하게 해 준다. 이렇게 되면 마음이 고요해지고 기(氣)도 흐트러지지 않아 점차 여러 기맥의 움직임을 따라 서서히 중맥으로 되돌아간다. 기맥의 움직임이 중맥에까지 이르고 '맥해심개(脈解心開)'[1] 현상이 나타나면 비로소 망념이 일어나지 않으며, 몸과 마음을 모두 잊을 수 있다. 이 상태에서야 비로소 대정(大定)의 경지에 이를 수 있다. 기맥이 정지되지 않고도 입정(入定)에 들 수 있다고 한다면 이건 절대 불가능한 일이다.

또 보통 사람이라도 몸이 건강하고 정상일 때는 마음이 유쾌해지고 머릿속 생각도 적어 질병이 있을 때와는 전혀 다르다. 정(定)을 닦는 사람이 처음으로 정의 경지에 들면 반드시 몸에서 가볍고 유쾌한 감각을 느끼는데, 그 맑고 상쾌한 맛은 정말 말로 표현하기 어렵다. 이것을 보더라도 심리와 생리는 서로 영향을 주는 한 몸의 양면임을 알 수 있다.

인체의 신경 맥락(脈絡)은 중추 신경을 중심으로 좌우로 분포하여 서로 반대로 교차되어 있다. 그러므로 정좌 시 두 엄지손가락을 가볍게 붙여 둥근 모양이 되게 하는 것도 신체 내 좌우 기혈이 서로 교류되도록 하기 위한 것이다.

인체 내부의 장부와 기관은 모두 척추와 연계되어 있다. 만약 정좌 시 척추가 구부러진 상태라면 자연히 오장도 편안한 상태를 유지할 수 없어 질병이 생기기 쉽다. 따라서 반드시 척추를 똑바로 세워 장부의 기맥을 편

---

1 진정한 정(定)을 얻기 위해서는 '의식의 해탈[意解脫]'이 필요한데 이것을 불가에서는 '의해심개(意解心開)'라 한다. 의해심개가 일어날 때는 마치 심장이 픽 하며 폭발하는 듯한 느낌이 들며 그런 뒤 동시에 맥(脈)도 열린다. 이렇게 의해심개에 이어 몸의 여러 맥이 동시에 열리는 것을 '맥해심개'라 한다.

하게 해야 한다. 그리고 갈비뼈가 압박을 받으면 폐가 수축될 수 있으므로 어깨를 펴고 가슴을 편하게 하여 폐가 충분히 확장될 수 있게 한다.

우리의 후뇌는 생각하고 기억하는 중추 기관인데 목의 양쪽을 통해 동맥과 이어진다. 동맥의 활동을 통해 피가 뇌에 공급됨으로써 뇌 신경의 활동이 증가한다. 정좌 시 후뇌를 약간 뒤로 하고 아래턱을 살짝 끌어당겨 목 양쪽 동맥을 가볍게 압박해 기혈의 운행을 완화시키면 생각이 줄어들어 쉽게 정(定)의 상태로 들어갈 수 있다.

양쪽 치근(齒根)의 침샘에서는 침을 분비해 위장의 소화를 도우므로 혀 끝을 입천장에 붙여 자연스럽게 침이 흐르도록 한다.

눈은 마음을 일으키고 생각을 움직이게 하는 관건이다. 사람은 색깔을 보면 마음이 움직이는데(물론 소리를 들어도 마음이 산란해진다), 이것은 색깔이 시각 기능을 통해 작용함으로써 생긴 것이다. 마음이 산란하면 눈동자가 쉴 새 없이 움직이고, 교만하면서도 심사가 산란하면 두 눈을 항상 위로 치뜨게 된다. 음침하고 생각이 많은 사람은 눈을 아래로 깔며, 사악하고 음험한 사람은 눈이 항상 좌우 양쪽으로 치우쳐 있다. 정좌 시 눈을 반쯤 감는 것은 마음을 안정시키는 효과가 있다.

정좌를 할 때는 옷을 느슨하게 하여 몸을 편안히 해야 하며 항상 미소를 지어 정신을 유쾌하게 하는 것이 좋다. 이러한 것은 모두 정좌하여 정(定)을 닦는 데 중요한 요건들이다.

그러므로 좌선의 자세는 기맥과 밀접한 관계가 있다. 비록 선종에서는 기맥을 전문적으로 언급하지는 않지만 그 속에 이미 기맥의 조화에 관한 문제가 포함되어 있다. 그러나 기맥을 닦는 데만 매달린다면 '신견(身見)'이 생기기 쉽고 더욱이 개인의 아집(我執)을 강하게 할 수 있어서 올바른 깨달음을 얻는 데 큰 방해가 된다.

정좌 자세는 아주 중요하다. 자세를 제대로 하지 않으면 등과 허리가 휘어져 반드시 질병이 생긴다. 수많은 정좌 수련인들이 기(氣)가 막히거나 토혈(吐血)을 하는 등 이른바 선병(禪病)에 시달리는 것도 모두 부정확한 자세에서 기인한 것이 많다. 그러므로 정좌를 행하는 사람은 반드시 자세에 대해 세심한 주의를 기울여야 한다.

정확한 방법과 자세를 취한다면 신체 본래의 작용이 나타나서 신체 내의 기기(氣機)가 자연스럽게 움직이며 신체의 기능도 활발해져 큰 즐거움을 느낄 수 있다. 이것은 몸과 마음의 동(動)과 정(靜)이 서로 교차되면서 나타난 현상이다.

이러한 현상에 집착하거나 혹은 참된 것이라 생각해서는 안 된다. 현상은 어디까지나 현상일 뿐 머지않아 과거로 사라진다. 현상에 집착하면 마경(魔境)에 빠져들게 되며 바깥의 엉뚱한 것을 구해 쫓아다니게 된다.

정(定)을 닦는 방법이 정확하면 몸과 마음에 반드시 좋은 결과가 나타난다. 예컨대 머리가 시원하고 눈과 귀가 밝아지며, 호흡이 단전에 이르도록 깊어져 온몸이 편안해지고, 아무리 거친 음식도 산해진미처럼 느껴진다. 병이 있는 사람은 약을 먹지 않아도 치유되고 몸속에는 힘이 넘쳐난다. 정(定)의 수련이 이 단계에 이르면 마땅히 소모를 줄여야 한다. 음욕을 자제하지 못하면 기맥이 막혀 몸과 마음의 병을 얻을 수 있다.

선정의 입문법

선정과 지혜의 학문을 닦으면서 가장 중요한 것은 결심과 원력(願力)이다. 불학에서는 이것을 발심(發心)이라 한다. 다음으로 중요한 것은 수행에 필요한 복덕(福德) 자량(資糧)[2]이다. 어느 때 어느 곳에서든 선(善)을 행함으로써 수행을 가능하게 하는 기본 양식인 선의 과보를 쌓아 두어야 한다. 원력과 결심이 있고 다시 수행에 필요한 조건과 환경이 갖춰져야 비로소 입도(入道)할 수 있고 성공을 기대할 수 있다.

현교(顯敎)와 밀종(密宗)의 수련법은 모두 사무량심(四無量心)[3]을 중시한다. 만약 수련자에게 큰 원력과 선행이 없다면 반드시 엉뚱한 길로 접어들게 된다. 수행의 성공은 바로 원력과 자량에 달려 있다고 할 수 있다.

흔히 말하기를 일을 잘 하려면 먼저 도구를 잘 갖춰야 한다고 한다. 성공은 유용한 도구에 달려 있다고도 할 수 있다. 선정(禪定)을 닦는 것도 마찬가지이다. 선정을 닦는 도구는 밖에서 찾아서는 안 된다. 우리의 육근(六根)이 가장 좋은 입문 도구이다.

---

2 양식 또는 더 광범위하게는 돈과 양식으로 인간 생존의 근본이 되는 것.

3 네 가지 광대한 이타심. 즉 무수히 많은 중생이 고통을 벗어나 즐거움을 얻게 하기 위해 일으키는 자(慈), 비(悲), 희(喜), 사(捨)의 네 가지 마음을 말한다.

우리의 육근(六根, 안眼·이耳·비鼻·설舌·신身·의意)은 바깥에 있는 육진(六塵, 색色·성聲·향香·미味·촉觸·법法)을 향해 있으며 항상 거기에 끌려 다님으로써 본래 성품을 잃어버리고 만다. 『능엄경(楞嚴經)』에서는 육근을 육적(六賊)이라 표현한다.

"눈, 귀, 코, 혀 및 몸과 마음 여섯이 바깥의 도적을 끌어들여 스스로 가보를 빼앗기니, 무시이래 중생 세계가 여기에 얽혀들어 기세간을 초월하지 못한다〔現前眼耳鼻舌及與身心, 六爲賊媒, 自劫家寶, 由此無始衆生世界生纏縛, 故於器世間不能超越〕."

이제 수행인이 선정을 통해 참된 본성을 회복하고자 한다면 바로 이 육근을 도구로 해야 한다.

어떻게 육근을 도구로 하는가

안·이·비·설·신·의 육근 중 임의로 하나를 택하여 거기에 온 마음을 묶어 두면 된다. 이렇게 계속 연습하다 보면 마침내 초보적인 지(止)의 경지에 이른다. 그러나 하나의 근(根)마다 수없이 많은 방법이 있어서 일일이 말하자면 대단히 복잡하다. 부처는 한 생각 속에도 팔만사천번뇌가 있다고 했다. "부처가 말한 일체의 법은 일체의 마음을 제도하기 위한 것인데, 나에게 일체의 마음이 없으니 어디에다 일체의 법을 쓰랴[佛說一切法, 爲度一切心, 吾無一切心, 何用一切法]"는 말도 있다. 사람마다 성격이나 습관, 기호 등 이를테면 근기가 모두 다르니 각자 자기에게 적합한 방법을 선택해야 할 것이다. 다음에는 일반적으로 알아야 할 몇 가지 방법을 열거해 처음 정(定)을 닦는 사람들에게 참고가 되도록 했다. 더 깊이 알고자 한다면 현교와 밀종의 경(經)과 논(論)을 연구해야 한다.(『능엄경』에는 '이십오위보살원통법문二十五位菩薩圓通法門'이 있는데 여기에 대다수 방법이 포괄되어 있다.)

안색 법문

안색(眼色) 법문은 다음 두 가지로 나누어진다.

(1) 물체에 묶는 법

하나의 물체를 응시하면서 정(定)을 닦는 방법이다. 이 방법은 눈이 가는 곳에 불상(佛像)이나 다른 물건(약간 빛이 나는 것이 좋음)을 놓고 정좌 시 가볍게 이 물체를 바라보듯이 하는 것이다.

빛의 색깔은 각자의 생리나 심리에 맞도록 선택한다. 예컨대 신경이 과민하거나 혈압이 높은 사람이라면 녹색 광선이 좋고, 신경이 쇠약한 사람은 홍색 광선이 좋으며, 성격이 급한 사람은 청색의 부드러운 광선이 좋다. 이것은 각자의 상황에 따라 결정하는 것이지 정해진 색이 따로 있는 것이 아니다. 그렇긴 하더라도 한 가지를 택한 후에는 다시 변경하지 않는 것이 좋다. 자주 바꾸는 것은 번거로울 뿐 아니라 유익하지도 않다.

(2) 빛에 묶는 법

이 방법은 눈으로 빛을 응시하는 것이다. 정좌를 시작하면서 눈길이 가는 곳에 조그만 등을 하나 놓아둔다.(단 식물성 기름을 사용하는 등에 한한다.)

혹은 향이나 초에서 나는 빛이나 일월성신(日月星辰)의 빛 등을 사용하는 데(최면술사가 사용하는 수정구의 빛도 좋다), 눈으로 이 빛을 응시하면 된다. 응시할 때는 빛의 정면에서 약간 비키는 것이 좋으며 이 밖에 허공을 바라보고 있어도 무방하다. 공중에서 자연스럽게 나타나는 빛깔을 바라보거나 혹은 거울을 보거나 혹은 물이나 불의 색깔을 바라보는 등의 방법도 모두 이 범주에 속한다. 그러나 한 가지 특별히 주의할 것은 거울 속의 자신을 들여다보는 방법이다. 이 방법은 자칫 정신분열이나 혼이 분리되는 증세를 일으키기 쉬우므로 가볍게 시험해서는 안 된다.

이러한 방법은 불가나 도가 및 외도(外道)에서도 다같이 사용하는 것이다. 한 가지 알아 두어야 할 것은, 불법의 입장에서 볼 때 이러한 방법은 초학자들이 쉽게 입문할 수 있도록 도와주는 것일 뿐이라는 사실이다. 만약 방법에만 집착하여 이것이 참된 것이라 믿는다면 마경(魔境)이나 외도(外道)에 떨어지게 된다. 이러한 방법에 사로잡혀 마음이 혼란해지면 자연히 지(止)의 경지에 이를 수 없기 때문이다.

수련하는 과정에서는 갖가지 현상이 나타날 수 있다. 예컨대 광색(光色)의 경계에서는 환상이 나타나기 가장 쉽고 안신통(眼神通) 현상이 발생할 수 있다. 만약 밝은 스승의 지도가 없으면 대단히 위험하며 곧바로 마도(魔道)에 빠질 수 있다.

상근기(上根器)의 사람은 있는 듯 없는 듯, 관심을 두는 듯 마는 듯이 하여 색진(色塵) 속에서도 역시 활연하게 개오(開悟)할 수 있다. 그러나 일반 사람들에게도 이것을 기대할 수는 없다. 석가모니는 새벽 별을 보고도 도를 깨쳤는데, 이 밖에 어떤 물체를 보고도 홀연 본성을 꿰뚫어 보는 경우도 있다.

선종의 고덕 중 영운(靈雲) 선사는 복사꽃을 보고 도를 깨쳤는데 아주 특이한 예라 할 수 있다. 그는 깨달은 후 이런 게송을 남겼다. "삼십여 년 검객을 찾았으니 몇 번이나 낙엽 지고 새 가지 솟았던가, 복사꽃 한 번 보고 난 뒤에는 지금에 이르도록 다시 의심하지 않았네[三十年來尋劍客, 幾回落葉又抽枝, 自從一見桃花後, 直至如今更不疑]." 훗날 어떤 사람이 그가 갔던 길을 따라가 역시 다음과 같은 게송을 남겼다. "영운이 한 번 보고 다시 보지 않으니 붉고 흰 가지가지 꽃이 흐릿하고, 배 위에서 낚시하다 견디지 못한 자가 뭍으로 돌아와 물고기와 새우를 흔든다[靈雲一見不再見, 紅白枝枝不著花, 回耐釣魚船上客, 却來平地摝魚蝦]." 만약 제대로 이 한 발짝을 내디딜 수 있다면 이런 소소한 방법에는 자연히 구애받지 않을 것이다.

이성 법문

이성(耳聲) 법문 역시 안과 밖 두 가지로 나눌 수 있다.

(1) 내적인 이성 법문

이 방법은 자기 체내에서 염불이나 주문, 독경(讀經) 소리 등을 만들어 내는 것이다. 염(念)의 방법은 세 가지가 있으니 큰 소리로 외거나, 작은 소리로 외거나(불경에서는 금강염金剛念이라 함), 마음의 소리로 외는(불경에서는 이를 유가염瑜伽念이라 함) 방법이 있다. 욀 때는 귀로 그 소리를 들어야 한다. 한편으로 외면서 한편으로 그 소리를 자기 내면에서 듣는 것이다. 처음에는 이어지지 않고 여기저기 끊어진 소리만 들리지만 차츰 집중하면 마침내 마음이 고요히 정지된다.

(2) 바깥의 이성 법문

이 방법은 외부의 소리를 대상으로 삼는다. 어떤 소리든 가능하지만 가장 좋은 것은 물 흐르는 소리나 폭포 소리, 또는 풍경 소리나 범패 소리 등이다. 외부의 소리를 듣는 이 방법은 가장 쉽게 정(定)에 이를 수 있는 길이다. 『능엄경』의 '이십오위보살원통법문(二十五位菩薩圓通法門)' 중에서도 관음(觀音) 법문이 가장 좋은데, 이 법문은 소리를 들으면서 입도(入道)하는 것이다. 그러므로 "이 방법이 진정한 가르침의 본체이니 청정함이 소리를 듣는 데에 있다〔此方眞敎體, 淸淨在音聞〕"고 한 것이다.

처음으로 마음이 오직 소리에 집중되었을 때 혼침에 떨어지지 않고 산란하지도 않다면, 즉 가볍고 부드러우며 자연스럽게 이 전일(專一)한 상태가 유지될 수 있다면 바로 정(定)을 얻은 것이다. 다시 늘 이렇게 닦아 나가다 보면 어느 날 홀연 고요한 경지에 들어서 일체의 소리가 들리지 않게 된다. 이것은 고요함이 극에 달한 경지로 정(定)의 상(相)이 출현한 것이다. 불경에서는 이것을 '정결(靜結)'이라 한다.

정결(淨潔)이 출현했을 때 이 경지에 탐닉해서는 안 된다. 동(動)이 하나의 현상이라면 정결(淨潔) 역시 정(靜)의 한 현상으로서 동과 정 두 현상으로부터 벗어나야 한다. 그리하여 동정(動靜)에 머물지도 떠나지도 않는 중도를 깨쳐야 한다. 이때가 되면 바로 정(定)의 경계에서 지혜를 보는 '관혜(觀慧)'의 영역으로 들어간다.

지혜를 보고 성을 분별하는 것〔慧觀聞性〕은 동정(動靜)에 속하는 것이 아니어서 동정과는 관계가 없다. 그것은 끊어지지도 이어지지도 않으며 생겨나지도 없어지지도 않는 본체이다. 그러나 이것도 아직은 점수(漸修)의 단계에 속한다. 선종의 고덕(古德) 중 많은 사람이 점진적 과정을 거치지 않고 한 소리를 듣는 순간 성공했다. 한 소리를 듣는 찰나에 돈오하여 해탈을 얻었기에 선문(禪門)으로 입도(入道)한 사람들은 관세음보살의 소리를 듣는 법문을 대단히 중시한다.

예컨대 백장(百丈) 선사 문하의 어떤 승려는 종소리를 듣자 깨우쳤는데, 당시 백장은 "훌륭하도다, 이것이 바로 관음보살의 입도 방법이다〔俊哉, 此

乃觀音入道之門也]"라고 했다. 이외에도 향엄(香嚴)은 돌멩이가 대나무에 부딪치는 소리를 듣고 견성(見性)했고, 원오(圓悟)는 닭의 날갯짓 소리를 듣고 도를 깨쳤다. 원오 선사가 읊은 "훈풍은 남쪽에서 불어오건만 대궐 모퉁이엔 서늘한 바람 인다[薰風自南來, 殿角生微涼]"는 구절이나, 당나라의 연애시 구절 "소옥을 불러댄 것이 원래 별일 아니거늘, 어찌 우리 낭군 그리도 잘 알아들을꼬[頻呼小玉原無事, 祇要檀郞認得聲]" 등은 한 마디 말로 사태의 핵심을 찔러 들어가는 것으로 참으로 위대하고 그지없이 아름답다.

소리를 듣고 깨친 사람도 많지만 죽을 때까지 "동정 두 현상이 결코 생겨나지 않는다[動靜二相, 了然不生]"는 것을 깨닫지 못하는 사람 또한 적지 않다.

외부 경계의 소리를 떠나 그것과 전혀 무관할 정도가 된다면 자연히 고요한 정(定)의 상태에 접어든다. 그러나 정(定)의 상(相) 역시 고요한 경계로서 동정(動靜)의 두 현상 중 하나일 뿐이다. 인간의 몸과 마음은 본래 동과 정의 두 현상 속에 있다. 이 점을 분명히 알지 못하고서 정(定)의 상태가 곧 본체인 자성(自性)이라 생각한다면 바로 외도(外道)의 견해가 된다. 반대로 이 단계를 뛰어넘을 수 있다면 이미 입문(入門)했다고 할 수 있다.

비식 법문

이 방법은 호흡하는 기(氣)를 통해 정(定)을 닦아 얻는 것이다. 이때 호흡이 점차 미세해져 고요히 정지되는 것을 '식(息)'이라 한다. 무릇 기맥(氣脈)의 수련이나 각종 기공(氣功) 및 수식(數息), 수식(隨息)의 방법은 모두 비식(鼻息) 법문에 속한다. 천태종과 밀종에서는 이 방법을 가장 중시한다.

이 법문의 최고 원칙은 심식상의(心息相依) 즉 마음과 호흡이 서로 의지하게 하는 것이다. 생각이 지나치게 많은 사람, 마음이 산란한 사람은 이 법문을 활용해 마음을 통제함으로써 비교적 쉽게 효과를 볼 수 있다. 정(定)을 얻은 후 더욱 세밀히 체험해 보면 마음과 호흡이 본래 서로 의지해 생명을 이루고 있음을 알게 된다.

사람의 사려(思慮)는 기식(氣息)을 쫓아 일어나므로 기식의 작용은 곧 사람의 사려가 바깥으로 표출된 것이다. 따라서 기(氣)가 정(定)에 이르러 생각이 고요해지면 곧바로 '크게 고요한 상태[大靜]'에 이르게 된다. 그러나 기식을 쫓아 사려가 일어나는 것이나 '크게 고요한 상태'에 이르는 것은 모두 본성의 작용일 뿐 도(道)의 본체가 아니다.

도가에서는 선천일기(先天一氣, 先天一炁라고도 함)가 흩어지면 기(氣)가 되고 모이면 형체를 이룬다고 하며, 외도에서는 일반적으로 기(氣)가 성명

(性命)의 근본이라 생각하지만 이는 대단히 잘못된 생각이다. 만약 물질을 인식하면서 마음이 미혹되어 본체인 성(性)이 작용하고 있음을 알지 못하고 자기 마음을 잃어버린다면, 즉 본체인 성(性)이 곧 용(用)이 되는 이치를 이해할 수 없다면 이것 역시 외도(外道)와 정법(正法)이 갈라지는 곳이라 할 수 있다.

먼저 자신의 자성(自性)을 깨닫고 점차 공부가 심식상의(心息相依)에 이르러 마음과 물질의 뿌리가 하나[心物一元]라는 것을 체험하면 비로소 일체의 법문이 모두 공부를 위한 방편에 불과하다는 것을 알게 된다.

신촉 법문

　이 법문은 광의와 협의의 두 가지 것이 있는데, 광의의 신촉(身觸)[4] 법문이란 일체의 육근(六根) 법문을 모두 포괄하는 것이다. 이들 육근 법문은 모두 신체의 근(根)에 의지해 닦아 나가는 것이기 때문이다. 다시 말하지만 우리에게 이 몸이 없다면 육근이 어디에 기댈 수 있겠는가? 그러므로 모든 법문은 신체의 근(根)에 의지해 닦아 나가는 것이다.

　협의의 신촉 법문은 주의력을 신체의 어느 부분 예컨대 양미간, 정수리, 배꼽 밑, 족심(足心), 미려(尾閭), 회음(會陰) 등에 집중하는 것이다. 정좌 시 관상(觀想)을 하거나 기식(氣息)을 지키거나 기맥을 수련하는 등의 방법은 의식을 한 곳에 집중하는 것으로 모두 이 법문에 속한다.

　신촉 법문은 수련하는 사람이 쉽게 신체상의 반응을 느끼도록 한다, 예를 들면 어떤 종류의 감각, 촉각, 서늘하거나 따스함, 부드러움, 매끄러움,

---

4 신촉 법문에는 광의와 협의의 두 가지가 있다. 광의의 신촉 법문은 모든 육근(六根) 법문을 포괄하며, 협의의 신촉 법문은 주의력을 신체의 특정 부분, 예를 들면 양미간 사이나 정수리, 하단전, 발바닥 가운데, 회음혈 등에 전적으로 집중한다. 신촉 법문은 현재 널리 수용되고 있는데, 그 이유는 신체상의 반응이 쉽고 빠르게 느껴지기 때문이다. 하지만 이 때문에 쉽게 상(相)에 사로잡히는 단점도 있다. 선종의 고승들이 기맥(氣脈) 문제를 일체 언급하지 않는 것도 배우는 자들이 상(相)에 붙들리지 않도록 하기 위함이다.

막히는 듯한 느낌을 갖게 해 주며, 어떤 때는 여러 종류의 반응과 감각을 동시에 느끼게도 한다. 이로 인해 사람들로 하여금 현상에 쉽게 집착하게 하는데, 예컨대 기맥의 현상으로 도력(道力)의 깊고 얕음을 판단하려 함으로써 도리어 현상에 집착하게끔 한다. 바로 『금강경(金剛經)』에서 말한 아상(我相), 인상(人相), 중생상(衆生相), 수자상(壽者相)과 같은 것이다. 밀종과 도가의 수련법은 이러한 오류에 쉽게 빠져들게 하는데, 이것 역시 '법집(法執)'⁵으로서 가장 떨쳐 버리기 어려운 것이다.

수행인에게 가장 어려운 것은 신견(身見)을 벗어나는 일이다. 황벽(黃壁) 선사도 늘 "신견이 가장 잊기 힘들다[身見最難忘]"고 탄식했다. 『원각경(圓覺經)』에서도 "망령되이 사대를 자기 몸이라 생각하고 육진의 그림자를 자기 마음이라 여긴다[忘認四大爲自身相, 六塵緣影爲自心相]"고 했다.

어떤 사람은 이렇게 말할 수도 있다. "공부가 아직 성인의 언저리에 이르지도 못했는데 어떻게 신견(身見)이 없어진 경지에 이를 수 있겠는가? 그렇긴 하더라도 "헛된 것을 빌려 참된 것을 닦듯이[借假修眞]", 사대(四大)의 가합(假合)에 불과한 신체를 빌려 우리의 진정한 본성을 닦는 것은 몸을 하나의 방편 법문으로 삼는 것으로, 이 역시 도(道)에 들어가는 하나의 수행 방법이 아니겠는가?"

옳은 말이다. 그렇지만 이 법문을 사용할 때는 그림자에 현혹되어서는 안 된다. 즉 그림자를 참된 것으로 받아들여서는 안 된다. 만약 잘못 인식한다면 스스로 헤어나기가 대단히 어렵다. 노자가 말한 "나에게 큰 근심이 있는 것은 내게 몸이 있기 때문이다[我所以有大患者, 爲我有身]"라는 말은

---

5 모든 존재[法]에 고정 불변하는 본질이 있다고 집착하는 것이다.

참으로 지극한 이치를 갖춘 명언이다. 그러므로 선종의 고덕들은 절대로 기맥을 논하지 않았는데 배우는 사람들이 상(相)에 집착하지 않도록 한 것이다. 이러한 배려는 실로 대단히 고명(高明)한 것이다.

의식 법문

　이것은 일체의 법문을 모두 포괄한다. 확대해서 말하면 팔만사천법문이요, 대략 말하자면 『백법명문론(百法明門論)』에 열거된 것들이다. 앞에서 언급한 법문들은 비록 오근진경(五根塵境)[6] 및 오근의 인식 기능인 오식(五識)과 연관된 것이지만, 이 오식은 모두 의식에서 나온 것이다. 오식(五識)은 사실 다섯 개의 꼭두각시에 지나지 않는다. 꼭두각시 뒤에는 조종하는 실이 연결되어 있는데, 이 실을 움직이는 중심 힘이 바로 의식(意識)이며, 이 실을 당기는 사람이 바로 심왕(心王) 즉 우리의 마음이다.

　일체의 법상(法相)은 모두 마음에서 생겨난 것이므로 일체 법문도 모두 의식에서 만들어진 것이다. 그렇지만 여기서는 다소 무리일지 몰라도 의식자성(意識自性)을 하나의 독자적인 법문으로 제기하여 검토해 보고자 한다. 관심(觀心)이니 지관(止觀)이니 참선(參禪)이니 하는 방법도 당연히 이 의식 법문에 속한다.

　관심(觀心) 법문을 시작할 때, 보이는 대상으로서의 마음은 결코 자성(自性)의 참된 마음이 아니라 생멸(生滅)하는 한 생각으로서, 말하자면 망념(妄念)이다. 정좌하여 마음을 살필 때는 단지 이것을 안으로 살피기만 하면 된다. 자신의 의식 속에 생멸하는 망심을 찾아 그것이 일어났다 사라지는 자취를 따라가는 것이다. 이렇게 생멸하는 마음을 끊임없이 내관(內觀)[7] 하면 어느 땐가 생멸하는 마음이 홀연 끊어진다. 이때가 되면 앞생각은 이미 없어져 살필 도리가 없고 뒷생각은 아직 일어나지 않아 역시 살필 도리가 없다. 앞생각은 이미 공(空)이고 뒷생각은 아직 일어나지 않았으니 그 본체는 바로 공적(空寂)[8]이다. 이 상황은 마치 코끼리가 강을 건너는 것 같다. 거대한 코끼리는 엄청난 힘이 있어서 아무리 물살이 급해도 거리낌 없이 물살을 헤치며 흐르는 물을 잘라 버린다. 이것이 바로 지(止)의 경지로서 불교에서 '사마타(奢摩他)'라 부른다.

그러나 이러한 지(止)의 경지는 결코 궁극의 근본이 아니며 단지 공(空)과 유사한 정지(靜止)의 경지일 뿐이다. 본체의 차원에서 본다면 유(有)는 공(空)에서 생긴 것이요, 공(空)은 유(有)에 의거하여 세워진 것이다. 생(生)과 멸(滅)은 진여(眞如)가 작용으로 드러난 것으로, 진여가 바로 생멸의 본체이다.

이것을 간파하여 어느 한쪽에서도 중도(中道)를 보아 낼 수 있고, 그리하여 변견(邊見)도 버리고 중도(中道)마저 던져 버릴 수 있을 때 바로 "지혜를 보는(觀慧)" 경지에 이를 수 있는데, 이를 불교에서 '비파사나(毘鉢舍那)'라 한다.

지관(止觀)을 닦아 이룬 뒤 이것을 계속 수지(修持)해 나가면 자연히 정

---

6 오근 즉 안이비설신(眼耳鼻舌身)의 대상이 되는 색성향미촉(色聲香味觸)을 말한다.

7 바깥에서 구하지 않고 안으로 돌려 관찰하는 것. 여기에는 두 층차의 수련이 있다. 하나는 내부의 특정 형체를 살피며 산란한 마음을 잠재우는 것이요, 다른 하나는 형체가 아닌 마음 자체를 살피는 것이다.

8 아무런 모습이 없는 것을 공(空)이라 하고 생겨나지도 않고 소멸되지도 않는 것을 적(寂)이라 한다.

(定)과 혜(慧)를 모두 갖춘 열매를 얻는다. 여기서 다시 한 걸음 한 걸음 계속 닦아 나가는 것은 십지보살(十地菩薩)이 한 단계 한 단계[一地一地] 앞으로 나아가는 것이요, 마침내는 원만한 보리를 증득하는 것이다.

천태학이나 밀종 황교(黃敎)의 보리도거론(菩提道炬論), 중관(中觀)의 정견(正見) 등은 모두 이 수련의 범위에 속한다.

참선 법문을 말하자면 초기 선종에서는 학인(學人)들에게 어떤 법문도 가르치지 않았다. 이른바 "언어가 끊어지고 생각이 사라진[言語道斷, 心行處滅]" 상황에서 어떤 법문을 할 수 있겠는가? 그러나 후대에 이르러 참선 수행인들은 화두를 붙들거나 의심을 일으키거나 공부를 하는 방법을 사용하게 되는데, 이들은 사실 모두 의식을 활용하는 방법이다.

그렇지만 의식을 활용하여 입문하더라도 선종의 방법은 기타 법문과는 다르니, 그것은 의정(疑情)을 용(用)으로 삼는 점이다.

의정(疑情)이란 무엇인가? 의정은 결코 지관(止觀) 법문에서처럼 관심(觀心) 혜학(慧學)이 아니며, 『백법명문론』에서 열거하고 있는 '의(疑)'도 아니다. 의(疑)와 정(情)이 연계되면 곧바로 제팔 아뢰야식으로 깊이 들어가 질(質)을 수반하며 생겨나니, 마음과 몸은 원래 서로 분리할 수 없는 하나이다. 그러나 깨달음을 얻지 못한 자는 마치 가슴속에 무언가 막혀 있는 것 같아 뽑아 내려 해도 뽑히지 않다가 적당한 기회와 환경이 갖추어지면 어느 날 한순간에 확 트여 돌파할 수 있다. 그러기에 "신령스러운 빛이 홀로 빛나 진애의 뿌리를 멀리 벗어난다[靈光獨耀, 迥脫根塵]"고 했으며 "무릇 모든 상은 다 허망하다[凡所有相, 皆是虛妄]"고 했다.

정과 혜의 모습

소승 불교는 계(戒)로부터 입문한다. 계율을 지킬 수 있어야 정(定)을 얻을 수 있으며, 정(定)을 얻어야 비로소 지혜(慧)를 열어 해탈에 이를 수 있고, 최후에는 해탈지견(解脫知見)의 경지에 도달할 수 있다고 한다. 대승 불교에서는 보시(布施), 지계(持戒), 인욕(忍辱), 정진(精進)으로부터 시작해 선정(禪定)에 이르고 최후에 반야(般若)에 이른다고 한다.

불법에서 말하는 지(止)니 관(觀)이니 하는 것은 모두 선정과 지혜 즉 정혜(定慧)를 얻기 위한 것으로, 수행의 첫걸음에 불과하다. 육근(六根)을 사용하는 방법으로부터 팔만사천법문이 파생된 것이니 일체 법문의 시작은 모두 생각을 고요히 정지시키는 것이다. 생각이 정지된 상태가 곧 정(定)이며, 그 정도는 공력(功力)의 깊고 얕음에 따라 차이가 있다.

정(定)을 닦는 방법으로서 어떤 사람은 유(有)로부터 즉 유위법에 입각해 공(空)으로 진입하며, 어떤 사람은 공(空)으로부터 시작해 일체의 유(有)를 제거함으로써 묘유(妙有)의 작용을 알게 된다. 법문은 많지만 목적은 오직 하나로, 바로 정에 이르기 위한 것이다. 이제 먼저 정(定)의 현상을 말해 보기로 하자. 무릇 마음을 어느 하나에 묶어 고요히 머물러 있도록 하는 것이 지(止)의 경계인데, 이것이 바로 정(定)에 들어가는 기초이다.

무엇이 '정'인가

정(定)은 산란하지도 혼침에 빠지지도 않으며, 깨어 있으면서도 적적(寂寂)하고 적적하면서도 깨어 있는 것이다.

또 이렇게도 말할 수 있다. 마음은 이미 고요해졌지만 결코 죽어 버린 것이 아니다. 그래서 깨어 있다고 한 것이다. 말하자면 불이 꺼지긴 했어도 재 속에 불씨가 살아 있는 것과 같으니 이처럼 깨어 있으면서도 고요한 경지가 바로 정(定)이다.

"마음에 의지하지 않고 몸에도 의지하지 않으며 의지하지 않는다는 것에도 의지하지 않는[不依心, 不依身, 不依也不依]" 경지에 이른 것, 다시 말해 생각이 마음에 기대지 않고 몸에만 붙들려 있지도 않으며, 심지어 기대지 않고 붙들려 있지 않는다는 것조차 벗어 던진 것, 이것이 바로 정(定)이다.

정(定)을 처음 닦기 시작할 때는 대개 산란하지 않으면 혼침에 빠지고, 혹은 잠시 산란했다가 혼침에 빠졌다가 하기를 계속한다. 사실 우리는 날마다 이렇게 살고 있다. 한평생을 이렇게 살면서도 스스로 알지 못하고 있을 따름이다. 다음에는 먼저 산란(散亂)함 또는 혼침(昏沈)함 두 현상에 대해 살펴보기로 하자.

(1) 산란함

생각이 거친 것이 '산란(散亂)'한 것이며 약간 산란한 것을 '도거(掉擧)'라 한다.

정(定)을 닦는 사람이 생각을 한 곳에 묶어 두지 못해 온갖 망상이 일어나는 것, 즉 머릿속이 각종 생각이나 연상, 기억, 반연(攀緣)[9] 등으로 온통 뒤얽혀 한 곳에 집중할 수 없는 것을 세밀하지 못하여 산란한 '조산(粗散)'이라 한다.

마음이 그다지 산란하지 않아 어느 한 곳에 묶인 것 같으면서도 망념이 조금은 일어나는 상태, 마치 미세한 먼지들이 아지랑이처럼 어른거리는 정도에서 다른 어떤 것도 끼어들지 않는 상태, 그렇지만 아직까지는 약간의 졸음기가 남아 있는 듯하여 마치 "고삐 풀린 아지랑이들이 여기저기 뛰놀고 발을 말아 올리는 자가 그림 속에 있는[多少遊絲羈不住, 捲簾人在畫圖中]"듯한 느낌, 이러한 경계가 바로 도거(掉擧)이다.

수행인 중 적지 않은 사람들이 모두 이 경계에만 머물러 있는 것은 뭔가를 잘못 알고 있기 때문이다. 즉 자기가 아직은 약간 산란한 경계에 있다는 것을 알지 못하고 이미 정(定)을 얻었다고 생각하기 때문이다. 실로 크게 잘못된 생각이다.

처음 수행을 시작하면서 마음이 어지럽고 기(氣)가 동요해 불안정하다면 가장 좋은 방법은 먼저 신체를 노곤하게 하는 것이다. 운동을 한다거나 큰절을 한다거나 해서 먼저 신체를 조절하고 기식을 부드럽게 한 뒤 다시 정(定)을 닦는 것이 좋다. 망념을 쫓아다니지 말고 오직 하나에만 의식을

---

9 뭔가를 붙들고 기어오르는 것으로, 불교에서는 마음이 바깥의 경계를 따라 흔들리며 변하는 것을 말한다.

집중해 나가면 점차 숙달되어 마침내 하나에 마음이 묶인다.

달리 말하면 마음이 산란하고 망념이 계속 떠오른다면 마치 자기 집에 드나드는 손님 대하듯 하면 된다. 주인이 손님을 대하면서 환영도 거절도 않는다면 손님은 점차 사라질 것이다. 마찬가지로 망념이나 산란한 마음 역시 서서히 사라질 것이다.

그런데 망념이 막 정지되려 할 때 홀연 자신이 이제 막 지(止)의 경계에 도달하려는 듯한 느낌을 갖게 되는데, 이것 역시 망념이다. 이 망념이 그칠 만하면 또 다른 망념이 생기는데, 이런 식으로 계속되다 보면 지(止)의 경계에 이르기가 무척 어렵다.

정(定)을 닦을 때 가장 중요한 것은 스스로 지(止)나 정(定)을 닦고 있다고 생각하지 않는 것이다. 지(止)의 경계가 가까워 올 때 입정(入定)해야 한다는 망상을 떨쳐 버리면 도리어 점차 지(止)의 경계에 들게 된다.

좌선을 하고 있으면 망념이 평소보다 더 많다는 것을 느끼는데, 이것은 일종의 발전적 현상이므로 걱정할 필요가 없다. 마치 흐린 물에 명반(明礬)을 넣으면 찌꺼기가 가라앉는 것과 같다. 보통 때는 모르다가 가라앉는 것을 보고서는 비로소 물속에 찌꺼기가 있었음을 알게 되는 것이다. 또 문틈으로 햇살이 비쳐 공기 속에 먼지가 많은 것을 알게 되는 것과도 같다. 물속의 찌꺼기나 공기 속의 먼지는 본래 있는 것이지만 평소에는 느끼지 못하다가 어떤 상황에서 뚜렷이 드러난다. 선정(禪定)을 닦으면서 평소보다 망념이 많다고 느끼는 것은, 본래 많던 망상을 정(定)을 닦으면서 발견하게 된 것으로 문제 될 것도 없고 걱정할 필요도 없다.

그러나 망념이 너무 많고 산란함이 너무 심해 도무지 고요해지지 않는다면 수식(數息)이나 수식(隨息)으로 대처하는 것이 좋다. 이 밖에 관상(觀

想)의 방법을 쓰는 것도 좋은데, 예컨대 배꼽 밑 단전(丹田)이나 족심(足心)에 검은색의 빛나는 점이 있다고 생각하는 것이다. 산란함을 다스리는 또 다른 방법으로 '아미타불'을 소리 내어 외면서 '불' 자를 욀 때마다 이 '불' 자와 함께 자신의 몸과 마음이 모두 끝없이 떨어져 내린다고 생각하는 방법도 있다.

(2) 혼침함

세밀하지 못한 혼침은 바로 잠드는 것이니, 미세한 혼침이라야 비로소 혼침이라 할 수 있다.

몸이 피곤하면 잠이 오듯이 마음이 피곤해도 수면 욕구가 생긴다. 잠이 오면 무리하지 말고 푹 잔 뒤에 다시 정(定)을 닦아야 한다. 만약 좌선한 채로 잠드는 습관이 생기면 영원히 성공할 희망이 없다.

혼침은 생각이 고요한 상태와 비슷하지만 어느 하나에 마음을 집중하지 못하는 것이다. 별다른 망상이 일어나지 않는 듯하나 혼미하며 심지어 몸과 마음조차 느끼지 못하는 상태이다.

혼침이 처음 나타날 때는 마치 꿈속인 듯 일종의 환상이 생길 수도 있다. 달리 말하면 환상은 모두 혼침 상태에서 생긴다. 혼침에 떨어지면 의식이 또렷할 수 없어서 잠재의식만이 작용하기 때문이다.

혼침은 정(定)을 닦는 사람이 가장 흔히 빠져드는 것인데, 만약 혼침이라는 것을 모르고 자신이 정(定)을 얻었다고 생각한다면 정말 슬픈 일이 아닐 수 없다. 종객파(宗喀巴) 대사도 일찍이 "만약 혼침을 정(定)이라 생각하면 죽어서도 축생도에 떨어지니 어찌 조심하지 않으랴?"라고 했다.

혼침을 극복하는 방법으로도 관상(觀想)을 쓰는데, 예를 들어 배꼽에 붉

게 빛나는 점이 있어 이것이 점차 위로 치고 올라와 정수리에서 흩어진다
고 상상하는 것이다. 또 다른 방법으로는 전신에 힘을 모아 크게 "페이!"
하고 소리를 지르는 것도 좋고, 양 콧구멍을 막고 호흡을 참았다가 더는
참기 힘들 때 코로 세게 뿜어 내는 것도 좋다. 혹은 찬물로 씻는다든지 적
당한 운동을 하는 것도 좋다. 기공(氣功)을 닦는 사람은 혼침에 잘 빠지지
않는다. (어떤 사람은 혼침을 '완공頑空'이라 하나 틀린 생각이다. 완공은 마치 나무
막대처럼 아무 생각이 없는 것으로, 백치 상태와 유사한 것이다.)

산란함과 혼침이 없어지면 홀연 마음이 어느 하나에 묶여 흔들리지 않
는데, 이때가 되면 반드시 경안(經安) 현상이 나타난다. 경안 현상은 어떤
사람은 정수리에서부터 시작하고 어떤 사람은 발바닥에서부터 시작하기
도 한다.

정수리로부터 시작되는 사람은 정수리가 시원해지는 느낌이 들며 이후
이 느낌이 전신에 퍼진다. 마음은 고요히 지(止)의 경계에 머물고 몸도 가
볍고 부드러워져 마치 뼈까지 전부 녹아 버린 듯하다. 이때 몸은 자연히
곧추세워져 마치 곧게 뻗은 소나무처럼 쭉 펴진다. 마음과 대상이 모두 또
렷하고 깨끗해지며 어떤 동정(動靜)이나 혼침, 산란함의 형상도 사라진다.
경안의 경지에 이르면 저절로 무한한 기쁨이 생겨난다. 그러나 길고 짧은
차이는 있지만 이 상태는 쉽게 사라진다.

발바닥에서부터 경안 현상이 시작된 사람은 먼저 따스하거나 시원한 감
각을 느끼고, 이 느낌이 하늘을 꿰뚫을 듯 점차 정수리로 상승한다. 발바
닥에서 시작된 경안 현상은 정수리로부터 시작된 것보다 지키기도 쉽고
잘 사라지지도 않는다.

유가에서는 고요함 속에 느껴 보면 만물에는 모두 봄기운이 있다고 하

는데 "만물을 고요히 살피면 모두 절로 터득한다[萬物靜觀皆自得]"고 한 경지는 바로 경안의 체험에서 나온 것이다.

경안의 경지에 도달한 후 가장 좋은 것은 조용한 곳에 홀로 거처하며 더욱 수행에 힘쓰는 것이다. 만약 번잡한 곳에서 여러 일에 신경을 쓰면 수행이 지속되지 않을뿐더러 경안도 점차 사라진다.

계속 수행해 나가다 보면 자기도 모르게 경안 현상이 희미해지는데, 이 현상은 사실 경안이 소멸되는 것이 아니다. 오랫동안 경안에 머물러 있음으로 해서 처음 도달했을 때처럼 그렇게 또렷이 느끼지 못할 뿐이다. 아무리 맛있는 음식도 여러 번 먹으면 처음과 다른 것과 같다.

경안의 경지에서 쉬지 않고 수행해 나가면 정력(定力)이 더욱 견고해진다. 그렇게 되면 티 없이 맑고 밝은 느낌을 갖게 되고, 전신의 기맥에도 갖가지 변화가 나타나며, 신체가 따뜻하고 편안해져 형언하기 어려운 미묘한 느낌이 나타나기도 한다. 이것이 바로 "안으로 묘약에 접하는[內觸妙藥]" 현상이다. 이 정도에 이르러야 비로소 세속적 욕망의 뿌리를 끊을 수 있다.

몸속의 기기(氣機)가 처음 발동할 때는 생기가 활발해져 양기(陽氣)가 전신을 두루 흐른다. 이때 마음을 하나에 묶어 두지 못한다면 반드시 성욕이 왕성하게 일어난다. 이것은 대단히 위험한 현상으로서 각별히 조심해야만 한다. 이 험한 길을 지나 다시 앞으로 매진해 나가면 이윽고 정(頂)의 상(相)이 나타난다. 바로 난(煖)의 경지를 넘어 한 걸음 더 나아간 곳이다. 이때가 되면 기식(氣息)이 근원으로 돌아가 마음이 지(止)에 머문 적적(寂寂)한 경지에 이른다. 이 경지는 삼매계(三昧戒)에서 함부로 말하지 못하도록 한 범위로, 언어나 문자로는 설명하기 어렵다. 아울러 수행 과정 중에 나타나는 각종 심신의 변화에 대해서도 모두 알아 두어야 비로소 성공할 수 있지만, 이것 역시 계율로 금하는 영역에 속하기에 여기서는 더 이상 논하지 않는다.

정(定)을 닦는 사람이 이 정도에 이르면 "기가 머물고 맥이 정지하는〔氣住脈停〕" 현상이 나타날 수 있다. 다른 학설에서는 모두 "기가 머물고 맥이 정지하는" 현상을 상세하게 묘사하고 있다. 소강절의 시 중에 "천근과 월굴이 끊임없이 왕래하니 삼십육 궁이 모두 봄이다〔天根月窟常來往, 三十六宮都是春〕"라는 구절이 있다. 이 경지는 듣기에는 쉽지만 진정으로 도달하기란 결코 쉬운 일이 아니다.

만약 참으로 이 경지에 이르고 나서도 계속 정(定)에 머물면 마침내 다섯 종류의 신통(神通)이 생긴다. 오신통(五神通) 중 안신통(眼神通)이 가장 나타나기 어려운데, 일단 안신통이 나타나면 나머지 네 가지 신통도 이어서 나타난다. 그렇지만 사람마다 근기가 다르기 때문에 어떤 사람은 한 가지 신통만 나타날 수 있고, 어떤 사람은 여러 신통이 동시에 나타나기도 해 일정하지 않다.

안신통이 나타나면 눈을 감든 뜨든 시방(十方) 허공(虛空)과 산하대지가 모두 뚜렷이 보인다. 미세한 먼지 속까지도 투명한 유리 속을 보듯 낱낱이 볼 수 있다. 무릇 자기가 보고 싶어 하는 것이라면 마음만 일으켜도 곧 볼 수 있다. 다른 신통도 이와 비슷하다.

수행인 중 정심(定心)의 정점(頂點)에 이르지도 않고 지혜가 계발되기도 전에 홀연 신통이 나타나는 경우도 있다. 이런 경우는 신통과 함께 망념이 생겨나므로 도리어 본성을 잃어버리고 수행의 목표마저 내던져 버리기 십상이다. 여기에다 신통을 사용하여 다른 사람까지 미혹시킨다면 바로 마도(魔道)에 빠지고 만다. 그러므로 수행인이 정(定)을 최후 목적지까지 끌고 가는 것은 캄캄한 밤에 길을 가는 것과도 같다. 자칫 잘못해서 험한 길로 들어서면 바로 마도(魔道)와 외도(外道)의 갈림길이 되니 특별히 조심하지 않을 수 없다.

어떤 사람은 신통이 나타나지 않더라도 정심(定心)이 워낙 견고해 자신의 몸과 마음을 억제하여 마음대로 기식(氣息)이나 심장의 활동까지 멈출 수 있다. 인도의 바라문이나 요가, 중국의 형기(形器)[10]를 합일시키는 검술 등만 해도 그렇다. 이들은 모두 정(定)의 경지에서 심신을 통제함으로써 세상을 깜짝 놀라게 하는 기적을 행할 수 있다. 그렇지만 이 정도에 이르려면 다른 일을 모두 팽개치고 수많은 세월을 전심전력 애써도 성공하기 어려우니 절대로 요행히 성공할 수 있는 것이 아니다.

불법의 핵심은 정혜(定慧)이다. 정(定)을 기초로 하며, 정(定)을 얻은 후에는 정(定)에 대한 생각조차 버려 "생멸마저 사라져 적멸이 드러난[生滅滅已, 寂滅現前]" 경지에 머무는 것이다. 이때가 되면 일체의 생멸(生滅)이 모두 소멸하고 몸과 마음조차 없어져 버리는데, 어찌 몸과 마음으로 얻은 경지만이 남아 있겠는가? 당연히 모두 소멸한다. 얻을 수 있는 경지란 다름이 아니라 마음에서 생긴 것으로 생멸의 범위에 속하기 때문이다. 이미 생멸의 범위에 속한다면 어찌 허망한 것이 아니겠는가? 그러므로 『능엄경』에서도 "지금 비록 구차제정(九次第定)[11]을 얻었더라도 누진통을 얻어 아

---

10 신체와 검.

11 사선(四禪)과 사무색정(四無色定) 그리고 멸수상정(滅受想定 혹은 滅盡定)의 아홉 가지 선정으로 한 단계 한 단계 밟아 위로 올라간다. 즉 (1) 초선차제정(初禪次第定) (2) 이선차제정(二禪次第定) (3) 삼선차제정(三禪次第定) (4) 사선차제정(四禪次第定) [이상은 색계色界 사선四禪] (5) 공처차제정(空處次第定) (6) 식처차제정(識處次第定) (7) 무소유처차제정(無所有處次第定) (8) 비

라한을 이루지 못하는 것은 모두 이 생사의 망상에 사로잡혀 그것을 진실한 것이라 오인하기 때문이다[現前雖得九次第定, 不得漏盡成阿羅漢, 皆由執此生死妄想, 誤爲眞實]"라고 했다.

정(定)의 상(相)을 버리고 적멸 속에 머물 수 있다면 '성공(性空)'의 경계가 드러나는데, 이것이 바로 소승이 목표로 삼는 과위(果位)로서 아집을 타파하여 도달한 '인공(人空)'의 경지이다.

대승 보살도를 닦는 사람은 소승이 도달한 이 공적(空寂)마저도 버리고 다시 돌아가 일체의 가유(假有)[12]와 실환(實幻)[13]의 생멸과 왕래를 살피며, 연기(緣起)가 무(無)에서 생겨 묘유(妙有)의 용(用)을 이룸을 살핀다. 최후에는 어떤 경지에도 머물거나 집착하지 않고, 유(有)에도 집착하지 않으며 중도(中道)마저도 떠나, 머물지도 떠나지도 않는 경지에서 등각(等覺)과 묘각(妙覺)[14]의 과위를 증득한다.

등각(等覺)과 묘각(妙覺)의 과위를 얻고서야 비로소 일체 중생이 본래부터 정(定) 속에 있어서 근본적으로 정을 닦을 필요가 없음을 알게 된다. 부처가 말한 큰 가르침도 바로 이것으로서, 다시 중언부언할 필요가 없다는 것이다.

비록 말은 그렇게 하더라도 정(定)이 없으면 기초가 없어서 이치만을 말

상비비상처차제정(非想非非想處次第定) (이상은 무색계無色界 사처정四處定) (9) 멸수상차제정(滅受想次第定)이 그것인데, 멸수상차제정에 도달하면 선정(禪定)의 마지막 단계에 이른다.

12 일종의 언어적 개념에 불과한 것으로 실제로는 존재하지 않는다.

13 실제와 환상.

14 통상 불교에서 말하는 보살은 성인의 경지에 이른 열두 층위의 보살을 말하며, 여기에는 십지보살과 등각, 묘각이 포함된다. 묘각은 사실상 부처를 말하며 등각은 장차 부처가 될 대보살을 말한다. 문수보살이나 보현보살 또는 미륵보살 등이 등각에 해당한다.

할 수 있을 뿐 직접 증험할 수 없다. 이것은 한갓 "메마른 지혜이자 미치광이 같은 견해[乾慧狂見]"로서 단지 물을 따라 흘러갈 뿐 흐름을 거슬러 올라갈 수 없다. 말하자면 스스로 주인이 되지 못해 모든 것이 허망하고 진실한 것이 못 되는 것과 같다. 많은 사람들은 학문으로 고금을 통달한다. 입으로 말하는 것이 모두 도(道)이니 마치 혀끝에 한 떨기 연꽃이 피어난 듯 아름답다. 그러나 공부는 반 푼어치도 없다. 단지 이치만을 말할 수 있다면 설사 바위가 듣고 고개를 끄덕일 정도라 하더라도 그걸 어디에다 쓰겠는가. 단지 자신을 높이고 남을 비난하는 것일 뿐이니 거기에 무슨 불심(佛心)이 있겠는가. 고덕(古德)이 말하기를 "일척을 말할 수 있는 것이 일촌을 실천할 수 있는 것만 못하다[說得一尺不如行得一寸]"고 했다. 불법을 공부하는 사람은 모름지기 아프게 반성하여 말만 하고 실천하지 못하는 병폐를 없애야 하며, 오승(五乘)의 단계에 비추어 노력해야 한다. 이것은 반드시 거쳐야 할 과정으로서 원컨대 여러분 모두와 같이 열심히 노력했으면 한다.

참선지월

참선(參禪)이 결코 선정(禪定)인 것은 아니지만 그렇다고 선정과 별개의 것도 아니다. 여기에 대해서는 앞서 선종(禪宗)과 선정(禪定) 그리고 화두 참구 등의 장에서 이미 개략적 내용을 설명한 바 있지만, 여기서 다시 보충해 보기로 한다.

참선을 하는 사람에게 가장 중요한 것은 발심(發心), 곧 개인의 굳은 의지이다. 그렇지만 또 하나 분명히 알아야 할 사실은, 만약 곧바로 무상의 보리를 향해 나아가서 돈오하고자 한다면 절대 조그만 복덕이나 인연으로는 성공할 수 없다는 것이다. 무릇 인승(人乘), 천승(天乘)[15]의 이승(二乘)으로부터 대승(大乘)에 이르기 위해서는 오승도(五乘道) 속에 나열되어 있는 육도(六道) 만행(萬行)의 모든 수련법과, 복덕 자량을 쌓는 일체의 선법(善法)을 모두 성실히 지키고 닦아야만 비로소 가능하다. 달리 말하면 크나큰

---

15 불교에는 인승, 천승, 성문승, 연각승, 보살승의 오승(五乘) 교법(教法)이 있는데, 중생의 근기에 따라 교법을 달리하기 위한 것이다. 인승(人乘)의 교법은 삼귀오계(三皈五戒)를 핵심으로 하는데 삼귀란 불법승(佛法僧) 삼보(三寶)에 귀의하는 것이요, 오계란 살생을 하지 않고 도둑질을 하지 않으며 음란하지 않고 망령된 말을 하지 않으며 술을 마시지 않는 것이다. 천승의 교법은 십선(十善)과 사선팔정(四禪八定)을 핵심으로 하는데 십선은 열 가지 신업(身業), 구업(口業), 의업(意業)을 짓지 않는 것이요 사선팔정은 색계천의 네 종 선정과 무색계천의 네 종 선정을 합쳐서 말한다.

희생과 노력 없이 한 점의 조그만 총명이나 복보(福報) 또는 선행으로 보리를 증득하고자 하는 것은 절대로 불가능하다. 그러기에 달마조사는 말했다. "여러 부처님의 무상의 묘도는 억겁에 걸친 정성과 근면이며, 도저히 해 낼 수 없는 것을 해 내고 도무지 참을 수 없는 것을 참아낸 것이니, 어찌 작은 덕과 조그만 지혜, 가볍고 오만한 마음으로 얻을 수 있는 것이겠는가. 그러고도 진승을 바라는 것은 힘들고 고통스러울 뿐 헛수고에 불과하다[諸佛無上妙道, 曠劫精勤, 難行能行, 非忍而忍, 豈以小德小智, 輕心慢心, 欲冀眞乘, 徒勞勤苦]."

성실하고 간절한 발심에다 복덕을 원만히 갖추었다면 적당한 시기에 이르러 자연히 지혜롭게 바른 길을 택해 성공할 수 있다. 그래서 이렇게 말한다. "도를 배우려면 모름지기 무쇠 같은 자가 되어야 하니, 일단 손을 대면 마음으로 판단해 곧바로 무상의 보리를 취하며 일체의 시비를 돌보지 않아야 한다[學道須是鐵漢, 著手心頭便判, 直取無上菩提, 一切是非莫管]."

이러한 마음가짐이나 견식(見識) 외에 또 하나 중요한 것은 참된 선지식인 스승이다. 찾아야 할 스승은 반드시 도에 밝고 경험이 있는 사람이어야 한다. 이러한 스승과 함께 닦아 나가면서 곧바로 대도(大道)를 향할 수 있는 의지할 만한 지팡이를 찾아내어야 한다. 후회하지만 않는다면 비록 이 생애 성공하지 못하더라도 다음 생애를 기대할 수 있으니, 신념을 굳게 가지고 삼생(三生)의 노력을 다한다면 성공하지 못할 리가 없다. 그래서 고덕(古德)은 일찍이 말했다. "화두 하나를 붙들고 변함없이 지키면 개오하지 못하더라도 임종 시 악도에 떨어지지 않으며, 천상계와 인간계에 마음대로 기거할 수 있다[抱定一句話頭, 堅挺不移, 若不卽得開悟, 臨命終時, 不墮惡道, 天上人間, 任意寄居]."

고덕 중 진정한 선지식은 인과에 대해 깊고도 명료히 알고 있어 절대 스스로를 속이고 다른 사람을 속이지 않는다는 것을 알아야 한다. 그러니 이런 선지식의 말을 어찌 믿지 않을 수 있겠는가!

화두란 도에 들어가는 지팡이와도 같으며 참된 선지식인 스승은 길을 잘 아는 노련한 말과도 같다. 참선하는 사람은 손에 지팡이를 들고 훌륭한 말을 타고서 채찍 그림자만 봐도 달리고 호각소리만 듣고도 붙들어 맨 줄을 끊어 버린다. 자신뿐 아니라 다른 사람까지도 중시하며 훌륭한 스승의 세심한 지도하에 하루아침에 활연(豁然) 개오(開悟)하여 비로소 본래 자기에게는 미혹됨이 없음을 알게 된다. 그러니 어디에 무슨 깨달음이 있으리오!

만약 "의심을 일으키고[起疑情]", "화두를 들며[提話頭]", "공부를 하는[作工夫]" 방법을 참선과 연계시켜 말해 본다면 이렇게 말할 수 있다. 의심을 일으키고 화두를 들며 공부를 하는 것이 참선에 영향을 미치긴 하지만 이 영향은 결코 실제적인 '법(法)'이 아니다. "다른 사람과 함께 하는 법이 있어 같이 허망함으로 돌아간다면 내가 집착하는 무심이란 것도 한갓 어리석음일 뿐이다[與人有法還同妄, 執我無心總是癡]." 만약 이러한 법으로 다른 사람을 평가하거나 자신의 체험을 살피는 척도로 삼는다면 우유는 곧 독약으로 변하고 말 것이다. 만약 이것을 위해 몸을 잃거나 생명을 잃는다면 실로 죄가 될 것이다. 그렇지만 의심을 일으키고 화두를 들며 공부를 하는 것을 완전히 틀린 것이라 경시해 버리거나 참선의 진실한 법문이 아니라 여기는 것은 "섭공이 용을 좋아하는[葉公好龍]" 격이 되어 버린다. 어느 날 진짜 용이 오는 것을 보고는 도리어 두려워하니 어찌 우스운 일이 아닌가. 그러므로 의심을 일으키고 화두를 들며 공부를 하는 것이 과연 참선의 바른 법(法)인가 아닌가, 사용할 수 있는 것인가 사용해서는 안 되는 것인가,

어떻게 활용해야 옳은가 등에 대해 숱한 측면에서 다양하게 말할 수 있다. 아직도 무슨 말인지 이해가 되지 않는다면 필자 역시 더 이상 다른 방법이 없다.

송나라 청원유신(青原惟信) 선사가 상당(上堂) 설법에서 말했다. "노승이 삼십 년 전 참선을 하지 않았을 때는 산을 보면 산이요, 물을 보면 물이었습니다. 그 후 선지식들을 직접 만나 뵙고 약간 얻은 게 있었을 때는 산을 보니 산이 아니요, 물을 보니 물이 아니었습니다. 그런데 지금 쉴 곳을 얻고 보니 이전처럼 산을 보아도 그저 산이요, 물을 보아도 그저 물입니다. 여러분 이 세 관점이 같은가요, 다른가요? 성속을 벗어난 사람이 있다면 소승이 직접 만나보도록 하겠습니다[老僧三十年前未參禪時, 見山是山, 見水是水. 及至後來, 親見知識, 有個入處, 見山不是山, 見水不是水. 而今得個休歇處, 依前見山只是山, 見水只是水. 大衆, 這三般見解是同是別? 有人緇素得出, 許汝親見老僧]." 그러므로 참선하는 사람은 반드시 진정한 참선을 해야 하며 깨달음 역시 철두철미 진실한 깨달음이어야 한다. 아무렇게나 그럴듯하게 내뱉어 놓은 것이 되어서는 안 된다. "참선은 진정한 참선이어야 하고 깨달음은 실제적인 깨달음이어야 한다[參要眞參, 悟要實悟]"는 고덕의 말도 바로 이런 이치이다.

참선에 깊이 들어가 크게 한 번 죽었다가 홀연 크게 되살아나면 깨달음의 경지가 눈앞에 나타난다. 마음의 눈으로 움직임과 정(定) 사이에서 자신의 몸과 마음을 찾아봐도 도무지 찾을 수 없으니, 몸과 마음이 이미 존재하지 않는다. 고덕이 말한 "마치 등불 그림자 속으로 가고 있는 듯한[如在燈影中行]" 상황이 실제 상황임을 알게 된다. "등불 그림자 속으로 가는" 경지에 이르면 참선하는 사람은 밤에 잠을 자면서도 꿈을 꾸지 않아 "꿈과 생시가 하나인[醒夢一如]" 경지에 이른다. 바로 삼조(三祖)가 말한 "마음이 다르지 않고 온갖 법이 하나이며 눈은 잠들지 않는 듯이 온갖 꿈이 절로 사라진다[心如不異, 萬法一如, 眼如不寐, 諸夢自除]"는 것인데, 이 상황은 삼조 자신의 체험으로 절대 진실이며 결코 법상(法相)[16]을 표현한 말이 아니다.

육대부(陸大夫)가 일찍이 남전(南泉) 선사에게 말했다. "조법사 또한 매우 기이합니다. 도를 풀이하면서 천지가 나와 같은 뿌리이며 만물이 나와 하나라 했습니다[肇法師也甚奇特, 解道天地與我同根, 萬物與我一體]."

남전(南泉)이 정원의 모란꽃을 가리키며 말했다. "대부, 당시 사람이 이 꽃을 본 것은 마치 꿈과 같습니다[大夫, 時人見此一株花, 如夢相似]."

남전이 지적한 "마치 꿈과 같다[如夢相似]"는 것이나 경전에서 말하는 "환상 같기도 하고 꿈같기도 하다[如幻如夢]"는 비유는 모두 사실과 잘 맞아떨어진다.

수행인이 꿈과 생시가 하나인 경지에 이르면 개인의 깊고 얕음의 정도에 따라 이미 도달한 이 경지를 유지하고 보호해야 한다. 설암(雪巖) 선사는 도오를 가르치면서 삿갓을 가지고 비유했다. 즉 도오(道吾)에게 삿갓을 덮어써서 새어 나가는 것을 막으라고 했는데, 바로 도오에게 이미 얻은 공부의 경지를 잘 지키라고 가르친 것이다.

덮어씌워 잘 보존하는 이치에 대해서는 백장(百丈) 선사가 장경(長慶)에게 말한 내용 중에 "마치 소를 모는 사람이 작대기를 들고 지켜서 다른 사람 밭에 들어가지 못하게 한다[如牧牛人執杖視之, 令不犯人苗稼]"는 데서도 나타난다. 비록 얻은 것이 있더라도 조심해서 잘 지키지 않으면 그동안의

---

16 제법의 진실한 모습.

공부를 잃어버릴 수 있다.

많은 참선인들이 일찍이 이 경지에 도달한 적이 있지만 그것은 부지런히 노력해서 얻은 것이라기보다는 우연히, 말하자면 "벌레 먹은 흔적이 우연히 글자가 되듯" 한 것으로 소 발에 쥐 잡기 식의 우연이지 결코 스스로 얻어 낸 것이 아니다. 만약 수행인이 소를 모는 사람처럼 잘 보존할 수 있으면 공부는 자연히 더 깊은 단계로 들어간다.

수행인이 막 이 경지에 이르면 자칫 주체할 수 없이 환희가 일어나는 선병(禪病) 현상이 나타나기 쉽다. 역시 조심해서 대처해야 한다. 소산(韶山)이 일찍이 유경신(劉經臣) 거사에게 경고한 적이 있다. "혹 이후 보통 때와 다른 경계, 무한히 환희에 젖는다든지 하면 급히 사태를 수습해야 합니다. 수습하면 부처의 그릇을 이룰 수 있지만 수습하지 못하면 자칫 마음을 잃어버릴 수 있습니다〔爾後或有非常境界, 無限歡喜, 宜急收拾, 即成佛器, 收拾不得, 或致失心〕." 황룡신(黃龍新)이 영원청(靈源淸)에게 말했다. "법이 공임을 새로 체득한 자는 희열이 넘쳐 어지럽게 되기도 하니 시자방에 옮겨 한숨 푹 자게 하게〔新得法空者, 多喜悅, 或致亂, 令就侍者房熟寐〕!"

여기서도 알 수 있듯이 처음으로 법공(法空)[17]의 경지에 이르면 너무도 큰 기쁨에 산란해질 수 있으므로 특별히 주의해야 한다. 형편에 따라 세속과의 접촉을 피해 보존함으로써 새로 얻은 성태(聖胎)[18]를 배양해야 한다. 이것이 성숙해지기를 기다렸다가 다시 세속적 영역과 비세속적 영역에서

---

17 모든 물질 및 정신 현상〔제법諸法〕은 인연에 의해 생겨나기에 결코 독립적으로 존재하는 실체가 아니다.

18 내단술에서는 정, 기, 신을 연성해 단(丹)을 이루는 것을 여자가 임신하는 것에 비유해 성태라 일컫는다.

실천하여 "일체의 살아갈 방도를 마련하는 사업이 제반 실상과 서로 위배되지 않도록〔一切治生産業, 與諸實相不相違背〕" 해야 한다.

도과(道果)가 성숙하면 속세에 있든 속세를 떠나든 수행인은 말할 수 있으면 행할 수 있게 된다. 깨달음과 실천이 하나가 된 것이다〔悟行合一〕. 단지 말만 할 수 있는 것이 아니며 혹은 어떤 변견(邊見)[19]이나 편견도 아니다. 마땅히 해야 할 큰 도리라면 끓는 물이나 불 속이라도 뛰어들며, 이렇게 계속 닦아 나가다 보면 자기도 모르는 사이에 자유롭게 운용할 수 있게 된다.

이때가 되어도 아직 철저하지 못한 정도라면 이는 실상(實相)이 아닌 것으로 버려야 한다. 만약 버리지 못한다면 법신(法身)에 집착하게 된다. 열반의 열매는 아직도 멀고 또 여러 겹으로 막혀 있어서 반드시 몇 번의 죽음과 삶을 거쳐 마음과 대상이 하나가 되는 심물일여(心物一如)의 경지에 이르러서야 비로소 마음이 만물을 전환시킬 수 있다.

앞에서 말한 경지가 무르익어 언제든 여기에 머물 수 있다면 마음이 마치 깨끗하고 둥근 달처럼 밝게 빛날 것이다. 그렇지만 이것은 여전히 깨달음의 초보적 경지에 속한다. 조산(曹山)이 말한 다음과 같은 구절은 그 의미를 자세히 음미할 필요가 있다. "처음으로 마음을 깨친 자는 깨친 것이 깨치지 못한 것과 같다〔初心悟者, 悟了同未悟〕." 남전(南泉)이 달을 감상하고 있을 때 어떤 승려가 물었다. "저게 언제쯤 질까요〔幾時得似這個去〕?" 남전이 말했다. "왕선생이 이십 년 전에도 이렇게 왔다〔王老師二十年前, 亦恁麼來〕!" 그 승려가 또 물었다. "바로 지금은 어떤가요〔卽今作麼生〕?" 남전

---

19 단견(斷見)이나 상견(常見) 양극단에 집착하는 것. '내'가 영원히 존재한다고 생각하는 것이 상견이요, 죽은 뒤에 모든 것이 사라져 버린다는 것이 단견이다.

이 대꾸하지 않고 바로 자기 방으로 되돌아갔다.

왜 이 경지에 이르러 마음과 사물이 하나가 되어야만 여러 겹의 관문을 지날 수 있다고 한 것일까? 이 문제에 대해 다음의 고덕의 말을 인용해 해석해 보기로 한다.

귀종(歸宗)이 말했다. "빛이 뚫고 지나가지 못하는 것은 단지 눈앞에 물이 있기 때문이다〔光不透脫, 只因目前有物〕."

남전(南泉)이 말했다. "이 물은 듣거나 듣지 않는 것이 아니다〔這個物, 不是聞不聞〕."

또 말했다. "스스로 통하는 묘함은 주위 물에 의존하지 않는다. 그러기에 도통이라 하니 무엇에 의지해 통하는 것이 아니다. 일이란 모름지기 물을 빌려서만 나타날 수 있다〔妙用自通, 不依旁物, 所以道統不是依通, 事須假物, 方始得見〕." 또 말했다. "생겨날 인(因)을 쫓아 생겨나지 않는다〔不從生因之所生〕."

문수(文殊)가 말했다. "오직 인이 있는 곳을 따를 뿐이다〔惟從了因之所了〕."

협산(夾山)이 말했다. "눈앞엔 법이 없고 생각이 눈앞에 있으니, 눈앞에 있는 법이 아니면 눈과 귀로 보고 들을 수 없다〔目前無法, 意在目前, 不是目前法, 非耳目之所到〕."

이들 고덕의 말은 한결같이 설명한다. 결코 이치만 이해해서 되는 것이 아니라 능히 행할 수 있어야 한다는 것이다. 또 이미 이 경지에 도달했다면 반드시 저쪽으로 내던져야 하며, 이 경지에 머물러 있어서는 안 된다는

것이다. 마치 '영운법어(靈雲法語)'에 기재되어 있는 다음과 같은 내용과도
같다.

　　장생이 물었다. 혼돈이 아직 나누어지지 않았을 때 생명은 어디에서부터
옵니까? 선사가 말했다. 이슬 맞은 기둥이 아이를 배는 것과 같다. 또 말했
다. 나누어진 후에는 어떻습니까? 선사가 말했다. 조각구름이 깨끗한 하늘
에 점을 찍는 것과 같다. 또 말했다. 깨끗함을 살피지 않고도 점을 받아들일
수 있는가요? 선사가 대답하지 않았다. 또 말했다. 이렇게 생명이 오지 않습
니까? 선사가 역시 대답하지 않았다. 또 말했다. 곧바로 티 없이 맑은 것을
얻었을 때는 어떻습니까? 선사가 말했다. 진상이 흐르는 것과 같다. 또 말했
다. 어떻게 진상이 흐릅니까? 선사가 말했다. 거울처럼 오랫동안 밝다. 또
말했다. 그 위로 또 다른 일이 있습니까? 선사가 말했다. 있다. 또 말했다.
그 위에 있는 일은 어떻습니까? 선사가 말했다. 거울을 부수고 너와 마주보
는 것이다. 그렇다면 거울을 깨고 나면 다 된 것인가요? 대답했다. 아직 아
니다. 다 끝나려면 도대체 어떻게 되어야 합니까? 대답했다. 어찌 듣지 못했
겠는가? '위로 향한 한 길은 어떤 성인도 전하지 않는다.' 비록 그렇다 하더
라도 잠시 가는 길을 가르쳐 주마. 그러고는 말했다. 최초의 것이 최후의 것
이며 제일 얕은 것이 최고 깊은 것이니, 악을 행하지 말고 선을 받들어 행하
라[長生問, 混沌未分時, 含生何來? 師曰, 如露柱懷胎. 曰, 分後如何? 師曰, 如片雲
點太淸. 曰, 未審太淸還受點也無? 師不答. 曰, 恁麼含生不來也? 師亦不答. 曰, 直得
純淸絶點時如何? 師曰, 猶是眞常流注. 曰, 如何是眞常流注? 師曰, 似鏡長明. 曰, 向
上更有事也無? 師曰, 有. 曰, 如何是向上事? 師曰, 打破鏡來與汝相見. 然則打破鏡
來, 已是到家否? 曰, 未也. 到家事畢竟如何也邪? 曰, 豈不聞乎, '向上一路, 千聖不

傳.' 雖然如此, 姑且指個去路. 曰, 最初的卽是最末的, 最淺的就是最高深的, 諸惡莫作, 衆善奉行].

이상에서 간단히 기술한 것은 지극히 현실적이고도 이치에 닿는 사실로서, 실상(實相)과 무상(無相)이 모두 영향을 끼친다는 설법이니 도대체 어떤 것이 법(法)이고 어떤 것이 법이 아닌지는 스스로 판단해서 선택할 수 있을 뿐이다.

상근기(上根器)의 사람은 근본적으로 다른 사람의 말에 미혹되지 않는다. 그렇긴 하더라도 누구든 기분 내키는 대로 선(禪)을 말하거나 도(道)를 말해서는 안 된다. 말만 하나 행하지 못하면 한 점의 경지에도 이르지 못한 것으로, 단지 아는 것만 가지고 스스로 훌륭하다고 생각하는 것에 불과하다.

고덕(古德)이 일찍이 말하기를 "큰 깨달음이 열여덟 번이요 작은 깨달음은 무수히 많다[大悟十八回, 小悟無數回]"고 했다. 어떤 사람은 이것을 근거로 자신은 이미 몸과 마음을 다 잊고 아무것도 모르며, 홀연 입적(入寂)에 들어 크게 죽고 다시 살아나기를 수차례 거듭했는데도 아직 최고의 경지에 이르지 못했다고 생각한다.

이 문제를 다음과 같이 대답해 볼 수 있다. 고덕이 말한 큰 깨달음과 작은 깨달음은 결코 실제로 겪었던 일이 아니며 단지 깨달음의 이치에 대한 입문일 뿐이다. 고덕의 이러한 이야기는 후학들의 노력을 북돋우기 위한 것이지만 실제로 사람들에게 적지 않은 오해를 불러일으키기도 한다.

일반적으로 말하는 '홀연 입적했다'는 것이나 무수히도 '크게 죽고 크게 살았다'고 하는 것은 모두 실제 수행 과정에서의 일이다. 이것은 마치 조동종(曹洞宗)[20] 사제(師弟)가 말한 바와 같은 것으로, 공훈(功勳)[21] 상의 사정이다. 이들 일체는 공부 방면에 속하는 것으로, 수행 과정에서의 일이지 결코 선종에서 말하는 실제 깨달음을 가리키는 것이 아니다. 단지 깨달은 후의 행위요, 깨달은 후의 실천일 뿐이다.

"이전과 다른 사람이 아니라 단지 이전과 행위가 다를 뿐이다〔不異舊時人, 只異舊時行履處〕." 이 말은 어떤 사람이 깨달은 후 비록 몸은 이전의 그 사람이지만 행위는 이전과 다르다는 것을 표현한 것이다. 행위 작용이 공훈(功勳)으로서, 수행인은 공훈에 집착하지 않지만 역시 공훈을 중시한다.

상근기의 사람이라면 근원을 살펴 바로 들어갈 수 있어서 직접 문제의 근본으로 들어가 개오한다. 마치 빈방에 들어간 도둑처럼 거침없이 휘젓고 다녀도 아무런 장애가 없으니 이렇게 이(理)나 사(事)를 해결하여 아무것도 문제 되지 않는다.

비록 말은 이렇게 하지만 온몸에 식은땀을 흠뻑 흘리고 나서야 비로소 가능할 것이다. 눈썹을 그리거나 연지를 바르거나 하는 것도 아니며, 단지 흘끗 바라보기만 하면 되는데도 땀을 뻘뻘 흘리고 나서야 가능하다. 온몸에 땀을 흘린다는 이 구절 역시 여기에 집착해서는 안 된다. 어떤 사람은

---

20 선종 남종(南宗) 오가(五家)의 하나. 조동종의 창시인은 동산양개(洞山良價)와 조산본적(曹山本寂)이며, 육조 혜능(慧能)과 청원행사(靑原行思)의 종맥을 잇는다.

21 동산(洞山)은 '공훈오위(功勳五位)' 설을 주장했는데 향(向), 봉(奉), 공(功), 공공(共功), 공공(功功)이 그것이다. 공훈오위는 선승의 깨달음의 정도를 가늠해 보기 위한 것이다. 향(向), 봉(奉)은 신심은 세웠으나 깨달음이 부족한 것을, 공(功)과 공공(共功)은 깊이 깨달았으나 외부 경계와 사물을 부정하는 단계를, 공공(功功)은 완전한 해탈을 가리킨다.功)이 그것이다. 공훈오위는 선승의 깨달음의 정도를 가늠해 보기 위한 것이다. 향(向), 봉(奉)은 신심은 세웠으나 깨달음이 부족한 것을, 공(功)과 공공(共功)은 깊이 깨달았으나 외부 경계와 사물을 부정하는 단계를, 공공(功功)은 완전한 해탈을 가리킨다.

땀을 흘리지 않고도 크게 깨칠 수 있다. 그렇긴 하더라도 한 차례 쓴맛을 보지 않고는 제대로 체험하지 못할 것이다.

　용호보문(龍湖普聞) 선사는 당나라 희종(僖宗)의 태자였다. 생긴 모습이 그림처럼 깨끗했고 나면서부터 냄새나는 채소를 먹지 않았다. 희종이 별의별 방법을 다 써서 바꿔 보려 했지만 끝내 허사였다. 희종이 촉(蜀)으로 순행에 나서자 마침내 삭발하고 은밀히 다니니 알아보는 사람이 없었다. 석상(石霜)을 만나자 하루 저녁은 방으로 들어가 간절히 말했다. "조사의 별전(別傳)을 저에게 일러 주시겠습니까?" 상(霜)이 말했다. "조사를 비방하지 마라!" 선사가 말했다. "천하의 종지(宗旨)요 성전(盛傳)[22]인데 어찌 감히 함부로 하겠습니까?" 상(霜)이 말했다. "그게 사실인가?" 선사가 말했다. "스승님의 뜻은 어떤가요?" 상(霜)이 말했다. "안산(案山)이 고개를 끄덕이면 너에게 말해 주마." 선사가 듣고 엎드려 말하기를, "참으로 이상하다!" 하니 땀이 흘러내렸다. 마침내 절하고 물러 나왔다. 뒤에 용호(龍湖)에 머무르면서 신기한 행적을 많이 남겼다.

　영운철우지정(靈雲鐵牛持定) 선사는 태화(太和) 반계(磻溪) 왕씨(王氏)의 아들이니, 송나라 상서찬(尙書贊)의 9세손이다. 어려서부터 맑고 강한 기개가 있었으며 속세에 별 뜻이 없었다. 나이 서른에 알서봉(謁西峯) 긍암(肯庵)에서 머리를 깎고 별전(別傳)의 종지를 얻었다. 설암흠(雪巖欽)을 찾아 귀의했는데 마구간에 거처하면서 두타행을 했다. 하루는 여러 사람을

---

22 널리 전파하는 것.

보고 흠(欽)이 말했다. "형제들! 만약 아무 잡념 없이 일곱 주야를 일념으로 있으면서도 들어서는 곳이 없다면 노승의 머리통으로 오줌바가지를 만드시오!" 선사는 묵묵히 듣고 단단히 결심했다. 이질을 앓고 있었으나 약이나 죽, 물 등을 일체 끊어 버리고 오직 정념(正念)으로 칠 일을 버텼다. 그러던 마지막 날 깊은 밤중에 홀연 산하대지가 온통 눈으로 뒤덮인 가운데 커다란 몸이 나타났는데, 얼마나 큰지 하늘과 땅도 그것을 다 둘러쌀 수 없었다. 이윽고 나무를 치는 소리가 들리더니 활연(豁然) 개오했다. 온 몸에 땀이 흘렀고 이질 역시 완전히 나았다.(『속지월록續指月錄』)

오조(五祖) 법연(法演)이 백운단(白雲端)을 찾아갔다. 그러고는 마침내 남전(南泉)의 마니주어(摩尼珠語)에 대해 물었다. 백운단이 크게 꾸짖자 선사가 깨달았다. 투기게(投機偈)[23]를 지어 올렸는데 내용은 이랬다. "산 앞 한 뙈기 버려진 밭에서, 두 손 모아 간절히 할아버지께 물어, 몇 번이나 팔러 왔다 도리어 사 가니, 소나무 대나무가 가엾게 여겨 맑은 바람을 끌어 낸다[山前一片閑田地, 叉手叮嚀問祖翁, 幾度賣來還自買, 爲憐松竹引淸風]." 백운단이 특별히 인가했다. (…) 백운단이 선사에게 말했다. "여산(廬山)으로부터 선객(禪客)들이 찾아왔는데 모두 깨달음이 있는 자들이었다. 말하는 것을 가르쳐 봐도 말하는 것이 유래가 있고, 인연을 들어 물어봐도 밝게 알고 있으며, 공안에 대해 물어봐도 역시 막힘이 없었다. 그렇지만 거기에 들어서 있지 않았다!" 선사가 이 말을 듣고 크게 이상하게 여기며 혼자 말

---

23 투기(投機)는 선종(禪宗)에서 수행자가 석가모니의 가르침의 요체(要諦)를 이루어 대오하는 일 또는 학인(學人)의 기(機)와 스승의 기(機)가 일치하는 일이다. 여기서는 후자를 가리키는 것으로 이를 게송으로 옮은 것이다.

하기를, '이미 깨쳤고 말로도 할 수 있고 밝게 알기도 하는데 왜 거기에 있지 않다는 건가?' 며칠을 골똘히 생각하다가 홀연 깨닫고는 종전에 보배처럼 아끼던 것을 한꺼번에 던지고 백운단을 찾아갔다. 백운단이 손발을 휘저으며 춤을 추니 선사 역시 한바탕 웃고 말았다. 선사가 후에 말했다. "내가 그대 때문에 온몸에 식은땀을 흘리고는 곧 알게 되어 맑은 바람을 실을 수 있었소."

앞에서 든 몇 가지 예는 아주 친절해 사람들로 하여금 쉽고 빠르게 깨달을 수 있게 한다. 만약 "크게 죽고 크게 산다(大死大活)"거나 "고목에서 꽃이 핀다(枯木生花)"거나 "식은 재에서 폭발하는 콩(冷灰爆豆)", "벽력같은 한 소리(迾的一聲)", "머리에서 나는 벼락소리(頂上一聲雷)" 등의 비유적인 말을 실제 법문이라 여겨 그 구체적인 현상이 반드시 나타날 것이라 생각한다면 선종의 무상심법(無上心法)은 꿈에서도 찾을 수 없을 것이다. 전문가가 본다면 실소를 금하지 못할 것이다. 그러나 이러한 말이 과연 순수한 비유일 뿐으로 사실과 조금도 관계가 없는 것일까? 이것 역시 어리석은 사람의 꿈 이야기와 같은 것으로, 꿈 이야기를 하는 사람이 어리석은 사람이란 걸 모르는 것이다.

깨달음을 얻은 사람도 계속 정을 닦아야 할까

　이 문제에 대해서는 닦아야 한다는 답과 닦을 필요가 없다는 답 두 가지가 가능하겠지만, 다음과 같은 두 게송으로 설명해 보자. "붙들지도 않고 놓지도 않아 편안히 머물고 오지도 않고 가지도 않아 종횡에 맡긴다[不擒不縱坦然住, 無來無去任縱橫]." "날마다 밥 먹고 옷 입지만 한 톨의 밥알도 씹지 않고 한 오라기의 실도 걸치지 않는다. 마치 새가 허공을 나는 것 같고 차가운 연못에서 달을 움켜쥐는 듯하니 어떤 진실한 사상(事相)도 얻지 못한다."

　만약 여기에 이르러서도 여전히 흔들린다면 일체의 법문을 모두 실상(實相)과 마찬가지로 임의로 따져 보아 처음부터 해 보는 것도 무방할 것이다. 임제(臨濟)는 원적(圓寂) 시 다음과 같은 게송을 남겼다. "끊임없이 흘러가니 묻노니 어떠한가, 진실한 비춤은 한 쪽에 있지 않아 말하자면 그것과 같도다, 모양도 없고 이름도 없으니 사람들이 이어받지를 않고, 지극히 쉬운 것만 급하게도 쓰는 구나[沿流不止問如何, 眞照無邊說似他, 離相離名人不禀, 吹毛用了急須磨]."

　만약 모름지기 좌선만 해야 하느냐 묻는다면?

　대답은 이렇다. 그 무슨 말인가! 일상의 행주좌와 사위의(四威儀) 중 어느 때 어느 곳이든 정(定)에 들 수 있어야 하니, 단지 좌선만이 정(定)이라 말할 수 없고 좌선이 정(定)이 아니라 말할 수도 없다. 명심견성하여 도를 깨친 사람이라면 어떻게 할지 절로 알게 될 것이다. "두 다리 쭉 뻗고 한 잠을 자고 나니, 깨어서도 천지는 이전과 같도다[長伸兩足眠一寐, 醒來天地還依舊]." 어떤 게 그렇지 않겠는가. 황룡심(黃龍心)은 호구융(虎丘隆)을 일컬어 앉아서 조는 호랑이라 했는데, 원인이 없는 것이 아니었다.

임제(臨濟)가 깨달은 후 승당(僧堂)에서 졸고 있는데 황벽(黃壁)이 들어와 보고는 지팡이로 머리를 내리쳤다. 선사가 머리를 들어 황벽을 보고는 다시 조니 황벽이 다시 머리를 내리쳤다. 위로 올라가니 수좌(首座)가 좌선을 하고 있었다. 그것을 보고 말했다. "아래 칸에서 후배가 좌선을 하고 있는데, 그대는 여기서 망상에 빠져 있는가?"

철우(鐵牛) 선사가 깨달은 후 절을 순시하던 설암흠(雪巖欽)과 만났다. 그때 선사는 닥나무껍질로 몸을 둘러싸고는 누워 자고 있었다. 설암흠은 선사를 방으로 불러 놓고 화난 목소리로 말했다. "내가 절을 순회하고 있는데 그대가 자고 있었으니, 만약 도를 얻었다면 용서하겠지만 도를 얻지 못했다면 얼른 하산하게[我巡堂, 汝打睡, 若道得卽放過, 道不得卽趁下山]!" 선사가 입에서 나오는 대로 답하기를 "철우가 무력하여 밭 갈기를 게을리 하니 밧줄과 쟁기를 챙겨 눈 꿈을 꾸러 갔네, 대지가 온통 흰 눈으로 덮여 있어 덕산 어디에도 금 채찍 놓을 데 없네[鐵牛無力懶耕田, 帶索和犁就雪眠, 大地白銀都蓋覆, 德山無處下金鞭]"라고 했다. 설암흠이 말했다. "좋은 철우로다[好個鐵牛也]!" 이로 인해 철우가 호(號)가 되었다.

그렇지만 석상(石霜)의 참선 단체 중 이십여 년 이래 적지 않은 사람이 "항시 눕지 않고 나무등걸처럼 우뚝하니 앉아만 있었다[常坐不臥, 屹若株

杌〕." 이 사람들은 단지 참선 자세로 앉아 있기만 할 뿐 잠을 자지 않았으니 말라버린 나무뿌리 같았다. 그렇지만 당시 이 사람들을 말라빠진 나무 등걸이라 욕했던 사람들도 결코 잠을 자야 비로소 도(道)가 된다고 말하지는 않았다.

현사(玄沙)가 죽은 승려를 보자 대중을 향해 말했다. "죽은 승려의 눈앞에 있는 것이 바로 깨달음이다. 정수리 뒤의 신광이 만 리까지 비친다는 말에 배우는 자들이 적지 않게 현혹되어 있다〔亡僧面前, 正是觸目菩提, 萬里神光頂後相, 學者多溟涬其語〕." 그러고는 다시 게송 하나를 읊었다. "정수리 뒤의 빛이 만 리를 비친다 하나, 머리가 없는데 어디에서 볼 수 있으리, 이미 일이 이루어지면 뜻 역시 쉬는 법, 이것이 쫓아와 두루두루 접촉하니, 지혜로운 자는 어지러운 속에도 바로 붙들어 내며, 머리가 없어지는 순간을 기다리지 않는다〔萬里神光頂後相, 沒頂之時何處望, 事已成, 意亦休, 此個來蹤觸處周, 智者撩著便提取, 莫待須臾失卻頭〕." 이 속에 깃든 이치는 모름지기 자세하고 성실히 살펴야지 쉬운 대로 대충 해서는 안 된다. 그렇게 되면 단견(斷見)이나 상견(常見)에 떨어지거나 정확하지 못한 견해를 갖게 된다.

선문(禪門)의 선정(禪定)에 대해서는 『육조단경(六祖壇經)』이나 조사들의 어록에 이미 언급되어 있으므로 여기서는 더 이상 인용하지 않고 단지 남전(南泉)의 말을 들어 결론으로 삼고자 한다.

전하는 말에 따르면 십지보살(十地菩薩)은 수능엄(首楞嚴) 삼매에 머물면서 여러 부처의 비밀 법장(法藏)을 얻어 일체의 선정과 해탈을 얻었다고 한다. 신통(神通) 묘용(妙用)하여 일체의 세계에 색신(色身)을 드러내기도 하고, 혹 등각(等覺)과 정각(正覺)을 이루는 것을 보여 주기도 하며, 큰 법륜(法輪)을 돌려 열반에 들어간다고 한다. 모공(毛孔)으로부터 무한한 것을 빨아들여 경전의 한 구절을 강연해도 무량겁 동안 그 뜻이 소진되지 않는다고 한다. 수도 없이 많은 중생을 구제해 무생인(無生忍)[24]을 얻고도 오히려 극히 미세한 어리석음을 불러일으켜 도(道)와 완전히 괴리된다고 한다. 어렵다! 참으로 어렵다! 그래서 보배롭고 소중하다.

『금강경』에서 말한다. "내가 말한 법은 뗏목의 비유와 같다. 법도 마땅히 버려야 할진대 법도 아닌 것이랴[我所說法, 如筏喩者, 法尙應捨, 何況非法]?" 앞에서 말한 일체의 것에 대해 독자 여러분은 꿈속에서 들은 것쯤으로 생각하면 좋을 것 같다. 만약 실법(實法)[25]이라 생각한다면 제호(醍醐)가 변해 독약이 될 것이다. 말하는 사람이 무심(無心)이라면 듣는 사람은 그보다 더할 수 있을 것이다.

(심리 부분에 관해서는 『습선녹영習禪錄影』을 참고하기 바란다.)

---

[24] 생겨나지도 않고 소멸되지도 않는 이치에 통달하여 더 이상 마음이 움직이지 않는 상태이다.

[25] 법에는 가법(假法)과 실법(實法)이 있는데, 법에 실체가 있는 것을 실법이라 하고 실체가 없는 것을 가법이라 한다.

부록2

인시자
정좌법

머리말

상고 이래 지금까지 전해 오는 중국의 의료 예방법은 그 가치가 지극히 높음에도 음양오행(陰陽五行)이나 감리연홍(坎離鉛汞)[1] 등의 애매한 용어로 서술되어 있어 읽는 사람으로 하여금 갈피를 잡을 수 없게 한다. 그뿐 아니라 그 이론 또한 신비적 색채가 짙어 널리 퍼지지 못하고 있다. 이러한 문제의식에 입각해 필자는 여기에 대한 명백한 해설서를 구상하곤 했으나 공부가 미흡해 적지 않은 세월 동안 미뤄 오고 있었다. 그러다가 1914년(당시 필자의 나이는 42세였음) 일본에서 유행하던 『오카다식 정좌법(岡田式靜坐法)』을 읽을 기회가 있었다. 이 책은 저자 나름의 독특한 시각에서 기술한 것이었다. 이것을 보고 필자는 더 이상 꾸물거리고 미룰 수 없다고 생각하여 『인시자정좌법』을 세상에 내놓기에 이르렀다. 정좌(靜坐)라는 용어는 예나 지금이나 흔히 사용하는 것이다. 송대(宋代) 이학가(理學家)들은 '정좌 공부'라는 말을 사용했고, 명대(明代)에는 원료범(袁了凡)의 『정좌요결(靜坐要訣)』이라는 책이 널리 읽혔다. 이때의 '정좌'는 실제로 '선

---

1 감리와 연홍은 도가에서는 동의어처럼 사용된다. 감(☵) 속의 양효를 끌어올려 리(☲) 속의 음효를 대체해 순양의 건(☰)을 회복하는 것이 도가 양생술의 목적이다. 감의 기운은 마치 납처럼 무겁고 엉기며, 리의 기운은 마치 수은처럼 흩어지는 성격이 있어 연홍(鉛汞)에 비유한다.

정(禪定)'의 의미와 거의 같다. 그러나 정좌라는 말이 이미 널리 유행하여 보편화되었기에 필자도 이 용어를 선택했다.

사람은 원래 네 종류의 자세를 취할 수 있다. 걷거나 서거나 앉거나 눕거나 하는 자세이다. 이 중에서도 앉아 있을 때 가장 전신이 안정된다. 도교, 불교를 막론하고 모두 앉는 자세를 위주로 하는 것도 바로 이 때문이다. 그러나 누운 자세에서도 정좌 공부가 가능하다. 공부에 숙달되면 뛰거나 가만히 서 있을 때에도 움직임 속에서 고요함을 취해 마음이 바깥으로 치닫지 않게 할 수 있다. 그러나 이것이 쉽게 성취될 수 있는 것은 아니다. 『인시자정좌법』이 나온 후 호응이 좋아 1918년(46세)에는 불교 천태종의 지관법(止觀法)을 흡수하여 『정좌법(靜坐法) 속편』을 다시 내놓았는데, 그 후 이 두 책은 날개 돋친 듯 팔려 중판이 수십 차례에 이르렀다. 그로부터 36년이 지나서(필자 나이는 현재 82세임) 그동안 적지 않은 경험도 쌓이고 '기경팔맥(奇經八脈)'이 통하는 체험도 하여 다시 이 책을 출간해 의료 예방에 참고가 되고자 한다. 이 책은 원리와 방법 및 경험의 세 부분으로 구성되어 있으며 내용도 이전의 두 책보다 풍부하다고 할 수 있다.

정좌의 원리

'정(靜)'의 뜻

지구는 한순간도 쉬지 않고 움직인다. 우리 인류도 마치 작은 개미처럼 지구가 움직이는 대로 같이 움직이지만 스스로는 이것을 느끼지 못한다. 그뿐 아니라 인류 스스로도 쉴 틈 없이 움직인다. 잠들어 있을 때에도 심장 박동은 계속되며 잠시라도 멈추는 것은 절대로 불가능하다. 이렇게 본다면 우주에는 늘 움직이는 힘이 지배하고 있어서 정(靜)이 발붙일 데가 없다. 동(動)과 정(靜)이 상대적인 용어일 뿐이라는 것도 바로 이 때문이다. 우리는 지구의 움직임과는 상관없이 스스로 심신(心身)을 움직이기도 하는데 이것을 동작이라 한다. 만약 우리가 스스로 동작을 그치고 지구의 움직임에만 적응하고 있다면 이것을 곧 정(靜)이라 할 수 있다.

인간은 노동을 하면 휴식을 취해야 한다. 공장 노동자는 일정한 노동을 한 후 반드시 휴식을 취해야 하며, 정신노동을 하는 교사의 경우도 50분 수업 후에 10분간의 휴식 시간이 있다. 이 휴식이 곧 정(靜)이다. 그러나 이러한 상태의 정(靜)은 심신이 하나가 된 상태에서 나온 것이 아니다. 몸은 비록 쉬고 있을지라도 마음은 천 리를 달리고 있을지 모른다. 정(靜)이 진정한 효과를 보지 못하는 것도 바로 이 때문이다.

심신의 모순

인간은 몸과 마음의 두 측면을 갖고 있다. 스스로 관심 있게 살피지 않는다면 아무것도 느끼지 못하겠지만, 일단 관심을 기울이면 이 두 측면이 한시도 모순 상태에 있지 않을 때가 없다는 것은 알 수 있다. 예를 들어 옳지 못한 일을 눈앞에 두고 있다고 하자. 이 경우 좋은 사람이든 나쁜 사람이든 행동하지 않았을 때는 양심상 이런 짓은 하지 말아야지 생각하지만 몸이 말을 듣지 않고 욕망이 양심을 억눌러 일을 그르치고 만다. 저지르고 난 뒤에는 후회해도 소용없다. 이것이 바로 심신의 모순이다. 옛사람이 말하기를 "천리와 인욕이 서로 싸운다〔天理與人欲交戰〕"고 했다. 올바른 사람이라면 행위로 나타나기 전에 양심으로 인욕을 제지한다. 이것은 양심이 사람의 욕망과의 싸움에서 승리한 것으로 이렇게 하여 모순은 해결된다. 그렇다면 이러한 모순은 어디서 기인할까. 우주 안의 모든 사물은 상대적이지 않은 것이 하나도 없다. 상대적이라는 것은 곧 상반된 것이다. 눈을 들어서 어디를 봐도 동서(東西), 남북(南北), 대소(大小), 고저(高低), 장단(長短), 방원(方圓)이요, 시간을 봐도 고금(古今), 주야(晝夜)요, 사람을 봐도 고락(苦樂), 애증(愛憎), 희로(喜怒), 시비(是非), 선악(善惡), 정사(正邪) 등 상대적이지 않은 것이 없다. 우리가 처한 곳 어디에도 상대적이지 않은 곳이 없으며, 어느 하나도 모순되지 않은 것이 없다. 평소에 수양을 쌓은 사람은 몸과 마음이 청정하여 한 점의 사욕도 없기에 모순에 부딪치더라도 양심에 따라 곧 조화롭게 된다. 이것이 바로 정좌의 초보적 효험이다.

정좌와 생리의 관계

신경

정좌는 생리적 기능 전반에 영향을 미친다. 외부로는 오관(五官)과 사지 (四肢), 내부로는 오장육부에 이르기까지 어느 한 군데도 관련되지 않은 곳이 없다. 그러나 여기서는 생리학을 다루는 것이 아니므로 일일이 다 열거할 수 없고 단지 관계가 유독 깊은 신경, 혈액, 호흡, 신진대사에 한하여 검토해 보자.

이전까지 우리는 몸과 마음을 마치 별개의 것처럼 생각해 왔다. 그러나 생리학자인 파블로프가 대뇌피질이 전신을 통괄하며 외부 환경에 대해서도 적절한 반사 작용을 한다는 것을 발견한 이후 상황은 바뀌었다. 즉 외부 환경의 변화가 감각 기능을 자극하여 대뇌피질의 활동에 영향을 미치기 때문에 정신과 육체를 더는 별개의 것으로 생각할 수 없게 되었다. 정신과 육체는 하나의 체계 아래 통일되어 있으며 분리해서 따로 생각할 수 없는 것이다.

반사에는 조건 반사와 무조건 반사가 있다. 무조건 반사는 선천적인 것으로서 따로 배우지 않아도 가능하며 또 비교적 간단하다. 예를 들면 눈앞에 물체가 접근할 때 눈이 저절로 감기는 현상이라든지, 자극적인 냄새를 맡았을 때 기침이 나거나 구토가 일어나는 현상, 뜨거운 것에 손이 닿았을 때 재빨리 손이 움츠러드는 반응 같은 것이다.

무조건 반사만 가지고는 변화무쌍한 일상생활에 일일이 대응할 수 없다. 이 때문에 무조건 반사의 경험을 바탕으로 대뇌피질에서는 전후 연관 관계가 있는 상황에서도 반사가 일어나도록 한다. 이것을 조건 반사라 한다. 예를 들면 신맛이 나는 매실을 입에 넣으면 침에 가득 고이는 무조건 반사가 일어나는데, 이후에는 매실만 보아도 침이 고이는 현상이 나타난다. 이러한 조건 반사에 따라 사물에 대한 인체의 반응 범위는 넓어진다.

우리의 사상은 나날이 발전한다. 더욱이 언어나 문자의 추상적 이미지가 실제 사물의 자극을 대체해 감으로써 조건 반사는 끝없이 확대된다. 반사에는 두 작용이 포함되어 있다. 하나는 억제 작용이요, 다른 하나는 흥분 작용이다. 신경이 자극을 받으면 대뇌는 전신 혹은 특정 부위에 흥분이 일어나도록 명령한다. 흥분 작용이 상당히 지속된 뒤에는 다시 억제 작용이 발생한다.

그렇다면 정좌와 신경 간에는 어떤 관계가 있을까? 대뇌의 반사 작용을 우리는 습관상 망념(妄念)이라 한다. 망념이 오락가락하면서 멈추지 않을 때는 비단 심리적으로 안정되지 못할 뿐 아니라 신체에도 영향을 미치게 된다. 예를 들면 좋지 못한 일을 은밀히 행하다가 우연히 다른 사람에게 들키면 얼굴과 귀가 빨갛게 된다. 그리고 몹시 놀라거나 두려워할 때는 얼굴이 하얗게 질리거나 파랗게 된다. 이러한 현상은 정서 작용이 혈관에 영향을 미친 것으로 부끄러울 때는 동맥이 팽창함으로써, 놀라거나 두려워할 때는 정맥이 팽창함으로써 나타난다. 그리고 유쾌할 때는 식욕이 더 좋아지나 슬플 때는 음식을 보아도 식욕이 일어나지 않는 것은 정서 작용이 위장 기능에도 영향을 미치기 때문이다. 이러한 예는 매우 많다. 이 때문에 정좌에서는 반드시 정신의 안정이 필요하다. 정신이 안정되면 반사 작용이 정상적으로 회복되어 자율 신경 계통의 흥분, 억제 작용이 평형을 이룬다. 이 상태에서는 몸과 마음이 쉽게 하나가 될 수 있다. 그러나 망념이란 것을 그렇게 쉽게 제압할 수 있는 것은 아니다. 오직 정좌 수련을 반복할 수밖에 없다. 수련을 오래 계속하면 육체와 정신은 하나로 통일되어 자신의 지휘에 응하게 된다. 옛사람이 "사람의 마음이 태연하면 온몸이 이를 따른다〔天君泰然, 百體從令〕"고 했는데, 바로 이런 의미이다. 이상에서 정좌와 신경은 매우 밀접한 관계가 있음을 알 수 있다.

혈액

혈액은 인간 생활의 원천으로서 전신을 순환하며 한시도 정지하지 않는다. 혈액의 순환 계통으로는 심장과 혈관의 두 부분이 있다. 심장은 중심 기관으로서 신체 각 부위의 홍색 혈액(동맥혈)이 모두 여기서 흘러나오며, 동시에 각 부위의 자색 혈액(정맥혈)도 모두 여기로 되돌아온다. 혈관은 혈액을 수송하는 통로로서, 심장으로부터 신체 각 부위로 혈액을 전달하는 것을 동맥, 혈액을 다시 심장으로 되돌려 보내는 것을 정맥이라 한다. 혈액의 순환 작용은 신체 각 부위의 활동에 따라 이에 필요한 전체 양을 감안하여 진행된다. 따라서 순환 작용은 신체의 활동 상태에 따라 수시로 변한다. 신체 일부분의 활동이 특히 왕성할 때는 이 부분의 혈액 순환 작용이 왕성해져 다량의 혈액이 집중한다. 포식 후 위 부위에 혈액이 집중되거나 운동

후 사지가 충혈되는 것도 이 때문이다. 반대로 활동이 적은 부분에서는 혈액의 양도 감소한다. 이처럼 일정 시간 안에 각 부위가 필요로 하는 적절한 혈액을 공급함으로써 신체는 정상적인 상태를 유지할 수 있다.

혈액이 잠시도 쉬지 않고 전신을 순환할 수 있는 것은 물론 심장과 혈관의 수축, 팽창 작용에 의해서이지만, 이것이 어느 한 부위로 치우치지 않기 위해서는 반드시 통일된 하나의 지휘 체계가 필요하다. 이것이 바로 중추 신경이며 좀 더 구체적으로 말하면 대뇌피질이다. 파블로프는 이렇게 말했다. "뇌와 척수로부터 심장과 혈관에 이르는 신경은 흥분 기능과 억제 기능이 동시에 있다. 전자는 심장의 박동을 가속화시키고 혈관의 굵기를 수축시키는 데 비해 후자는 심장의 박동을 약하고 느리게 하며 혈관을 이완시킨다. 이 두 기능이 번갈아 발생함으로써 순환계 활동이 조절된다."

혈액 순환이 조금이라도 정체되면 곧 병이 생긴다. 이 때문에 동서를 막론하고 병을 진단할 때는 먼저 맥박부터 살핀다. 혈액의 정체를 유발하는 요인은 두 가지가 있다.

내재적 원인

(1) 내장은 비록 중추 신경에 의해 통괄되지만 척수 신경과 자율 신경(교감 신경과 부교감 신경)이 지배하기 때문에 대뇌는 여기에 대해 간접적 역할을 할 뿐이다. 따라서 몸속에 질병이 잠복하고 있을 경우 이상 반사 현상이 생겨 혈액의 유통이 비정상적 상태가 된다.

(2) 보통 사람의 경우 혈액의 태반은 복부에 집중되어 있다. 복부의 근육이 풀려서 힘이 없다면 복부에 있는 혈액을 다 보내지 못해 이곳에 혈액이 갇히게 된다. 그 결과 기타 각 부위에서는 혈액이 부족할 수밖에 없다.

(3) 내장 기관은 우리의 의식으로 조절할 수 없다. 혈액 순환이 지체되더라도 이를 느끼거나 알 수 없다. 질병이 생겨 의사의 진찰을 받을 때에야 비로소 알게 되는데, 그 밖에 알 수 있는 다른 방법이 없다.

(4) 심장 박동은 심장과 가까운 동맥에서는 그 힘이 지속되나 정맥에 이르면 약화된다. 이 때문에 혈액이 다시 심장으로 돌아오지 못하고 복부에 정체되기 쉽다.

외재적 원인

외재적 원인으로는 추위나 더위, 감기나 외상 등의 물리적 또는 화학적 자극을 들 수 있다. 이로 인한 혈액 순환의 정체는 내재적 요인보다 비교적 쉽게 발생한다.

정좌 공부에서는 전신의 중심을 아랫배에 두도록 한다. 이것이 오래 지속되면 아랫배 근육에 탄력이 생겨 복부에 차 있던 혈액을 쉽게 심장으로 되돌려 보낼 수 있다. 그뿐 아니라 내장의 감각이 점차 민감해져 혈액이 정체되면 이를 곧 느낄 수 있다. 혈액의 순환 기능이 왕성해지면 쉽게 병에 걸리지 않게 된다. 이러한 의료 예방법은 병에 걸리고 난 뒤 치료를 구하는 것과는 효과에 있어서 비교가 되지 않는다.

호흡

호흡은 인간의 생명을 유지하는 데 필수적이다. 사람은 누구나 음식의 중요성을 안다. 그러나 호흡이 이보다 더 중요하다는 사실은 별로 느끼지 못한다. 음식을 전혀 먹지 않더라도 칠 일 정도는 버틸 수 있지만 호흡이 막히면 삼십 분도 못 되어 죽어 버린다. 그럼에도 호흡의 중요성을 그다지 느끼지 못하는 것은 음식과 달리 호흡은 아무 대가 없이 쉽게 얻을 수 있기 때문이다.

인체 활동에 필요한 에너지는 대부분 음식물의 산화에서 얻는다. 위장을 화로에 비유한다면 산화는 화로 속에서의 연소라 할 수 있다. 연소에는 반드시 산소가 필요하고 연소 이후에는 이산화탄소가 발생한다. 연소에 필요한 산소는 대기 중에서 흡수하며 이 과정에서 생긴 이산화탄소는 다시 대기 중으로 돌려보낸다. 이러한 신체 내의 기체 교환 과정이 곧 호흡이다. 호흡을 통해 흡수한 산소는 폐로부터 심장으로 간다. 심장으로 간 산소는 동맥을 통해 각 조직에 이르고, 반대로 여기서 발생한 이산화탄소는 정맥을 통해 심장에 이르며, 심장에서 폐로 가서 다시 코를 통해 바깥으로 배출된다. 기체의 출입은 주로 가슴의 근육과 횡격막의 운동에 의해 지속되는데, 이것을 호흡 운동이라 한다. 이 운동은 밤에도 쉬지 않으며 평생 동안 쉬지 않는다.(엄격히 말하면 심장의 고동과 고동 사이, 그리고 호흡의 들이쉼과 내쉼 사이에는 짧기는 하지만 휴식 과정이 있다.) 이것은 모두 중추 신경의 지휘에 의한 것이며 기체 출입의 평형을 유지하기 위한 것이다.

숨을 들이쉬면 공기는 콧구멍, 인후, 기관지를 통해 폐로 들어가며 내쉴 때는 동일한 경로를 통해 폐 속의 탁기가 배출된다. 폐는 좌우 두 개이며 좌측 폐는 2엽(葉), 우측 폐는 3엽(葉)으로 되어 있다. 생리학자들의 주장에 따르면 폐포(肺胞)의 수는 전부 약 칠억 오천만 개 정도이며, 총 면적은 약 칠십 평방미터이고, 이 중 실제로 호흡 기능을 담당하고 있는 면적이 약 오십오 평방미터라 한다. 이 면적은 인체 총 표면적의 약 삼십 배에 달하는 것으로, 가슴 한 부위에 속하는 기관의 면적이 이처럼 넓은 것을 보면 폐가 얼마나 정교하게 되어 있는지를 알 수 있다.

호흡 시 들이쉬는 공기 속에는 산소 이외에도 질소나 수증기 등이 섞여 있지만 이들은 그다지 중요하지 않다. 중요한 것은 산소의 섭취와 이산화탄소의 배출이다. 이렇게 흡수된 산소는 정맥 속의 자색 피를 홍색으로 바꾸어 다시 동맥으로 보낼 수 있게 한다. 이로 볼 때 혈액 순환은 전적으로 호흡 운동에 따라 행해지는 것이라 할 수 있다. 혈액은 약 24초 동안에 전신을 한 바퀴 순환하며, 하루에 약 3600번이나 전신을 회전한다. 사람의 호흡수는 하루에 2만여 회로서 이를 통해 흡수하는 맑은 공기는 약 1.4입방미터 정도이다. 인체 내의 혈액 총량을 평균 2.5리터 정도로 볼 때, 이 공기가 정화시킬 수 있는 혈액은 약 7500킬로그램에 해당한다. 이처럼 엄청난 작업이 몸속에서 진행되고 있는데도 이것을 전혀 느끼지 못하니 참으로 기묘하다 아니할 수 없다.

한 번 들이쉬고 한 번 내쉬는 것을 일식(一息)이라 하는데 인간의 생명은 전적으로 여기에 의존한다. 잠시라도 중단되면 곧 죽음에 이른다. 정좌 공부는 이처럼 생명의 본원으로부터 수련을 시작하니 예나 지금이나 초보적 입문 공부는 반드시 호흡으로부터이다. 공부의 성공도 결코 여기서 벗어나지 않는다.

신진대사

신진대사는 생명을 가진 모든 물체가 공유하고 있는 특성이다. 이것은 생명 활동의 기본적 속성으로서 생물과 무생물을 구분하는 주요 기준이 되기도 한다. 특히 인간에게 신진대사는 가장 중요한 생명 활동이다. 인간의 신체 구조는 극히 복잡하다. 신진대사에 필요한 양분과 산소는 극히 복잡한 과정을 거쳐야 비로소 조직에 다다를 수 있다. 마찬가지로 조직 속의 폐기물도 극히 복잡한 과정을 거쳐 몸 밖으로 배출된다. 인체로부터 배출되는 폐기물은 고체, 액체, 기체의 세 형태를 띠고 있다. 고체와 액체는 대소변과 기타 피부의 땀구멍을 통해 밖으로 배출되며 기체는 흉부와 코, 입을 통해 배출된다. 그런데 이 중에서도 기체의 배출이 특히 중요하다. 앞에서 설명했던 혈액 순환 및 호흡 작용도 모두 신진대사를 왕성하게 하기 위한 활동이며, 이를 위해 각 부위의 작용이 중추 신경 계통의 지휘에 따라 질서 있게 움직인다.

신진대사 과정은 두 측면으로 나누어 볼 수 있다. 하나는 조직 대사로서 신체 조직의 건설과 보수 및 이에 필요한 영양분을 저장하는 작용이다. 나이가 어린 경우는 아직 발육이 완전하지 못해 조직의 건설 작용이 많으나 성인의 경우는 조직의 보수 작용이 많다. 다른 하나는 조직의 분해 대사로서 조직의 분해 작용과 영양분의 분해 작용을 포함한다. 어느 것이든 분해 작용은 힘과 열량을 산출한다. 열량이 생긴 후에 이 중 일부분은 체온 유지에 쓰이고 나머지는 신속히 몸 밖으로 방출된다. 이렇게 본다면 신진대사 과정은 분리될 수 없는 두 개의 연속된 과정이라 할 수 있다. 하나는 조직 또는 영양분의 합성과 분해이며, 또 하나는 에너지의 발생과 이용 및 방출이다. 이러한 신진대사로 인해 우리의 전신 세포 중 낡은 것은 시시각각 분해되어 새로운 세포로 대체된다. 생리학자들의 견해에 따르면 인체 내의 세포는 어느 것이든 부단히 새롭게 되어 칠 년이 지나면 실제로 이전과는 전혀 다른 신체로 바뀐다. 이것은 우리가 거울을 들여다보기만 해도 곧 알 수 있다. 자신의 용모는 어릴 때와 청년기 그리고 노년기에 따라 전혀 달라진다. 신진대사 결과 신체의 각 세포가 바뀌어 가는 증거라 할 수 있다. 그럼에도 우리는 이것을 전혀 느끼지도 못하니 정말 어리석지 않은가.

정좌는 중추 신경을 고요히 안정시켜 그 지휘 기능을 강화시킴으로써 혈액 순환, 호흡 조정 및 신진대사의 작용을 원활히 할 수 있도록 하고 아울러 그 효율도 극대화시킨다.

정좌의 방법

정좌 전후의 조화 공부

가. 음식의 조정

사람의 몸은 기계에 비유할 수 있다. 기계가 움직이려면 반드시 기름이 필요하듯이 사람의 몸도 제대로 움직이려면 반드시 음식이 있어야 한다. 음식은 먼저 입에서 소화액과 섞여 위로 내려가면 위에서 다시 소화되어 죽과 같은 형태로 작은창자로 이동한다. 각종 음식물은 작은창자에 이르러서야 비로소 완전히 소화되며 우유와 같은 형태로 혈액 속에 들어가 전신에 퍼진다. 음식과 생명은 이처럼 매우 중요한 관계가 있다. 그러나 음식을 과다히 섭취하면 위장에서 이를 모두 소화 흡수할 수 없어서 소화되지 못한 상태로 체외로 배설된다. 이것은 위장의 부담을 가중시켜 정좌 시 안정되기 어렵게 한다. 음식을 너무 적게 먹는 것도 좋지 않다. 영양이 부족하여 신체가 쇠약해지기 때문에 정좌에도 좋지 않다. 음식은 적당량을 섭취해야 한다. 우리는 음식을 양껏 먹어서 배 속을 꽉 채워야 만족하곤 한다. 이것은 대단히 좋지 못한 습관이다. 음식을 먹기 시작하여 웬만큼

배가 부른 느낌이 들면 곧 중지해야 한다. 옛사람이 말하기를 "몸은 항상 수고롭게 하며 음식은 항상 적게 먹도록 한다"고 했다. 매우 의미 깊은 말이다. 또 음식의 맛이 너무 좋은 것도 적당하지 않다. 수수하고 거친 음식을 먹을 수 있다면 더욱 좋다. 음식을 먹고 난 뒤 바로 정좌에 들어가는 것은 좋지 않다. 통상 두 시간 정도 지나고 나서 정좌에 들어가는 것이 좋다. 아침에 일어나서 세수를 한 후 냉수를 한 컵 정도 마신 공복 상태에서 정좌를 하는 것이 가장 좋다.

나. 수면의 조정

사람은 몸이나 마음을 사용한 이후 체력을 회복하기 위해 반드시 휴식이 필요하다. 수면은 이 중에서 가장 긴 휴식이다. 보통 사람의 경우 수면은 여덟 시간 정도가 적당하다. 이보다 과도하게 많으면 정신이 맑지 못해 정좌에 좋지 않다. 그러나 너무 모자라면 체력이 회복되지 않아 심경이 허황해져 정좌에 좋지 않다. 따라서 수면은 일정한 시간에 절제 있게 해서 항상 정신을 맑게 유지할 수 있도록 해야 한다. 이렇게 한 뒤에야 비로소 정좌에 들 수 있다. 매일 저녁 잠들기 전이나 잠을 자다가 일어나서도 정좌에 들 수 있다. 정좌 후 여전히 수면 부족이 느껴지면 다시 잠을 자도 좋다. 요컨대 수면은 너무 많아도 너무 적어도 좋지 않다.

다. 몸의 조정

몸의 조정이란 신체 자세를 단정히 하는 것이다. 몸의 조정은 앉은 자세

뿐 아니라 앉기 전이나 자세를 풀고 난 후에도 모두 유의해야 한다. 신체 동작에는 걷고 서고 앉고 눕는 네 가지 형태가 있다. 정(靜)을 수련하는 사람이라면 평소 동작에서도 안정을 잃지 않도록 해야 한다. 불안정하거나 난폭하게 거동하면 기운 또한 불안정해져 마음이 쉽게 산란되고 입정(入靜)에 들기 어렵다. 이 때문에 정좌에 들기 전에는 반드시 몸을 조화로운 상태로 유지해야 한다. 이것이 정좌 전의 몸 조정 방법이다. 정좌에 들 때는 먼저 두 다리를 안정시켜야 한다. 만약 결가부좌 자세를 취하려 한다면 먼저 왼쪽 발을 오른쪽 허벅지 위로 올리고 다시 오른 발을 왼쪽 허벅지 위로 올려 양 발바닥이 모두 위로 향하도록 한다. 이렇게 하면 대개 양 무릎이 팽팽히 긴장되고 전신의 근육은 마치 시위를 잡아당겼을 때처럼 긴장되어 전후좌우 어느 쪽으로도 기울지 아니한다. 이것이 정확한 정좌 자세라 할 수 있다. 그러나 나이가 많은 경우는 이 자세를 취하기 어렵기 때문에 흔히 반가부좌를 취한다. 이것은 왼쪽 발을 오른쪽 허벅지 위로 올리기만 하면 되고 다시 오른쪽 발을 왼쪽 허벅지 위로 올릴 필요가 없다. 그러나 이 자세조차 제대로 취해지지 않을 때는 발을 허벅지 위로 올릴 필요 없이 허벅지 아래에서 두 발을 교차시켜도 무방하다. 이렇게 하여 다리가 안정되면 다음에는 손을 안정시켜야 한다. 손은 손바닥을 위로 하여 우측 손이 좌측 손 위로 가도록 포개어 아랫배 부위에 닿게 하고 허벅지 위에 가볍게 놓으면 된다. 이 상태에서 신체를 좌우로 일고여덟 차례 움직여 몸을 단정하게 한다. 척추는 곧게 하되 무리해서 펴려고 해서는 안 되며, 목과 머리는 곧게 하며, 코와 배꼽이 수직선상에 놓일 수 있도록 한다. 입으로 배 속에 있는 탁한 기운을 토한 후 혀끝을 입천장에 붙여 코와 입으로 서서히 세 차례에서 일곱 차례 맑은 기운을 들이마신다. 이 숫자는 각자 편의대로 하면 된다. 그 후 입은 닫은 상태에서 위아래 치아를 붙이고 혀 끝은 입천장에 붙인다. 다시 두 눈을 가볍게 감고 몸은 단정하게 하여 움직이지 않도록 한다. 만약 오래 앉아 있는 동안 자세가 흐트러지면 이것을 느끼는 즉시 가볍게 바로잡도록 한다. 이것이 정좌 시 몸의 조정 방법이다. 정좌가 끝나면 먼저 입을 열고 속의 기운을 십여 차례 내뱉어 몸속에 있는 열을 외부로 흩어지게 해야 한다. 그 후 서서히 신체를 풀어 놓는다. 먼저 어깨와 머리 및 목 그리고 양손과 발을 서서히 움직인다. 그리고 두 손을 마찰해 열을 낸 후 양 눈을 문지르고서 눈을 뜨며, 다시 코 양측을 문지른다. 정좌 시 혈맥이 왕성히 유통됨으로써 땀이 많이 흐를 수 있다. 이때는 땀이 마르고 난 뒤 움직이도록 해야 한다. 이것이 정좌 후의 몸 조정 방법이다.

라. 호흡의 조정

콧속에 공기가 들어가는 것을 흡(吸), 나오는 것을 호(呼)라 하며, 한 번의 호흡을 일식(一息)이라 한다. 정좌에서 제일 중요한 공부가 바로 호흡의 조정이다. 호흡에는 네 종류가 있다.

(1) 후두 호흡
보통 사람의 경우 호흡은 짧고 얕아 겨우 후두(喉頭) 부위를 출입할 뿐이다. 이 때문에 산소의 섭취와 이산화탄소의 배출 기능이 원활하지 못하고 혈액 순환이 좋지 않다.

(2) 흉식 호흡

후두 호흡보다는 나은 단계이다. 흉식(胸式) 호흡은 공기가 흉부 깊숙이까지 침투하여 허파꽈리에 가득 찬다. 맨손 체조 시 행하는 호흡 운동이이 호흡이다. 그러나 이상의 두 호흡은 조식(調息)이라 할 수 없다.

(3) 복식 호흡

일호 일흡에서 공기가 능히 아랫배까지 이를 수 있다. 들이쉴 때는 공기가 폐에 가득 차 폐 아랫부분이 확장되고, 이로 인해 횡격막을 아래로 압박함으로써 복부가 돌출한다. 내쉴 때는 복부가 수축하고 횡격막이 위로올라 폐 부위를 압박함으로써 폐 속의 탁기가 전부 바깥으로 배출된다. 이렇게 되어야만 비로소 조식이라 할 수 있다.

(4) 체 호흡

정좌 공부가 깊어지면 호흡이 깊고 미세해져 자기도 모르는 사이에 마치 호흡이 없어져 버린 듯한 상태에 이른다. 호흡 기관은 아무런 기능도하지 않으며 대신 전신의 땀구멍이 이를 대신하는 듯한 상태이다. 이것은조식의 지극한 효능이다. 수련인은 평소 호흡이 거칠거나 얕지 않게 하여가슴으로부터 서서히 복부에 이를 수 있도록 습관을 들여야 한다. 이것이정좌 전의 호흡 조정 방법이다. 정좌 시 호흡이 조화롭지 못하면 마음 또한 안정되지 못하므로 반드시 호흡은 가볍고 서서히, 그리고 길이를 일정하게 해야 한다. 이를 위해 수식법(數息法)을 행할 수도 있다. 수식법은 숨을 내쉴 때 숫자를 세는 법(수출식數出息)과 숨을 들이쉴 때 숫자를 세는 법(수입식數入息)이 있다. 1식에서부터 세기 시작하여 10식에 이르면 다시 1

식에서부터 세기 시작한다. 10식을 세지 못한 상태에서 다른 것을 생각하면 세기를 중단하고 다시 1식에서부터 시작한다. 반복 연습하여 숙달되면 호흡은 자연히 조화롭게 된다. 이것이 정좌 시의 호흡 조정 방법이다. 호흡 조정으로 인해 혈액의 유통이 강화되고 전신에 열이 발생하므로 정좌를 그만두려 할 때는 입으로 기운을 토해 내어 몸속의 열을 낮추도록 해야 한다. 그렇게 평소의 상태로 회복된 후 몸을 움직이도록 한다. 이것은 정좌 후의 호흡 조정 방법이다.

마. 마음의 조정

인간은 태어난 후 끊임없이 망념에 휩싸인다. 이른바 '의마심원(意馬心猿)'[2]이라는 표현도 바로 이것을 가리킨다. 망념은 매우 억제하기 힘들다. 정좌 공부의 성패도 바로 여기에 달려 있다. 인간은 앞에서 언급한 것처럼 네 가지 형태의 자세를 취할 수 있는데, 이 중 정좌에 들기 전 자세로서는 걷는 자세와 선 자세를 들 수 있다. 이 두 자세에서 늘 일언일동(一言一動)을 점검하여 마음이 오래 흐트러지지 않게 할 수 있다면 어렵지 않게 망념을 극복할 수 있다. 이것이 정좌 전의 마음 조정 방법이다. 정좌에 들어서는 두 종류의 마음 상태가 가능하다. 하나는 마음이 산란한 상태요 다른 하나는 혼침(昏沈)에 빠지는 상태이다. 처음 정좌를 배우는 사람의 경우는 마음이 산란하다가 오랫동안 연습을 거듭하면 망념은 점차 줄어드나 곧이어 혼침으로 빠져들곤 한다. 마음이 산란한 현상을 극복하기 위해서는 모

---

2 의식과 생각이 말처럼 뛰고 원숭이처럼 이리저리 옮겨 다니는 것.

든 것을 떨쳐 버리는 마음가짐이 필요하다. 자기 육체마저 자기와는 상관없는 것처럼 도외시하고 오직 일념으로 아랫배 부위만 지키고 있으면 점차 망념이 사라져 안정된다. 혼침을 방지하기 위해서는 통상 코끝을 응시하는 방법을 사용한다. 이렇게 하여 항상 정신이 깨어 있도록 한다. 일반적으로 저녁 시간에 하는 정좌는 낮 동안의 피로로 인해 혼침 상태에 빠지기 쉽다. 아침 시간을 이용하면 이러한 폐단을 막을 수 있다. 또 앞에서 언급한 수식법을 이용할 수도 있다. 1식에서 10식에 이르기까지 산란되지 않게 하여 오랫동안 숙달시키면 마음과 호흡이 서로 의지하게 된다. 이렇게 되면 산란하거나 혼침하는 두 가지 폐단을 모두 피할 수 있다. 이것이 정좌 시 마음 조정 방법이다. 정좌를 마친 후에도 마음이 산란하지 않도록 수시로 유의하는 것이 정좌 후의 마음 조정 방법이다.

이상에서 설명한 몸의 조정, 호흡의 조정, 마음의 조정 방법은 실제로 동시에 행해지는 것이나 설명의 편의상 세 가지로 나눈 것이다. 이 점을 소홀히 하고 하나씩 따로 행하려 해서는 안 된다.

지관 법문

정좌 시 신체나 호흡은 바르고 균일하게 할 수 있으나 마음은 쉽게 안정되지 않는다. 사람의 마음이란 줄곧 외부의 사물로 치닫게 마련이어서 이 것을 돌이켜 신체 내부의 어떤 곳에 묶어 둔다는 것이 그렇게 쉬운 일은 아니다. 이를 위한 연습이 바로 지관(止觀) 법문이다. 이것을 배우고자 하는 사람은 먼저 앞에서 언급한 조화(調和) 공부를 행해 어느 정도 효과를 거둔 뒤 한 걸음 더 나아가 배워도 좋고, 아니면 조화 공부에 별다른 성과 없이도 곧바로 이것을 배울 수 있다.

'지(止)'란 정지이다. 우리의 망심은 원숭이와도 같아 한시도 멈추려 들지 않으니 어디서부터 손을 대야 할 것인가. 원숭이를 움직이지 못하게 하려면 나무에 꽁꽁 묶어 두는 수밖에 없다. 지(止) 수련의 첫걸음을 '계연지(繫緣止)'라 한다. 망심의 활동은 반드시 정해진 대상이 있다. 대상은 하나의 사건이 아니라 하나의 사물이다. 이러한 사물을 연(緣)이라 한다. 망심은 홀연 갑(甲)을 생각하다가도 홀연 을(乙) 병(丙) 정(丁)을 생각한다. 이것을 반연(攀緣)이라 한다. 이러한 망심을 마치 원숭이를 묶어 두듯이 어느 한 곳에 묶어 두기 때문에 계연지(繫緣止)라 한다. 지(止)의 방법에는 여러 가지가 있는데 보통 이용되는 것은 다음 두 가지이다.

(1) 코끝에 마음을 묶는다

일체의 망상을 떨쳐 버리고 전심으로 코끝을 주시한다. 숨결이 들어오고 나가면서도 어디로 들어오는지 어디로 나가는지 모르는 상태가 오래 지속되면 망심이 서서히 사라진다.

(2) 배꼽 아래에 마음을 묶는다

인체의 중심은 아랫배에 있기 때문에 여기에 마음을 묶는 것이 가장 온당한 방법이다. 이때 코로 들이쉬는 숨은 코와 인후를 거쳐 아랫배로 곧바로 통한다고 생각한다. 이것이 오래 지속되면 비단 망념이 줄어들 뿐 아니라 호흡의 조정에도 도움이 된다.

계연지(繫緣止)가 어느 정도 숙달되면 한 걸음 더 나아가 '제심지(制心止)'를 수련한다. 제심지란 계연지가 마음의 대상으로부터 시작하는 데 비해 곧바로 마음의 본체로부터 시작한다. 즉 마음속에서 망념이 일어나는 곳을 수시로 제지하여 반연(攀緣)을 없앤다. 이것은 계연지에 비해 보다 세밀하고 깊은 공부이다.

여기서 더 나아가면 좀 더 높은 단계인 '체진지(體眞止)'를 수련해야 한다. 앞의 두 방법은 단지 지(止) 수련의 예비적 단계에 불과하지만 체진지는 다르다. 여기서부터는 진정한 의미의 지(止) 수련이라 할 수 있다. 체진지(體眞止)란 어떤 것일까? '체(體)'란 체험한다는 것이요, '진(眞)'이란 진실을 의미한다. 마음속에 일어나는 사물의 상(想)은 일어나자 곧 과거의 것이 되니 실재(實在)가 아니다. 바로 이것을 체험하는 것이다. 마음속에는 아무것도 취할 것이 없는 공(空)만 존재할 뿐이다. 망상이란 것조차 애써 없앨 필요가 없다. 그대로 두면 자연히 없어진다. 허망한 것이 없으면 곧 진실이다. 마음이 여기에 그치므로 이것을 체진지(體眞止)라 한다. 정좌 시 눈을 감은 상태에서 자기 신체를 돌아보면 어렸을 때부터 점차 성장해 죽음에 이르기까지 세포는 끊임없는 신진대사를 거듭하고 시시각각 변화하여 한시도 정지하지 않으니, 어떤 것도 꼭 집어 자기 신체라 말할 만한 것이 없다. 즉 자기 신체란 완전히 공허하고 헛된 것이다. 또 자기 마음을 돌아보면 생각은 끊임없이 바뀌어 과거의 생각은 이미 존재하지 않고 현재의 생각은 끊이지 않으며 미래의 생각은 아직 와 있지 않다. 그렇다면 과연 어떤 것이 자기 생각인가? 망심은 생겼다가 사라지곤 하는 것으로 모두 허망하다. 이런 수련이 오래 지속되면 망심은 자연 정지된다. 망심이 정지된 곳에 자연 진실한 경계가 드러난다.

정좌를 배우는 사람의 경우 처음에는 마음이 산란하여 안정되지 못한다. 산란한 것은 마음이 위로 뜨기 때문에 생긴다. 산란함을 다스리기 위해서는 지(止)를 활용할 필요가 있다. 반복해서 지(止)를 행하면 산란함은 점차 줄어드나 자기도 모르는 사이 잠에 떨어지게 된다. 바로 혼침(昏沈)이다. 혼침으로 다스리기 위해서는 '관(觀)'을 사용한다. 관(觀)은 바깥으로 향한 것이 아니라 자기 마음을 보는 것이다. 여기에는 다음과 같은 세 가지 방법이 있다. 하나는 공관(空觀)이다. 우주의 모든 사물, 크게는 세계와 산하 작게는 내 몸뚱이까지 어느 것도 시시각각 변하지 않는 것이 없다. 어떤 것도 변화하지 않는 것이 없으므로 모두 공(空)이다. 이러한 마음으로 공(空)을 바라보는 것을 공관(空觀)이라 한다. 오랫동안 공관을 연습한 후 자신의 마음을 돌이켜 보면, 어떤 생각이 일어나는 데에는 반드시 대상이 있으며 그 대상은 하나의 사건이 아니라 하나의 사물임을 알 수 있다.

세간의 사물은 모두 내부적 인(因)과 외부적 연(緣)이 결합되어 성립한다. 예를 들면 오곡의 종자가 능히 싹을 틔울 수 있는 것은 내부적 인(因)이며, 싹을 틔우게 할 수 있는 수분과 토양은 외부적 연(緣)이다. 만약 오곡의 종자를 창고에만 쌓아두고 밭에 뿌리지 않는다면 영원히 싹을 틔울 수 없다. 내부적 인(因)은 있으나 외부적 연(緣)이 없기 때문이다. 반대로 넓은 밭과 충분한 수분이 있다 하더라도 씨앗이 없으면 영원히 싹은 틀 수 없다. 외부적 연(緣)은 있으나 내부적 인(因)이 없기 때문이다. 세간의 사물은 모두 인과 연이 합쳐져서 존재한다. 인과 연이 분산되면 존재 또한 멸한다. 우리 마음에 일어나는 여러 생각도 이처럼 모두 가상으로서 조금도 집착할 만한 것이 못 된다. 이렇게 관찰하는 것은 가관(假觀)이라 한다. 공관(空觀)과 가관(假觀)을 비교해 보면 공관이 무(無)에 치우친 데 비해 가관(假觀)은 유(有)에 치우쳐 있다. 공부는 공관(空觀)과 가관(假觀)만으로는 아직 불충분하다. 한 걸음 더 나아가 공관 시에도 공(空)에 집착하지 않고 가관 시에도 가(假)에 집착하지 않는, 즉 양극단을 떠나 마음속에 아무것도 걸림이 없이 밝은 상태를 중관(中觀)이라 한다.

이상에서 설명한 지관(止觀) 법문은 언뜻 보기엔 구별되는 것처럼 보이나 실제 수행 과정에서는 어떤 때는 지(止)에 어떤 때는 관(觀)에 치중되어 구별이 쉽지 않다. 다시 한 번 구별해 본다면 온갖 생각을 한군데로 귀결시키는 것을 지, 분명하게 드러나는 것을 관이라 할 수 있다. 그러나 지(止)의 상태에서도 결코 관(觀)을 떠날 수 없으며, 관의 상태에서도 결코 지를 떠날 수 없다. 문자상의 구별에 얽매여서는 안 된다.

육묘 법문

앞에서 설명한 조화(調和) 공부는 비록 몸의 조정, 호흡의 조정, 마음의 조정이라는 세 측면에서 동시에 접근했지만 다분히 신체에 치우친 것이었고, 지관(止觀) 법문은 다분히 마음에 치중한 것이었다. 여기서 설명하고자 하는 육묘(六妙) 법문은 호흡에 다소 치중된 것이다. 호흡은 생명의 근원이다. 호흡이 없으면 신체는 그때부터 하나의 죽은 물체에 지나지 않는다. 신경이 더 이상 반사 작용을 하지 않는다면 마음은 이미 죽은 것이요, 생명 또한 끝난 것이다.

신체와 마음은 호흡에 의지해 상호 연결되어 비로소 생명이 유지될 수 있다. 콧구멍으로 공기가 드나드는 것은 호흡에 의한 것이다. 비록 공기는 육안으로 볼 수 없지만 엄연히 형질이 있다. 형질이 있는 것은 물(物)이요, 따라서 그것은 신체의 일부에 속하는 것이다. 우리는 호흡이 출입하고 있다는 것을 알고 있는데, 이 앎은 마음에 의한 것으로 정신의 일부분이다. 여기서 우리는 호흡이 신체와 마음을 연결시킬 수 있으며, 또 그것이 신체와 마음의 일부분이라는 것을 알 수 있다.

육묘 법문은 이러한 호흡의 작용에 착안한 것으로 정좌의 시작에서부터 끝까지 일관되게 적용되는 방법이다. 정좌 수련을 하는 사람은 지관을 수련한 후 이 방법을 다시 수련해도 좋고, 처음부터 이 방법으로 곧바로 들어가도 좋다.

육묘 법문은 다음과 같은 여섯 술어로 구성된다.

(1) 수(數) (2) 수(隨) (3) 지(止) (4) 관(觀) (5) 환(還) (6) 정(淨)

(1) 수(數)란 어떤 것일까? 바로 수식(數息)을 의미한다. 수에는 두 종류가 있다.

정좌를 시작 후 먼저 기식(氣息)을 조화시켜 편안히 한 후 서서히 숫자를 세기 시작한다. 1에서 10까지 숨을 내쉴 때마다 혹은 숨을 들이쉴 때마다 하나하나 세어 간다. 마음은 숫자 세기에만 전념하여 흐트러지지 않도록 한다. 만약 10까지 세지 못하고 홀연 딴 것을 생각하게 되면 세던 것을 중단하고 다시 1에서부터 시작한다. 이렇게 숫자를 세는 것을 수수(修數)라 한다. 수식(數息) 수련을 오래하여 점차 숙달되면 1에서부터 10까지 조금도 흐트러지지 않으며 호흡은 극히 미세하게 된다. 이때는 숫자를 더 이상 셀 필요가 없는데, 이것을 증수(證數)라 한다.

(2) 이 단계가 지나면 수(數)를 버리고 수(隨)를 수련하기 시작한다. 수(隨)에도 역시 다음과 같은 두 종류가 있다.

앞에서 설명한 숫자 세기를 버리고 오직 호흡의 출입에만 마음을 집중시킨다. 이렇게 하면 마음은 호흡을 따르고 호흡은 마음을 따라 마음과 호흡이 면밀하게 서로 의지하게 된다. 이것을 수수(修隨)라 한다. 마음이 점차 세밀해지면 몸의 일부분에서 땀구멍으로 호흡이 출입하는 것을 느낄 수 있다. 이때 의식은 고요히 응어리지는 듯한 느낌이 든다. 이것을 증수(證隨)라 한다. 이것을 오랫동안 지속하다 보면 수식(隨息) 또한 거추장스러운 느낌이 드는데, 이때는 수(隨)를 버리고 지(止)를 수련해야 한다.

(3) 지(止)에도 두 종류가 있다.

수식(隨息)을 행하지 않고 의식이 있는 듯 없는 듯 마음을 코끝에 묶는다. 이것을 수지(修止)라 한다. 이런 상태가 지속되면 홀연 마음과 몸이 없어져 버린 듯한 정(定)의 상태로 접어든다. 이것을 증지(證止)라 한다. 이 단계에 이르면 여기에만 머물지 말고 마음의 빛을 되돌려 관(觀)을 수련해야 한다.

(4) 관(觀)에도 두 종류가 있다.

정(定)의 상태에서 미세한 호흡의 출입을 눈여겨 관찰하면 마치 공중의 바람처럼 아무 실재(實在)가 없는 것을 알 수 있다. 이것을 수관(修觀)이라 한다. 이 상태가 지속되면 심안(心眼)이 밝아지고 호흡이 전신의 땀구멍을 통해 출입하는 것을 확실히 느낄 수 있다. 이것을 증관(證觀)이라 한다. 이 단계에서의 지관법은 비록 앞에서 설명한 지관법과 그 용어는 같지만 내용에 다소 차이가 있다. 즉 앞에서의 지관법은 마음의 측면에서 접근한 것이며, 여기서의 지관법은 호흡의 측면에서 접근한 것이다. 증관(證觀)이 되면 다음에는 환(還)을 수련한다.

(5) 환(還)에도 두 종류가 있다.

지금까지는 마음으로 호흡을 관조하는 방법을 사용해 왔다. 여기에는 주체로서의 심지(心智)와 대상으로서의 호흡이 대립된다. 이것은 상대적이며 절대적인 것이 아니다. 여기서 다시 마음의 본래 자리로 돌아가는 것을 수환(修還)이라 한다. 주체 즉 스스로 관조할 수 있는 '능관(能觀)' 심지(心智)는 마음으로부터 생긴다. 마음으로부터 생긴 것은 마음과 함께 사라져 생겼다가 다시 사라지고 하니〔一生一滅〕 본시 허망한 것이요 실재(實在)가 아니다. 마음이 생기고 없어지는 것은 물 위의 파도와 같다. 파도는 물이 아니다. 파도가 가라앉으면 물의 진면목이 드러난다. 마음의 생멸(生滅)도 파도와 같아서 생멸하는 마음은 본래의 마음이 아니다. 본래의 마음은 원래 생겨나는 것이 아니기에 존재하지도 않는다. 존재하지 않기에 공(空)이며 공(空)이기에 주체도 객체도 없다. 이 상태를 증환(證還)이라 한다. 오직 하나의 환상(還相)이 상존(常存)하는 것을 체득한 후에는 다시 환(還)을 버리고 정(淨)을 수련해야 한다.

(6) 정(淨)에도 두 종류가 있다.

한마음이 청정하여 분열이 일어나지 않는 것을 수정(修淨)이라 한다. 마음이 고요한 물과 같아 망상이 전혀 일어나지 않는다. 본래의 마음이 드러나며 이것 외에 달리 본래의 마음이 존재하지 않는다. 파도가 완전히 가라

앉은 물과도 같다. 이것을 증정(證淨)이라 한다.

　이상의 육묘문 중 수(數)와 수(隨)는 수행의 예비 단계요, 지(止)와 관(觀)은 수행의 본래 단계요, 환(還)과 정(淨)은 수행의 결과이다. 이 때문에 육묘 법문에서는 지(止)가 중심이 된다. 관(觀)은 단지 지(止)를 도와 그것이 밝게 빛나도록 하는 것이다. 그런 후에야 환(還)과 정(淨)의 결과를 얻을 수 있다.

나의 경험

소년 시대

나는 어릴 때부터 병이 많았다. 몸은 점차 야위어 뼈만 앙상했다. 몽정, 어지럼증, 귀울림이 심했고 눈이 아른거리고 허리가 시큰거리며 밤에 식은땀이 흐르는 등 증세는 이루 다 열거하기 힘들 정도였다. 집을 나서면 반 리도 채 못 되어 다리에 힘이 빠져 더 걸을 수 없었다. 십오륙 세 때는 병세가 더욱 다양해져 불안, 초조, 공포, 신열이 항상 떠나지 않았다. 십칠 세 되던 봄에는 매일 오후가 되면 몸에 열이 나서 다음날 아침까지 지속되곤 했다. 이 증세는 십팔 세 때 여름까지 계속되었다. 고통을 겪을 때마다 의사나 약국을 찾았으나 아무런 도움이 되지 못했다. 우리 집에는 『의방집해(醫方集解)』라는 의학책이 하나 있었는데, 그 책의 말미에는 몸이 허약한 병은 약으로 치료할 수 없으니 반드시 스스로 정양(靜養)해 점차 회복해야 한다고 나와 있었다. 아울러 그 책에서는 도교의 소주천(小周天) 방법까지 소개해 스스로 수련할 수 있도록 했다. 나도 그 방법을 따라 수련해 보니 과연 효과가 있었다. 그러나 병이 심할 때는 수련에 몰두했으나 일단 병이 조금 호전되기만 해도 그만두곤 해서 항심(恒心)이 없었다. 십구 세 이후에는 비록 병이 완치된 것은 아니지만 이전에 비해 훨씬 상태가 좋아졌다. 이십이 세 때에는 결혼을 하였고 신체가 이전보다 훨씬 좋아진 것 같아 정좌 공부는 완전히 포기하고 말았다. 그러나 이후 욕구를 억제하지 않자 옛 질환이 다시 나타났으며, 음식을 절제하지 않은 까닭에 위가 확장되어 고통을 겪었다. 식도에는 염증이 생기고 위는 몹시도 더부룩하여 먹고 싶은 생각이 들어도 일단 음식을 삼키면 잘 넘어가지 않았다. 이십칠 세 되던 봄에는 둘째형이 폐병으로 사망했고 나도 폐병에 전염되었다. 이십팔 세 때에는 해소가 시작되었고 얼마 지나지 않아 토혈을 했다. 그 후 삼 개월이 지나서는 병세가 나날이 악화되었다. 이때 나는 중대한 결심을 했다. 일체의 약을 복용하지 않고 아내도 가까이 하지 않으면서 혼자 조용한 방에 앉아 세상을 잊고 정좌 수련에 몰두하기로 했다. 매일 자(子) 오(午) 묘(卯) 유(酉)시의 네 차례, 한 번에 한두 시간씩 규칙적으로 정좌를 한 결과 삼 개월이 지나서는 정좌 시 아랫배에 점차 열기가 생기기 시작했다. 열기는 점차 강해져 아랫배가 마치 물이 끓는 것처럼 분탕질치기 시작했다. 5월 29일 저녁에는 아랫배 속에 돌연 진동이 일어나더니 한 줄기 열기가 등뼈 꼬리 부분의 미려(尾閭)로 옮겨 가서 척추 교감 신경을 따라 위로 올라 후뇌에까지 이르렀다. 이것이 그날 저녁 무려 여섯 차례나 반복되더니 잠잠해졌다. 3월 5일부터 정좌를 시작했으니 그날까지 불과 팔십 오 일 정도밖에 되지 않았다. 이후부터 매일 정좌에 들면 한 줄기 열기가 그 길을 따라 머리에까지 이르곤 했다. 그러나 진동은 다시 일어나지 않았다. 한 차례 진동 결과 신체는 사뭇 달라진 것 같았다. 질병이 한꺼번에 전부 나아 버렸을 뿐 아니라 발걸음이 매우 가벼워져 한 번에 수십 리는 피로를 느끼지 않고 달릴 수 있을 것 같았다.

이후에도 지속적으로 정좌 수련을 했다. 이십구 세 되던 해에는 생계 문제로 인해 매일 아침과 저녁 두 차례로 줄였다. 그해 3월 28일 아침에는 아랫배의 열기가 다시 진동하기 시작했다. 등뼈를 따라 후뇌에까지 충격이 이르렀으며 진동은 삼 일간이나 지속되었다. 후뇌 부위의 뼈가 마치 활짝 열리는 듯한 느낌이 들면서 열기가 정수리에서 움직였다. 이후부터는 정좌 시마다 정수리까지 열기가 올라왔으나 진동은 없었다. 그해 10월 5일 초저녁에는 아랫배가 분탕질을 치면서 다시 진동이 일기 시작하더니 정수리에서 움직이던 열기가 안면을 따라 아래로 내려가기 시작했다. 코와 입을 피해 두 갈래로 나뉘어졌다가 인후에서 다시 한 줄기로 합쳐졌다. 그러고는 가슴을 따라 아래로 내려가 아랫배로 들어갔다. 그 후부터는 정좌에 들 때마다 열기가 그 길을 따라 계속 순환했다. 그러나 진동은 없었다. 그 후부터는 지금까지 이렇다 할 병 없이 지내 왔으니 실제로 정좌로 인한 예방 효과를 누려온 셈이다.

중년 시대

삼십일 세 때 상해(上海)에 도착한 이후 철학, 생리, 심리, 위생에 관한 제반 서적을 섭렵하면서 한편으로 정좌 수련을 계속해 세세한 부분에까지 깨달은 바가 적지 않았다. 이에 종래의 음양오행, 감리연홍의 설법을 지양하고 과학적 방법에 입각해 정좌의 원리를 설명한 『인시자정좌법』을 출간하기에 이르렀다(1914년). 당시 필자의 나이는 사십이 세였다.

사십삼 세 때 두 번째로 북경을 방문할 기회가 있었다. 이때 필자는 불교를 연구하고 있었는데, 북경 친구들은 하나같이 필자의 정좌법이 외도

(外道)에 속한 것이라 반드시 개정해야 한다고 주장했다. 바로 그때 필자는 북경에서 『원각경(圓覺經)』을 강의하고 있던 제한(諦閑) 대사를 만날 수 있었다. 필자는 대사에게 지관(止觀) 법문을 물어 천태종의 지관을 다시 수련했다. 친구들이 필자에게 정좌법에 관한 다른 책 하나를 쓰는 것이 어떠냐고 종용하는 바람에 짧은 실력이지만 지관(止觀)과 선(禪), 바라밀(波羅密)의 여러 법문에 의거해 『인시자정좌법 속편』을 출간하기에 이르렀다. 그 이후 필자는 줄곧 지관법을 수련해 왔다.

동밀의 수련

오십사 세 되던 해 상해의 도우(道友) 십수 명과 함께 지송(持松) 법사를 따라 동밀십팔도(東密十八道)를 수련했다. 그때 필자는 밀교에 대해 아무 신심을 갖지 않은 상태였으나 친구들이 반 강제로 가입시켜 밀교를 이해시키려 했고 또 다소 호기심도 있고 해서 참가한 것이었다. 그러나 의례 자체가 너무 번거롭고 개인적으로 광화대학(光華大學)의 강의 부담도 많고 해서 열심히 임할 수가 없었다. 그러나 이때에도 지관(止觀) 수련만은 중단하지 않았다.

생리상의 대변화

『몽동지관(蒙童止觀)』에서 말하기를 "정(定)을 수련하면 선(善)의 뿌리가 드러난다. 여덟 종의 촉(觸)이 있는데 경(輕)·난(煖)·냉(冷)·중(重)은 체(體)요, 동(動)·양(癢)·삽(澁)·활(滑)은 용(用)이다"라고 했다. 필자의 경험에 따르면 이 여덟 가지가 동시에 나타나는 것은 아니며 시차를 두고 이 중 몇 종류가 나타나는 데 불과하다. 필자는 이십팔구 세 때 경(輕)·난(煖)·동(動)의 세 반응이 있었다. 오랫동안 앉아 있었더니 전신이 마치 새 털처럼 가벼워졌는데 이것이 제일 먼저 나타났던 반응이다. 그 후 아랫배에서 열이 발생했으며 곧이어 진동이 일어났다. 진동이 생기면서 열기가 척추를 따라 대뇌에까지 올라갔다가 다시 얼굴을 따라 아랫배로 내려갔다. 이것은 진동으로 인해 임독양맥이 통하면서 나타난 현상이다. 의학의 경락설에서는 기경팔맥을 이야기하는데, 여기에는 임독양맥 외에도 충맥, 대맥, 양교맥, 음교맥, 양유맥, 음유맥의 여섯 맥이 포함된다. 필자는 지관 공부를 십 년 이상 수련해 왔으나 의식은 늘 아랫배에 집중한 채였다. 만약 이것을 바꾸어 중궁(中宮)을 지키게 되면 수일이 지나지 않아 신체의 대변동이 일어나 양교맥, 음교맥, 양유맥, 음유맥, 충맥, 대맥의 여섯 맥이 통한다. 여기에 대해 좀 더 상세히 설명해 보기로 한다.

필자가 중궁(中宮)을 지키기 시작한 후 어느 날 저녁에 정좌에 들었는데 가슴에 뭔가가 요동치는 듯했고 특히 침이 많이 분비되었다. 며칠이 지나면서 요동은 더 심해졌다. 하루는 진동이 위로 치솟아 양미간에 이르러 붉은빛을 발하더니 곧 머리에 올라 오랫동안 머물렀다. 온몸에 마치 전선을 휘감은 듯 약 일 분 정도에 걸쳐 두 손과 발끝까지 이르더니 돌연 미간에서 정지했다.

그 이후 매일 저녁마다 상황은 비슷했다. 중궁에는 마치 기계가 있어 빙빙 도는 것 같았고, 이것이 점차 머리 위로 올라와 머리까지 따라서 빙빙 도는 것 같았다. 이렇게 움직임이 극도에 이르더니 돌연 양미간 사이에서 중단되었다. 그러더니 중궁이 다시 움직이기 시작하여 좌측 어깨로부터 좌측 다리에까지 마치 전선이 반신을 휘감은 듯 회전하기 시작하더니 움직임이 극에 이르러 돌연 정지했다. 또 후뇌로부터 진동이 일어나기 시작하여 움직임이 척추를 따라 내려가 미려(尾閭)에서 돌연 정지했고, 다시 우측 어깨로부터 우측 다리에 이르기까지 전선을 휘감은 듯 회전하다 움직임이 극에 이르러 돌연 정지했다. 이렇게 하여 좌우측 음유맥과 양유맥, 음교맥과 양교맥이 통했다. 이로 인해 필자는 기경팔맥이란 것이 터무니없이 신비하기만 한 것이 아님을 체험할 수 있었다.

매번 진동이 있을 때마다 모두 중궁에서 시작해 변화되곤 했다. 하루는 두 귀 사이에 진동이 느껴졌다. 마치 두 귀를 일직선으로 꿰뚫는 듯 여러 차례 진동하다가 돌연 미간에서 정지했다. 그리고 정수리로부터 턱에 이르기까지 일직선으로 꿰뚫는 듯 여러 차례 위아래로 움직이다가 돌연 미간에서 정지했다. 이 선은 양 귀를 뚫은 선과 함께 열십자를 이루었다. 그리고 정수리로부터 시작해 가슴과 배를 지나 귀두에 이르는 선이 생기고 이 선을 따라 위아래로 움직이면서 진동이 발생했다. 충맥이 통하는 현상이었다.

어느 날 저녁에는 중궁에서 뜨거운 힘이 치솟더니 전신을 전후좌우로 질서 있게 움직이기 시작했다. 이 움직임은 손에까지 미치더니 양손이 안쪽 바깥쪽으로 신속하게 움직였다. 곧이어 양다리에까지 이르더니 좌측 발이 굽혀지면 우측 발이 펴지곤 했다. 이 동작들은 완전히 자연스러운 것으로 의식으로 조절할 수 있는 것이 아니었다. 사지의 동작이 멈추자 홀연 머리 부위가 확대되고 상반신도 따라 확대되더니 높이가 한 장 정도나 높아진 듯한 느낌이 들었다.(불교에서는 이것을 높고 큰 몸인 고대신高大身이 나타났다고 한다.) 홀연 머리가 뒤로 젖혀지면서 흉부가 커다란 허공처럼 확대되더니 다시 앞으로 젖혀지면서 등 뒤가 광대한 허공처럼 확대되었다. 이 때 신체는 단지 하반신만 있으며 상반신은 사라진 듯한 느낌이었다. 몸과 마음이 모두 텅 비어 말할 수 없이 편안한 느낌이 들었다.

어느 날 저녁에는 중궁의 진동이 등 뒤 척추 좌우측에서 회전했는데, 회전수는 좌우가 동일했다. 그러더니 다시 등 뒤 피부층에서 좌측에서부터 우측으로 커다란 원을 그리며 열 차례 회전하고는 다시 우측에서 좌측으로 열 차례 회전했다. 그리고 배 속에서도 임맥 좌우측에서 회전하기 시작하여 허리까지 올라와 좌측에서부터 우측으로 커다란 원을 그리면서 수십 차례 회전했고, 마찬가지로 우측에서부터 좌측으로 다시 커다란 원을 그리며 수십 차례 회전했다. 이렇게 해서 대맥이 통했다. 그뿐 아니라 한 줄기 힘이 나선형을 그리며 독맥을 따라 머리 뒤로 협척을 거쳐 미려까지 내려오면서 수십 차례 회전했고, 아랫배에서부터 임맥을 따라 정수리에까지 이르면서 역시 수십 차례 회전했다. 필자가 처음 임독양맥을 통할 때는 미려에서 협척을 거쳐 정수리에 이르렀다가 다시 안면과 가슴을 거쳐 아랫배에 이르렀으나 지금은 그것과 반대였다. 아마도 맥이 전부 통하여 길에 익숙해지면 순서에 구애받지 않고 통할 수 있기 때문이리라. 이렇게 해서 대맥과 충맥이 완전히 통했다.

어느 날 저녁에는 중궁(가슴과 배 사이)의 피부층에서 직경 약 이 촌 정도, 중심으로부터 바깥으로 향하는 나선형이 생기더니 처음에는 좌측으로 나중에는 우측으로 각기 삼십육 회씩 회전했다. 그리고 나서는 아랫배로 옮겨 가더니 다시 좌우측으로 각각 삼십육 회씩 회전했고, 다시 가슴으로 옮겨가 삼십육 회씩 회전했다. 상중하의 세 회전은 마치 질서 있게 안배된 것 같았다. 그리고는 다시 정수리로 올라가 척추를 중심으로 나선형으로 회전하면서 내려와 미려에 머물렀고, 미려에서 다시 척추를 따라 나선형으로 돌며 정수리에 이르렀다. 그러고는 다시 좌측 아랫배로부터 좌측 충맥을 따라 정수리까지 올라갔다가 내려왔고, 우측 아랫배로부터 우측 충맥을 따라 정수리에 이르렀다가 다시 내려왔다. 그 뒤에는 머리에서 임맥을 따라 아랫배로 내려왔다가 다시 임맥을 타고 머리에 이르렀다. 어떤 때는 머리 좌우측을 따라 회전하다가 뺨에서 정지되기도 했으며, 혹은 좌측 어깨 혹은 우측 어깨에서 회전하기도 했는데, 그 회전수는 모두 동일했다. 그러더니 홀연 한 줄기 힘이 양 손가락 끝까지 뻗치더니 나도 모르게 요동이 일어났다. 요동은 마치 춤을 추듯 신속하면서도 질서가 있었다. 때로는 갑자기 머리에서부터 곧바로 양발까지 힘이 뻗치면 양발이 곧게 펴지면서 손에서와 마찬가지로 요동이 일어났다.

어느 날 저녁에는 등 뒤 피부 부위에서 중심으로부터 외부로 향해 나선형이 생기면서 좌우로 각기 삼십육 회씩 회전했다. 그러고는 조금 아래의 등허리 부위에서 나선형이 생기면서 각기 삼십육 회씩 회전했고, 어깨 사이에서도 나선형이 생겨 각기 삼십육 회씩 회전했다. 상중하 세 부위는 앞에서처럼 질서 있게 안배된 듯했다. 몸의 전면에서는 중궁에서부터 시작해 아래로는 아랫배와 위로는 가슴에 이르기까지 세 부위에서 나선형의 움직임이 있었는데, 등 뒤의 세 부위와 서로 짝을 이루는 것 같았다. 자연적으로 발생하는 생리적 반응은 정말 불가사의했다. 그리고 한 줄기 힘이 정수리로부터 양손과 발까지 뻗치면서 손발이 춤추기 시작하고, 양다리는 굽혀졌다 펴졌다 하며, 아래턱과 위턱이 저절로 좌우로 번갈아 가며 왕래하기 시작했다. 이러한 동작들은 무척이나 신속했다. 그러다가 움직임이 코에 이르러서는 콧구멍이 벌렁벌렁했으며, 눈에 이르러서는 눈꺼풀이 깜

빡거리며 안구도 이리저리 움직였다. 다시 두 귀에 이르러서는 귓바퀴 역시 조금씩 움직이기 시작했다. 이 동작들은 모두 저절로 일어난 것이며 좌우의 움직임은 그 횟수가 동일했다.

하루는 중궁에서 보다 체계적인 움직임이 있었다. 먼저 허리 대맥 부위를 횡으로 에워싸더니 좌우측으로 각기 삼십육 회씩 회전했고, 다시 위로 가슴까지 올라와 역시 횡으로 좌우 삼십육 회씩 회전하다가 복부에까지 내려가 횡으로 좌우 각기 삼십육 회씩 회전했다. 이렇게 상중하로 움직이면서 회전하는 동작이 연속 세 차례나 반복되었다. 그러고 난 뒤 다시 가슴 좌측에서 상하로 길게 회전하고 우측에서도 마찬가지로 회전했다. 이렇게 번갈아 가며 몇 차례 회전하다가 머리에 이르렀고, 머리에서 다시 등 뒤로 내려갔다. 등 뒤의 좌우측에서도 위아래로 길게 몇 차례 번갈아 가며 회전했다. 양손이 좌우로 힘껏 벌려지더니 빠르게 회전했고, 양다리가 펴졌다 오므라들었다 하면서 다리 끝이 붙고 발꿈치가 떨어지거나 혹은 발꿈치가 붙고 다리 끝이 떨어지거나 했으며, 양 무릎이 붙었다 떨어졌다 했다. 이러한 손발의 움직임이 약 세 차례 반복되더니 다음에는 양 턱, 입술, 코, 눈, 귀 등에도 이전과 같은 움직임이 반복되었다. 그러나 이 움직임은 이전보다 훨씬 격렬했다.

어느 날 저녁에는 중궁에서 나선형을 그리면서 좌우로 회전하여 위로는 가슴 부위와 아래로는 복부에까지 이르렀는데, 이전과 다른 것은 이들이 모두 육십 회씩 회전한 점이었다. 그러고는 홀연 중궁이 확대되기 시작하더니 그 속이 무한히 넓은 공간으로 채워진 느낌이 들었고, 위로 가슴 부위와 아래로 하복부까지 역시 확대된 느낌이 들었다. 중상하에서의 확대는 모두 여섯 차례에 걸쳐 반복되었는데, 매 과정마다 대략 오륙 분 정도의 휴식 시간이 있었다. 그러고는 움직임이 중궁으로부터 머리로 올라갔다. 머리에서는 먼저 좌반신으로 내려와 좌반신 전체를 기다란 타원형으로 하여 상하 삼십육 회 회전한 후 다시 올라갔고, 그런 뒤 다시 우반신으로 내려와 마찬가지로 삼십육 회를 회전하다 머리로 올라갔다. 그 후 다시 후뇌에서부터 척추를 따라 미려로 내려갔다가 좌우측 다리에서 각기 삼십육 회씩 회전했다.

어느 날 저녁 중궁, 복부, 흉부 세 부위 외에 다시 한 줄기 힘이 머리로 올라가 뇌 속에 들어가더니 좌우로 각기 삼십육 회씩 회전하고는 척추를 따라 하강하여 미려에 이르렀다. 이 과정에서 양다리가 따라 움직였다. 다시 배 속이 꿈틀대더니 움직임이 양 어깨와 손에까지 뻗쳤고, 이어서 정수리에 이르러서는 안면을 따라 내려와 양 어깨에서 회전했다. 다시 힘이 다리에 뻗쳐 양다리가 굴신(屈伸), 개합(開合)되더니 양다리가 삼각형으로 굽어지면서 몸이 뒤로 눕혀지더니 양손으로 받치면서 몸이 공중으로 떠올랐다. 이 상태에서 엉덩이가 좌우로 움직이면서 허리와 몸 전체가 좌우로 흔들거렸다. 다시 누운 자세로 되돌아가더니 양발이 합쳐지면서 서로 비비기 시작했고, 다시 좌측 발은 우측 다리를, 우측 발은 좌측 다리를 번갈아 마찰하기 시작했는데, 그 횟수는 동일했다. 움직임은 어깨와 손에까지 이르러 양손을 서로 비비다 혹은 위로, 혹은 아래로 옮겨 다니면서 목을 주무르기도 하고 얼굴을 비비기도 했다. 그러고는 후뇌와 두 눈, 코 양쪽, 두 귀, 두 어깨, 가슴, 배, 허리까지 문지르고 다시 양다리와 발등 및 발바닥까지 주물렀다가 다시 주먹을 쥐고 두 어깨를 두드리다가 위로 목과 머리를 거쳐 얼굴에 이르러 눈 주위, 코 양측, 귀 둘레를 두드리더니 태양혈에 이르러 멈추었다. 그러고 나서 홀연 양손이 양 어깨를 잡고 지그시 누르다가 다시 목과 머리를 주무르고 배, 등허리, 양 무릎, 양다리, 양 발등, 양 발바닥을 주물렀다. 이 현상은 저절로 일어난 것으로 횟수나 질서에 있어 한 점의 어긋남도 없었다. 또 이것을 의식으로 통제할 수 없었으니 참으로 기묘한 현상이라 아니할 수 없다.

이러한 동작들은 처음에는 매일 저녁 계속되었으며, 한 동작이 수십 일 동안 반복되기도 하고 혹은 하루 저녁에 여러 동작들이 동시에 행해지기도 했다. 이것이 반 년 가까이 지속되더니 마침내 점차 줄어들어 정지되었다. 그 후에는 다시 이러한 움직임이 나타나지 않았다. 전신의 맥이 전부 통하고 난 뒤에는 다시는 어떤 충동도 느끼지 못했다.

이상의 동작들은 각 과정에서 나타난 중복 동작들을 제외시킨 것이다. 이러한 동작은 대체로 손과 발의 춤, 주먹으로 두드림, 마찰, 누름의 네 가지 형태였다.

만년의 시기

밀교 개정법의 수련

티베트 밀교의 왕생 정토 법문은 지금까지 중국에 전해진 적이 없었다. 그 원리는 이렇다. 정토(淨土)에 왕생하려는 사람은 반드시 임종 시 신식(神識)이 정문(頂門)을 빠져나가야 하기 때문에 평소 주문을 외며 연습하여 정문(頂門)을 열어 놓음으로써 임종 시 쉽게 빠져나갈 수 있도록 한다는 것이다. 필자는 1933년(61세)에 이미 낙나상사(諾那上師)[3]에게 이 법을 배운 바 있다. 그러나 법문만을 듣고 혼자 수련했기 때문에 별다른 효과를 거둘 수 없었다. 1927년(55세) 봄에 성로상사(聖露上師)가 남경(南京)에서 이 법을 전수하고 있다는 소식을 듣게 되었다. 이미 네 차례에 걸친 집회에서 참석자 전원이 모두 개정(開頂)[4]했으며 이어 다섯 번째 집회가 열린

---

3 1856~1936. 티베트 창도(昌都) 지역의 저명한 활불. 일찍이 중국 국민 정부 시절 고급 관리를 지냈으며, 밀교의 홍교(紅敎)를 정식으로 한족에게 전한다. 정치적 이유로 라사에 육 년간 구금 되어 있다가 1924년에 풀려나 인도, 북경 등지에서 법을 전했으며 많은 사람이 그에게 귀의했다. 원적 후 중국 정부로부터 보우법사(普佑法師)란 칭호를 추증받았다. 현밀(顯密) 양종(兩宗)의 융합을 위해 노력했으며『낙문보전진언록(諾門普傳眞言錄)』이란 어록이 남아 있다.

4 정수리의 제7 차크라가 열린 것.

다는 것이었다. 필자도 그 기회를 놓칠 수 없어 만사 제쳐 두고 남경으로 달려가 비로사(毘盧寺)의 파와(頗哇) 법회(파와는 개정開頂을 의미하는 것으로 산스크리트어 음을 한자로 표기한 것임)에 참가했다.

4월 1일

비로사에 도착해서 관정례(灌頂禮)를 받았다. 이전에 낙나상사(諾那上師)에게서 배웠던 것보다 훨씬 복잡했다. 상사(上師)는 먼저 우리에게 해모금강주(亥母金剛呪)를 외우게 했다. 이 주문은 비록 길지는 않지만 관상(觀想) 방법이 극히 번거롭고 복잡했는데, 우리는 이 주문을 십만 번 이상 반드시 외워야만 했다. 시간상 별로 여유가 없었기 때문에 어쩔 수 없이 법회가 시작되기 전까지 며칠 동안 오직 이 주문만 외워야 했다.

4월 2일

이 날부터 외딴 방에서 두문불출하면서 주문을 외웠다. 9일 오후까지 계속했으나 겨우 육만이천 번을 외웠을 뿐이다. 오후에는 장소를 비로사로 옮겼다. 이 집회에 참가한 사람은 모두 서른아홉 명이었는데, 지금까지의 집회 중 제일 많은 숫자라 했다. 상사(上師)는 참석자들의 정수리 부위의 머리카락을 동그랗게 잘라냈다. 이것은 후일 정문(頂門)이 열렸을 때 그것을 확인하여 길상초(吉祥草)를 삽입하기 편하도록 하기 위한 것이었다.

4월 10일

비로사 내에서 폐관을 시작했다. 대강당 가운데는 단(壇)을 설치해 두었는데 극히 장엄했다. 상사(上師)를 따라 단 위로 올라가서 수련을 시작했다. 매일 네 번씩 수련했고 한 번에 두 시간이 소요되었다. 첫 수련은 7시에서 9시까지, 둘째 수련은 10시에서 12시까지, 셋째 수련은 오후 3시에서 5시, 넷째 수련은 오후 7시에서 9시까지였다. 수련의 법문(法門)은 다음과 같았다. 먼저 머리 정상에 무량수불(無量壽佛)이 다리를 아래로 늘어뜨리고 앉아 있으며, 자신의 몸속에는 정수리로부터 회음에 이르기까지 바깥은 남색이며 속은 붉은 색인 곧은 관이 관통해 있다고 상상한다. 다음엔 단전 내에 밝은 구슬 하나가 있어 이것을 심장까지 끌어올린 후 "후이〔黑〕!" 하고 크게 외치면 구슬이 소리를 따라 곧바로 위로 올라 정문(頂門)을 뚫고 무량수불의 심장에까지 이른다고 상상한다. 그 후 다시 "아〔嘎〕!" 하고 가볍게 외치면 부처의 심장으로부터 정문(頂門)을 거쳐 원래 자리로 되돌아온다고 상상한다. 수련 때마다 이렇게 힘껏 소리치곤 하니 땀이 온몸을 적셨다.(당시 기온은 상당히 쌀쌀했으며 옷이라 해 봐야 무명옷 한 벌밖에 걸치지 않았다.) 상사(上師)는 사람들의 상태를 관찰하면서 피로해 보일 때는 범어(梵語)로 된 노래를 따라 부르게 함으로써 휴식을 취하게 했다. 두 시간 중 휴식은 대개 너댓 차례 정도였다.

필자의 경우는 이미 미려에서부터 정수리에 이르는 중맥(中脈)이 통하였기에 4월 11일에 이르러 벌써 그 효과가 나타나기 시작했다. 첫 수련에 임하자 정수리에서 붉은빛이 방사되고 높고 큰 몸(고대신高大身)이 나타났다. 네 번째 수련에 임했을 때는 마치 정수리를 쪼아 내듯 구슬이 머리를 끊임없이 두드렸다. 자리에 누웠을 때는 머리에서 흰빛이 방사되었다.

4월 12일

두 번째 수련에 임하자 머리뼈가 쪼개지며 광대뼈가 양쪽으로 갈라지는 듯한 감각을 느꼈다. 세 번째 수련에서는 머리가 세로로 쪼개지는 듯한 느낌이 들면서 층층이 위로 향해 쪼개지는 것 같았다.

4월 13일

첫 번째 수련에 임했을 때 뇌 부위가 층층이 찢겨지는 느낌이 들었다. 처음에는 머리 껍질이 꽤나 두꺼운 듯 느껴졌으나 조금씩 뚫고 나갈수록 점차 엷어지는 것 같았다. 세 번째 수련에 임했을 때는 홀연 상반신 전체가 텅 비어 버렸으며 머리에서는 밝은 빛이 쏟아져 나왔다.

4월 14일

첫 번째와 두 번째 수련에서는 구슬이 부처의 다리에까지 이르렀으며, 어제의 쪼개지는 듯한 느낌과는 달리 머리에서 부처의 다리에 이르는 길이 뚜렷이 느껴졌다. 아마 어제까지만 해도 길이 완전히 뚫리지 않아서 그랬던 것 같다. 네 번째 수련에 임했을 때는 목 부위가 마치 원통형처럼 갈라지면서 그 끝이 위장에까지 이르렀다. 이것은 중맥이 열린 현상으로서 처음에는 상상에 불과했으나 이제는 뚜렷한 현상으로 나타났다.

4월 15일

첫 수련에 임했을 때 정문(頂門)의 구멍이 뚫린 것이 느껴졌다. 두 번째 수련에 임했을 때 상사(上師)는 창 밖 햇빛이 밝은 곳으로 자리를 옮겨 앉더니 이미 개정(開頂)이 완성된 사람을 차례차례 부르더니 머리에 길상초를 꽂아 표시했다. 이미 개정이 완성된 사람은 길상초가 저절로 머릿속으로 흡수되었으나 머리 가죽에는 아무런 흔적이 남지 않았다. 이날 1차로 개정(開頂)한 사람은 모두 스물여덟 명이었다. 나머지 열한 명은 길상초를 꽂았으나 흡수되지 않아 다시 몇 차례 수련을 더해야 했다. 이미 개정한 사람은 오후부터는 더 이상 수련을 할 필요가 없었다. 그럼에도 불구하고 모두 단에 올라 관상력(觀想力)으로 아직 개정하지 못한 사람을 도와 빨리 개정하도록 했다.

4월 16일

역시 단에 올라 아직 개정하지 못한 사람을 도왔다. 첫 수련에 임했을 때 다시 아홉 명이 개정했다. 최후로 한 명의 비구니와 또 다른 여거사(女居士) 한 명이 남았다. 그 비구니는 일본에 있을 때 이미 상당한 경지에 이르기까지 밀교 수련을 한 사람이었다. 그럼에도 개정 과정에서는 도리어 그 성취가 늦었다. 수련에 임할 때 자부심은 금물이다. 스스로 어느 정도 성취가 있다고 자만하면 도리어 일을 그르치게 된다. 여거사의 경우는 이미 나이도 많고 자질도 좀 둔한 것 같았다. 상사(上師)는 이 두 사람을 자기 앞으로 불러 앉히더니 친히 도와 다시 한 번 수련하게 했다. 나머지 사람도 모두 힘을 합쳐 다시 열심히 수련하기 시작했다.

이후 필자는 지관(止觀)을 위주로 하고 겸해서 파와(頗哇)도 수련했다. 5월 24일에는 입정(入定)에 든 후 가슴에서 빛이 방사되기 시작해 나중에는 전신이 원광(圓光)으로 뒤덮였다. 이전에도 머리 부위가 투명하게 느껴진 적은 있지만 가슴에서 빛이 방사된 것은 처음이며 또 그때처럼 전신이 투명하게 느껴진 적은 없었다.

5월 26일

입정 후 등 뒤에서 역시 빛이 방사되었다. 전신이 빛에 휩싸였으며 매우 상쾌했다. 그러나 그때까지만 해도 아직 신체가 느껴지며 진공(眞空)에는 도달하지 못했다.

5월 27일

입정 후 빛이 아주 높게 방사되었다. 마치 구름 속까지 뻗친 듯했으며 신(神) 역시 따라 나갔다. 그런 뒤 점차 정수리로 흡수되었다.

5월 31일

입정 후 전날과 마찬가지로 상반신에서 빛이 방사되었다. 아랫배 속에서 마치 물이 끓는 듯 매우 뜨거운 감각이 느껴지더니 홀연 빛을 발하기 시작하면서 하반신 역시 텅 비어 버렸다. 이것은 이전에는 겪지 못한 현상이었다.

6월 10일

입정 후 전신에서 방사되는 빛이 매우 밝았다. 마치 머리가 없어진 듯했으며 단지 투명한 빛만 느껴졌다.

6월 14일

입정 후 전신에서 빛이 방사되었는데, 위아래 모두가 아주 밝았다.

6월 17일

입정 후 전신에서 빛이 방사되었으며 마음의 눈이 밝게 트이는 것을 느꼈다. 빛의 색깔은 매우 희었으며 상하 좌우 모두가 거대한 원광 속에 싸여 있었다.

6월 18일

입정 후 전신에서 빛이 방사되었으며 색깔은 더욱 하얗게 되었다. 그리고 상하 주위가 환하게 밝아졌다. 마치 밝은 서치라이트 불빛을 사방으로 비추는 것 같았다. 신식(神識)도 공중을 떠돌아다녔다. 이 빛을 아랫배로 모은 뒤 단련했더니 양쪽 손발에까지도 이르게 할 수 있었다. 이 빛은 나중에 다시 머리로 흡수되었다.

밀교 대수인의 수련

1947년(75세)에는 공갈상사(貢噶上師)에게서 대수인(大手印)법을 배웠다. 현교(顯敎) 중 제일 유행한 것은 정토종(淨土宗)과 선종(禪宗)이었다. 정토종은 업(業)을 지닌 채 왕생하려는 데 비해 선종은 정(定)으로 지혜를 얻어 신체 자체를 부처로 만들고자 한다. 밀교 중의 개정법이 정토(淨土)에 왕생하는 것을 목적으로 하는 것이라면, 대수인(大手印)은 선정(禪定)을 목적으로 하는 것이라 할 수 있다. 이 두 방법은 모두 실제로 행할 수 있는 것이다. 필자는 그때부터 지금까지 줄곧 이 두 방법으로 수련을 계속하고 있다. 어떤 사람은 필자에게 불법을 배우면서 한편으로 밀교를 또 한편으로는 현교(顯敎)를 배우고 있으니 뒤죽박죽이 아니냐, 그래서야 어떻게 성취를 얻을 수 있겠는가 하고 묻곤 한다. 필자는 그렇게 생각하지 않는다. 필자의 경우 비록 다양한 방법을 배웠으나 그 어느 것도 시종 정(定)의 공부 범위를 벗어난 것이 아니었다. 모든 것이 정공(定功)의 보다 깊은 성취를 위한 것이었다. 개정법이나 대수인 모두 정공(定功)을 보다 심화시킨 것으로, 다른 사람의 눈에는 뒤죽박죽인지 모르나 필자로서는 시종일관한 것이었다.

이상에서 서술한 파와(頗哇)와 대수인의 방법은 단지 필자가 수련 과정에서 겪었던 것을 그대로 옮긴 것에 불과하다. 이 두 방법은 티베트에서는 널리 유행하고 있는 것이다. 그러나 반드시 라마승으로부터 직접 전수받아야 한다. 결코 혼자서 수련할 수 있는 것이 아니다. 독자들은 이 점을 유의하기 바란다.

마무리

　이 소책자에서는 이론 부분과 실천 부분으로 나누어 필자의 체험을 효과적으로 설명해 보고자 했다. 이론과 실천은 서로 결합되어야만 비로소 효과를 볼 수 있다. 우리는 학문을 연구할 때나 혹은 수련에 임할 때 흔히 이론에만 만족하여 실천을 소홀히 하는 수가 많다. 이것은 잘못된 것이다. 이론이 아무리 치밀하고 깊더라도 실천에 옮기지 못하면 이는 사상누각과 같다. 음식에 대한 이야기만으로는 배가 부르지 않다. 아무리 맛있게 이야기해 봐야 실제로 먹지 않으면 배가 채워지지 않는다. 이와 반대로 어떤 사람은 이론을 등한시하고 오직 실천에만 전념하고자 한다. 그러나 실천도 제대로 알지 못하고 맹목적으로 행하기만 하면 별다른 도움이 되지 않으며 도리어 해가 되는 수도 있다. 이론과 실천은 수레의 두 바퀴와 같아서 어느 한쪽이 없으면 제대로 갈 수 없다.

　한의학은 근래 세계의 주목을 받고 있으며 그 발전 속도도 매우 빨라졌다. 오래된 고질병도 이것으로 완치되고 있다. 고대로부터 내려온 침구법(針灸法)은 오늘에 이르러 각광을 받아 널리 연구되고 있으며, 이보다는 못하지만 안마 등의 기법도 널리 유행하고 있다. 그러나 이들은 모두 질병이 발생한 후의 치료법이다. 정좌는 일종의 예방 의학으로서 예로부터 끊이지 않고 이어져 왔지만 아직은 세인의 주목을 끌지 못하고 있다. 근래 이르러 몇몇 사람이 이것의 보급을 위해 애쓰고 있는 것은 매우 반가운 일이다. 정좌는 본래 원기를 배양함으로써 자신의 몸과 마음을 장악하고 병을 미연에 방지하는 것이니 어찌 배우기를 마다하겠는가. 그러나 언뜻 보기에는 쉬울지 몰라도 실제로 수련하려면 여간한 인내심, 항심(恒心), 결단력이 없이는 어렵다. 필자는 수십 년의 경험을 바탕으로 나름대로 핵심이라 생각되는 것을 여기에 밝혔다. 배우는 사람들에게 참고가 되었으면 한다. 더욱 자세하고 새로운 해석은 앞으로 생리학자나 의학자들의 노력에 의해 밝혀질 것이다. 우리의 문화 유산에 대해 보다 깊은 관심을 가짐으로써 그것을 더 발전시켜 전 세계에 보탬이 될 수 있도록 해야 할 것이다. 그리고 이것은 앞으로 충분히 예견할 수 있는 사실이기도 하다.

갑오년[5] 10월 탈고

---

5 1954년으로 저자 나이 팔십이 세였다.